世界名人名传典藏系列

[德]菲利普·弗兰克 —— 著

吴碧宇 李梦蕾 —— 译

爱因斯坦传

长江出版传媒 长江文艺出版社

作者简介

  菲利普·弗兰克，爱因斯坦授权传记作家，爱因斯坦的挚友、同僚；同时还是二十世纪上半叶最具影响力的物理学家、数学家、哲学家。他是一个逻辑实证主义者，并且还是维也纳学派的一员。菲利普·弗兰克1907年在路德维希·玻尔兹曼的指导下从维也纳大学物理学系毕业。随后，爱因斯坦推荐他作为自己的接班人，在布拉格大学任教。之后菲利普·弗兰克移居到美国，在哈佛大学教授物理与数学。1947年，他创办并组建了美国艺术与科学学院的科学分部。其主要权威著作有《爱因斯坦传：他的生活与时代》《现代科学以及其哲学性》《科学哲学》等。

内容简介

　　《爱因斯坦传》是"二十世纪最伟大的科学家"爱因斯坦的授权传记。唯一一本由爱因斯坦的挚友、志同道合的同行、同时代的亲历者菲利普·弗兰克从爱因斯坦的内心世界出发撰写的一部传记。一经出版便畅销至今，成为二十世纪百本经典传记之一。

　　因为是志同道合的同行，菲利普·弗兰克能够深刻理解爱因斯坦的相对论对整个二十世纪从科学到观念到信仰的颠覆性影响。全书总结了爱因斯坦之前的物理世界，对爱因斯坦的发现给出了两个最易理解的图表，描绘了远征队在日全食的环境下验证了爱因斯坦相对论时的动人瞬间。在"布拉格之旅"一节中，我们看到面对学界的诸多质疑，爱因斯坦与弗兰克多次的深夜长谈。

　　因为是挚友，在书中我们看到菲利普·弗兰克笔下少年时期的爱因斯坦在追寻理想寻找自我时的迷茫与苦闷。以及之后，爱因斯坦勇于否定、勇于选择的成功历程。面对纳粹的威胁，正是挚友之间的相互信任，让菲利普·弗兰克找到隐居于瑞士的爱因斯坦，并见证了爱因斯坦远走异国他乡美国的全过程。

　　因为是同时代的亲历者，面对爱因斯坦对犹太复国主义的态度没有道听途说，深知爱因斯坦对原子弹的发现与核时代的来临没有躲闪与推卸责任、对爱因斯坦所颠覆的与重塑的价值信仰没有臆想猜测，面对时代的巨变，没有回避爱因斯坦自身的犹疑与脆弱。

　　菲利普·弗兰克笔下的爱因斯坦不仅是"二十世纪最伟大的科学家"，更是一位在那个搅弄风云的时代选择坚守、心怀悲悯、幽默睿智的智者。

图书在版编目（CIP）数据

爱因斯坦传 /（德）菲利普·弗兰克著；吴碧宇，
李梦蕾译. --武汉：长江文艺出版社，2024.2
　（世界名人名传典藏系列）
　ISBN 978-7-5702-1465-5

　Ⅰ. ①爱… Ⅱ. ①菲… ②吴… ③李… Ⅲ. ①爱因斯
坦（Einstein, Albert 1879-1955）—传记 Ⅳ.
①K837.126.11

中国国家版本馆 CIP 数据核字（2023）第 031737 号

爱因斯坦传

AIYINSITAN ZHUAN

责任编辑：雷　蕾　王洪智　　　　　责任校对：毛季慧
整体设计：壹诺设计　　　　　　　　责任印制：邱　莉　胡丽平

出版：长江出版传媒｜长江文艺出版社
地址：武汉市雄楚大街 268 号　　　　邮编：430070
发行：长江文艺出版社
http://www.cjlap.com
印刷：中印南方印刷有限公司

开本：710 毫米×970 毫米　　　1/16　印张：20
版次：2024 年 2 月第 1 版　　　　2024 年 2 月第 1 次印刷
字数：256 千字

定价：49.80 元

三岁时的爱因斯坦　　　　　在慕尼黑的一家照相馆，14 岁

爱因斯坦母亲，波琳·科赫　　　爱因斯坦父亲，赫尔曼·爱因斯坦

爱因斯坦的毕业成绩单　　　　　在伯尔尼专利局，1905 年奇迹年

在阿劳中学（前排左一），1896 年

与米列娃·玛丽切奇，约 1905 年

爱德华、米列娃和汉斯·阿尔伯特

爱因斯坦正式成为纽约市民

1911 年索尔维会议（普朗克、索尔维、洛伦兹、玛丽·居里、庞加莱、爱因斯坦、朗之万

1927 年索尔维会议（后排：埃伦费斯特、薛定谔、德布罗意、海森堡等；前排普朗克、玛丽·居里、洛伦兹、爱因斯坦、玻恩、玻尔等）

专利局时期的爱因斯坦

阿尔伯特·爱因斯坦，1921 年

阿尔伯特·爱因斯坦，1920 年

爱因斯坦演奏小提琴

在纽约与犹太复国主义领导人
哈伊姆·魏茨曼，1921年4月

爱因斯坦与化学家弗里茨·哈伯，
1914年7月

艾尔莎和她的女儿玛格特，柏林，1929 年　　　　在纽约会见媒体，1930 年

爱因斯坦和艾尔莎　　　　与艾尔莎在大峡谷，1931 年 2 月

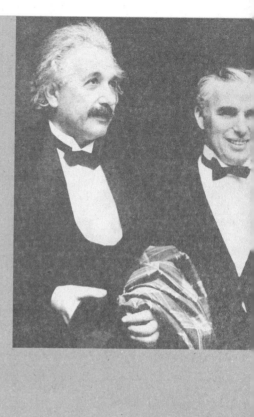

在加州理工学院附近的威尔逊山天文台，
发现宇宙在膨胀，1931年1月

爱因斯坦与卓别林，1931年

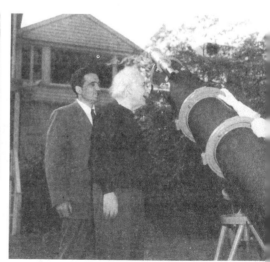

波罗的海度假，1928年

获赠一架望远镜

圣芭芭拉，1933 年

长岛，1936 年

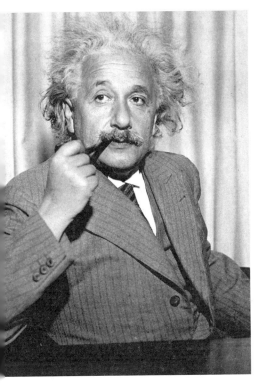

爱因斯坦，1933 年

与哥德尔在普林斯顿，1950 年

玻尔与爱因斯坦在荷兰埃伦
费斯特家讨论量子力学

爱因斯坦与泰戈尔

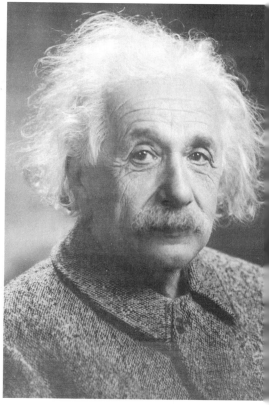

目 录

· 第一章 ·

爱因斯坦的青少年时代和教育背景

家庭背景

在爱因斯坦的记忆里，德国西南部的士瓦本（Swabia）是他先辈们生活的地方。他们中有生活在小城镇的，有居住在小村庄的，还有经商的，开店铺的，甚至做手艺的。然而，却没有一个人因卓越的智力而引人注目。对于外界偶尔的质询声，爱因斯坦的回答是："生活环境制约了我的先辈们的能力，那样的生存环境无法让他们脱颖而出。"

爱因斯坦个性的形成与德国西南部的社会历史背景有莫大的关联，了解这段历史背景至关重要。在邻国阿尔萨斯人的影响下，士瓦本人悄然融入了法国文化。在生活中，他们善于思考，勤于实践，既热衷于各类艺术和娱乐活动，又醉心于哲学和宗教思索。士瓦本人讨厌所有一成不变的形式。在个性上，士瓦本人与普鲁士人和巴伐利亚人各具特色。普鲁士人理性严谨，重践诺，好秩序，善统治；巴伐利亚人朴实无华，好欢腾，偶尔也粗野甚至庸俗。士瓦本人、普鲁士人和巴伐利亚人的性格差异也体现在他们的方言中。士瓦本语音律优美，绵言细语、娓娓叙来，宛若潺湲叮咚的溪水。而普鲁士军官和政府官员则声若军号，铿锵有力。士瓦本人的言辞不像柏林市民那样愤世嫉俗，怨天尤人，也不像德国牧师和教授那样能言善辩，精推细敲。

爱因斯坦游历各国之后，其士瓦本口音已经很不明显，几乎听不出。但他那种平和友善、娓娓叙来的话语风格还是能流露出士瓦本语的语调痕迹，尤其在听着他那夹杂某些瑞士腔的话语时，这种感觉更明显。其实这就是德国西南方言的语调，只是略显生硬罢了。不过，爱因斯坦的第二任妻子艾尔莎，却操着一口纯正地道的士瓦本口音，轻言软语，如同和风细雨般。她叫爱因斯坦为"Albertle"，称"土地"为"Ländle"，唤"城市"为"Städtle"，所说的每个词，后面都带一个小后缀"le"，听起来更加柔声细语，声情并茂。

爱因斯坦的犹太人后裔身份的确影响了他。但是，大家没想到的是，影响竟然那般巨大。在爱因斯坦父母幼年时，士瓦本的犹太人与镇上其他居民在生活方式上没有太大差异。当时，镇上的犹太人对他们自己的风俗习惯并不墨守成规，因为犹太习俗的繁文缛节阻碍了他们与镇上其他居民的友好往来。消除这些障碍后，镇上的犹太人渐渐融入了周围的环境，他们与当地居民不再格格不入。生活在士瓦本的犹太人与生活在柏林的犹太人不一样，柏林的犹太人富裕阔绰、有良好的教育背景，是柏林文化中的一个特殊群体。而士瓦本的犹太人，与镇上其他居民一样，过着平静的生活，和谐地与周遭环境相处，远离大城市的喧嚣与纷扰。

当时，进步的犹太人不再把与《圣经》和犹太教义相关的书籍视为获取真理的唯一途径。那时，《圣经》只被看成是纯文学和具有启发性的读物。在犹太人家里，德国古典作家和先知被视为指导道德和行为的导师。席勒[①]

---

① 德国 18 世纪著名诗人、哲学家、历史学家和剧作家，德国启蒙文学的代表人物之一。

（1759—1805）、莱辛①（1729—1781）和海涅②（1797—1856）等人与牧师所罗门和《约伯记》一样备受推崇。尤其是席勒，他的作品恪守道德准则、彰显《圣经》悲悯，赞美人间博爱，广受犹太人喜爱，成为他们教育小孩的重要范本。当然，席勒的士瓦本身份也让犹太人觉得更亲近。在爱因斯坦家里，也不例外，席勒的思想、启蒙运动的意义都是他家教育子女的重要素材和理念。

在爱因斯坦父母和祖父母生活的那个年代，德籍犹太作家贝托尔德·奥尔巴赫（1812—1882）是士瓦本犹太人生命和智慧的代表。尤其在1840—1870年间，他更加活跃。他是第一位用作品呈现黑森林山区农民日常生活的作家。黑森林是德国南部巴登-符腾堡州西边的一片山地。用现代人的眼光看，其作品《黑森林故事集》（Tales of the Black Forest）太过理想化、矫揉造作。不过，该作品在当时被看作是制衡后来"柏林下流文学"的砝码，代表着犹太人在日耳曼文学领域做出的突出贡献。

想了解爱因斯坦的个性特征，还必须说说普法战争（Franco-Prussian War，1870—1871）。1871年之后，普鲁士成为德意志地区实力最雄厚的王国，这从根本上影响了日耳曼人的民族性格。实际上，统一日耳曼主要部落和复兴强大德意志帝国的希冀不是知识分子阶层发起的，却是作家和学者们的夙愿。正如士瓦本浪漫派诗人乌兰特（1787—1862）所说，知识分子希望"德意志帝国能涂上一抹民主的色彩"。然而，这样的愿景未能成真。普鲁士王国首相俾斯麦（1815—1898，人称"铁血宰相"）统治期间，不但未见"民主色彩"，反而以"铁血"统治手段威震四方，其一系列举措招致所有进步知识分子团体的一致反对。新成立的德意志帝国缺失

---

① 德国戏剧家、文艺批评家和美学家。
② 德国著名抒情诗人，被称为"德国古典文学的最后一位代表"。

了一种优良古老的民族文化背景，也就是缺失了曾经孕育了席勒、歌德、莫扎特和贝多芬等名人的士瓦本文化、莱茵文化和奥地利文化这样的背景。因为新的统治阶层都来自东部部落。而东部部落人员结构鱼龙混杂。他们有的是暴虐成性的压迫者，曾用武力收服原住斯拉夫人、残暴实施德国化、烧杀掠夺、霸占领土，为非作歹。有些则是逆来顺受的被压迫者，这些人基本都是原住民的后裔。

这种状况让德国知识分子处于尴尬无措的境地，尤其是年长的、较为传统的知识分子。这些人不得不承认，新统治者的统治策略比他们倡导的那一套更管用。面对卓有成效的统治局面，知识分子一方面也鼓吹暴力，一方面又厌恶这种秩序，因为这种无视生命的统治手段有悖于他们所倡导的艺术和科学理念。他们不喜欢新统治者的那一套管理理念，但又不得不敬仰他们，甚至模仿他们。面对普鲁士军官，日耳曼学者产生了一种自卑感。他们学会了把自己束缚在自己的"研究领域"，将远离大众、跻身当权阶级等目标视为自己的"研究领域"，也学会了唯统治阶级马首是瞻的处事原则。

犹太人与知识分子有着相同的矛盾心境。一方面他们同样崇拜新帝国，仰慕治国有道的统治者，另一方面他们在家依旧向子女传授犹太教经典和德国古典精粹。在公共社交场合，犹太人会尽量让自己的行为和思想符合统治阶级的规范。

只有不为外在成功而沽名钓誉、不畏强权坚守自由和文化的人才有可能保持不为他人左右的态度并以此对抗主流的风潮。青年时期的爱因斯坦就是这样的一个人。尽管后来他常与德国的主流趋势背道而驰，但对家乡士瓦本和父老乡亲总是充满感情。

童年时代

1879 年 3 月 14 日，阿尔伯特·爱因斯坦出生在符腾堡州的一个中型城市——乌尔姆。出生一年后，他家就搬迁到了慕尼黑。爱因斯坦对乌尔姆这座城市没有太多记忆。又过了一年，爱因斯坦的妹妹在慕尼黑出生了。此后，这个家庭再未孕育新生命。慕尼黑，爱因斯坦度过他青少年时代的城市，是德国南部的政治和文化中心。正是因为这个原因，他家离开了世外桃源般的士瓦本，开始了新的城市生活。爱因斯坦的家位于慕尼黑市郊，是一幢带有大花园的别墅。其父亲赫尔曼·爱因斯坦与生活在一起的弟弟共同经营了一家小型电气设备工厂。父亲负责工厂的经营，叔叔担任技术总监。

父亲赫尔曼·爱因斯坦热爱生活，乐观向上。但他不善经营，多次亏损。好在几次失利都没有动摇他积极乐观的人生观。他的生活方式与当地人别无二致。工作之余，赫尔曼·爱因斯坦喜欢带着家人去慕尼黑附近郊游，漫步于风景秀丽的乡村、徜徉在风光旖旎的湖畔，享受登高望远的心境。他也喜欢去巴伐利亚的小酒馆，品着上好的啤酒，嚼着甘甜的萝卜、美味的香肠，惬意又畅快。犹太人习惯阅读有启发、熏陶意义的文学作品，赫尔曼·爱因斯坦则独爱品读德国诗歌，特别是席勒和海涅的诗。在他看来，犹太人的饮食教规和犹太社区的日常习俗仅仅是一种古老的迷信。在他家里，人们察觉不到一丁点儿犹太习俗仪式，更准确地说，古老的犹太习俗形式在他家消失了，但一些蕴藏于习俗中的人文内涵依然保存着。一位来自俄国的穷苦犹太学生每周四都会来他们家共进午餐，这就是犹太人古老的安息日传统。他们都喜爱充满道德悲情的戏剧和席勒的诗歌。从某种意义上说，这些就是《圣经》的替代品。与大多数人一样，谈及政治时，爱因斯坦的父亲也畏惧统治阶层的普鲁士人，但又尊崇新德意志帝国，包括其首相俾斯麦、将军莫尔特克（1785—1864）以及德皇威廉一世（1797—1888）[1]。

爱因斯坦的母亲名叫波琳·科赫。与父亲比，母亲幽默风趣，热爱艺术，酷爱庄严的古典音乐。在物资匮乏的年代，她十分欣慰自己和孩子能够安然度日。音乐给了波琳·科赫极大的幸福和慰藉。每每工厂的工程师夜晚来访时，她会弹琴助兴。波琳·科赫特别热爱德国古典音乐，尤其痴迷贝多芬的奏鸣曲。

与父亲相比，共同生活的叔叔则倾心于精致优雅的精神生活。叔叔是个训练有素的工程师，在技术领域是个行家里手。正是从叔叔身上，爱因斯坦首次对数学产生了浓厚的兴趣。

毫无疑问，这种乡村的、半田园式的生活环境在阿尔伯特·爱因斯坦的心理发展过程中起到了重要的作用。从某种程度上说，阿尔伯特·爱因斯坦从未彻彻底底地在城市里生活过，这种经历也导致他对后来的柏林生活和纽约生活总有些许畏惧。这种心态造就了爱因斯坦某些特定的性格，诸如他的艺术品位、一板一眼的个性。这些个性在时尚新潮的柏林人看来，是一种安于固守，落后时代的个性。爱因斯坦喜欢德国古典文学和音乐。不过，当时柏林的知识分子认为，那是一种过时的艺术品位；爱因斯坦喜欢读席勒，但是席勒在二十世纪的柏林早已不再受欢迎。

爱因斯坦不是天才儿童，其实他很晚才学会说话，父母都很担心。终于，他会说话了，却又总是沉默寡言。在家，他从不主动参与保姆组织的家庭儿童游戏，为此，一位家庭女教师送给他一个绰号——"波尔爸爸"。

---

[1] Wilhelm Friedrich Ludwig，德意志帝国第一任皇帝。

爱因斯坦不喜欢跑步、跳高这类剧烈的体育运动，或许是因为身子太虚弱，他也不合群，终日沉浸在自己的冥想沉思中。

爱因斯坦特别不爱玩士兵游行的游戏。这种游戏对很多国家的小孩来说，都是趣味无穷的，尤其在俾斯麦和莫尔特克当政时期的德国。士兵走在慕尼黑的街道上，伴随着震耳欲聋的鼓声、尖利刺耳的笛声，这是德国军队游行的特征。鼓乐振奋人心，催人奋进。大多数孩子常为此激动万分，甚至加入游行队伍，模仿行军步调。而爱因斯坦若碰到这种架势，则号啕大哭，急坏了他的父母。那时，慕尼黑的家长们总是鼓励孩子，"将来长大了，你要成为这游行队伍里的一员"。通常男孩都会为实现这个崇高的理想而不懈努力，爱因斯坦却说："我长大以后也不要成为这样可怜的人。"当其他孩子在游行队伍中看到了欢快惬意，爱因斯坦却体会到士兵的被迫无奈。在他看来，游行的士兵已被迫沦为一种"机器"。

应该说，这时候的爱因斯坦已经显现出其最典型的一个性格特征：一方面，他痛恨集团间任何形式的专横欺压，痛恨压迫者镇压被压迫者追求爱好、发展天赋的行为，痛恨压迫者把被压迫者沦为"机器"的行径；另一方面，爱因斯坦意识到了宇宙中的自然法则。他觉得，自然有其伟大的永恒规律。因为当时还只是个小孩，他只能从传统宗教角度来理解这些法则。爱因斯坦很喜欢传统宗教及其仪式戒律，因为它彰显了宇宙法则。他对父亲经常嘲笑宗教的行为非常反感。他认为，父亲对宗教的嘲笑源自某种不和谐因素和拒绝承认宇宙永恒规律的思想。爱因斯坦的这种双重态度——对人类专制的痛恨和对自然规律的崇拜伴随了他的一生。这种性格也解释了他日后很多稀奇古怪、前后矛盾的行为。

德国当时的小学隶属于各大宗教教派，学校的日常工作由牧师负责。慕尼黑的教派大多属于天主教，因此，大多数学校隶属天主教。名义上，爱因斯坦的父母是犹太教徒，但他们并不太想把爱因斯坦送到犹太学校去，一方面是因为附近没有这样的学校，另一方面因为费用太高。他的父母甚至觉得，爱因斯坦去天主教学校读书会有更多机会与非犹太教孩子亲密接触。总之，爱因斯坦去了一所天主教小学，而他也是班里唯一的犹太人。爱因斯坦没有因此感到不快。虽然不同的宗教背景让爱因斯坦有些许陌生感，但这并不是影响他与同学们密切交往的主要原因，性格因素才是最大的障碍。

爱因斯坦接受了正规的天主教教育，从中也收获了很多快乐。他熟谙天主教内容，甚至可以帮助有天主教背景的同学回答老师的问题。尽管是一名犹太小学生，但他在接受天主教的教育时没有任何困难。有一次上实物教学课，老师拿着一个大钉子对学生们说："这颗钉子与十字架上钉死耶稣基督的那颗钉子相仿。"之后，老师没有再继续讲耶稣基督是被犹太人钉死在十字架上的事。课堂上这样的情形发生了很多次，因为怕影响他们和爱因斯坦的关系，老师不多说，同学也不多提。尽管如此，爱因斯坦仍觉得这种教学方式不合适，一方面，钉子容易让人联想起与其相关的残暴案例；另一方面，他坚定地认为，惟妙惟肖地讲解暴虐行为非但不能强化人们对这种暴虐行为的任何敌对情绪，反而会激起他们内心深处的施暴欲望。

宗教情感让爱因斯坦感觉，在学校学到的天主教知识与残存在他记忆里的、耳濡目染的家庭犹太教知识并没有明显的差异。这种感觉让爱因斯坦相信宇宙间存在普遍法则，这种法则通过不同的宗教符号来表征宇宙间的和谐。当然，爱因斯坦此时更多是基于美学价值来判断，并非基于"真理性"的视角。

爱因斯坦认为，学校教育与他理解的兵营训练总体上没有多大差异，两者都是教人服从组织，学会恪守不渝、机械接受，遏制天性发展的场所。学校要求学生机械学习、正己守道。比如，老师点名，学生须马上立正；老师不问问题，学生须缄口不言。而学生独立提问题、师生日常沟通等机会几乎没有。

爱因斯坦九岁上小学高年级，但当时他还不能流利讲话，不经深思熟虑他就不会开口。因为谨小慎微、不乱说、不错说、不妄说，同学们称他"老实人约翰"。他被大家视为随和的空想家。截至那时，他还没有展现出任何特殊的天赋，不过，他的妈妈有时说："或许他以后会成为伟大的教授。"也许，她指的是爱因斯坦将来会成为一个行为古怪之人。

慕尼黑高级中学

十岁那年，爱因斯坦就读于慕尼黑路易波尔德高级中学（Luitpold Gymnasium）。在德国，十到十八岁的青少年都上高级中学，这个年龄段是青少年智力发育的关键时期。每所高级中学通过教授古希腊和罗马文化对学生进行通识教育。由于拉丁语和希腊语晦涩难懂，学生要花费大量的时间去死记硬背语法规则，这样他们就没有时间真正去理解拉丁语和希腊语所蕴含的古老文化。事实上，对大多数老师来讲，要弄懂这些古老文化也不是件易事。虽然有人说，学习一两种复杂语言的语法是训练心智不可或缺的历程，对智力的发展也有重要帮助，甚至说其他任何方法都收不到同样的训练效果，但是，爱因斯坦志在探索宇宙永恒法则，这种机械的语言学习方法令他十分厌恶。他觉得这种教育方式跟普鲁士军队训练士兵的方式一样——用重复操练毫无意义的命令来完成机械训练。

日后，人们问及爱因斯坦对学校的印象时，他总是说："在我看来，小学老师就像是军队的中士，高级中学老师就像是军队的中尉。"德皇威廉二世时期，德军中士对待列兵残暴成性、毫无仁爱。他们举止粗俗、态度恶劣、臭名昭著。德军中尉是军队的上层阶级，虽然并不与列兵直接接触，但也经常间接地向列兵展示其手中的强权。爱因斯坦把老师比作中士和中尉，是因为他感觉，老师教学仅是灌输片面的知识、机械操练规则。在学生眼里，老师并不是经验丰富的、能帮助他们解决各种生活问题的朋友，他们更像是令人生畏的长官，学生也因此竞相讨好、阿谀奉承，以博取老师们的好感。

路易波尔德高级中学有位老师，名叫吕斯（Ruess）。他喜欢向学生传授古代文化之精神，讲解古代思想对德国经典诗歌和现代文学的影响。爱因斯坦痴迷一切与艺术相关的知识、醉心一切与未知世界有关的思想。吕斯老师的课堂燃起了他对德国古典作家的兴趣，如席勒、歌德，甚至还有英国的莎士比亚[①]。有段时间，爱因斯坦特别着迷于阅读《赫尔曼和多罗泰》，该作品完成于政治极端动荡的年代，是一部叙事诗，讲述了歌德半浪漫半伤感的爱情故事。该作品深深地印刻在爱因斯坦的记忆里。当时高级中学有个传统，没有完成作业的学生要接受惩罚——放学不准回家，由监管老师负责，进行课后留堂补习。这段无聊而漫长的惩罚时间通常极为难熬。但每次只要是吕斯做监管老师，爱因斯坦就很乐意接受留堂补习的惩罚。在每天枯燥无味的机械学习里，可以在艺术的学习氛围里熏陶一小时，这种经历对爱因斯坦产生了极大的影响。课后留堂补习的记忆于爱因斯坦是美好而深刻的。后来，他一直想知道，自己给吕斯老师留下了怎样的印象。多年以后，爱因斯坦已经成为苏黎世大学的年轻教授，一次路过慕尼黑，他又想起这位曾经真正让自己学到东西的吕斯老师，便决定前去拜访。他原以为，吕斯老师知道自己曾经教过的学生如今成为一名大学教

---

① William Shakespeare，1564—1616，英国文学史上最杰出的戏剧家，也是欧洲文艺复兴时期最重要、最伟大的作家，全世界最卓越的文学家之一。

授，一定很欣慰。结果，当邋里邋遢、不修边幅的爱因斯坦出现在他面前时，他根本记不起来有个叫爱因斯坦的学生，也不知道这个蓬头垢面的年轻人此行的目的。吕斯老师唯一能想到的就是，这个年轻人冒充自己的学生，想骗几个钱。显然，吕斯老师从未想到过，竟然有学生专程来访，而此举动仅为一表当年受教的感激之情。或许吕斯老师的授课水平并不像爱因斯坦记忆中那么优秀，或许这一切都是爱因斯坦的想象，但不管怎么说，这次拜访令双方尴尬异常，爱因斯坦很快就离开了。

学术兴趣

五岁时，爱因斯坦的父亲给他看过一个袖珍罗盘。这个神奇的小物件上面有一枚铁针，不论怎么转罗盘，这根针总是指向同一个方向，这事给年幼的爱因斯坦留下了深刻的印象。尽管看不到有什么东西让罗盘上的这根针移动，但爱因斯坦断定，在这个看似空无一物的空间里，一定有什么东西将物体吸引到同一个方向。这个经历引发了后来爱因斯坦关于空洞空间神秘特性的思考。

随着爱因斯坦一天天长大，他对自然科学的兴趣也随着阅读科普书籍而与日俱增。每周四会有一个俄国犹太学生来他家里，这位学生推荐的亚伦·伯恩斯坦的《自然科学读本》（*Popular Books on Natural Science*）让爱因斯坦很感兴趣。这部著作在当时的科学业余爱好者中广为流传。书中讨论了动物、植物及其相互依存关系以及起源假设等内容，介绍了行星、流星、火山、地震、气候和其他很多话题，涉及自然关系的方方面面，无所不包。之后不久，爱因斯坦又迷上了比希纳的《物质和力》。这本书整合了时间的科学知识，并把这些知识构建成了一套完整的宇宙哲学概念。支持该书观点的学者常被称作"唯物主义者",其实他们应该叫"自然主义者"。这些人试图通过类比自然科学的方法,去理解并解释天体和地球上所发生的事情,并极力反对任何关于宇宙本质的宗教概念。

今天,类似比希纳的《物质和力》这样的书籍被诟病为粗陋肤浅之作。让人好奇的是,这种肤浅之作当年是怎样吸引像爱因斯坦那样拥有独立思考能力的人的。如果从历史价值和公正角度来审视,我们应该扪心自问,现如今有多少书能与这些早期作品媲美?可能已故的詹姆斯·琼斯爵士的《神秘的宇宙》算一本。就算是再挑剔的读者,也不会觉得比希纳的《物质和力》比当代同类著作肤浅。不管怎么说,这本著作对科学成果自身进行了精准阐释,同时也包含了一些明确的哲学解释。于我们而言,应该是接纳认可这些书籍,而不应该依个人喜好给予否定。

爱因斯坦对数学的兴趣源自家庭熏陶,是叔叔带他触及了代数。叔叔跟他说:"代数很有趣。比如,我们正在抓捕猎物,可以暂时用 X 代替猎物,直至捕获成功。"有了这样的指导,爱因斯坦会用一些代数的方法去解决简单的问题,从中他领略了无穷的快乐。让他记忆深刻的是,十二岁那年时,他第一次接触到系统的几何课本。这是新开的一门课的教材。就像其他学生一样,爱因斯坦对新课程也充满兴致。通常,对某门功课感兴趣的孩子会在老师上课前,先预习和钻研,爱因斯坦也不例外。他刚一读就陶醉其中,书中讲解清晰,陈述有理有据,图表和推理关系紧密,所述内容井然有序,一目了然。这是爱因斯坦以前从未读过的书,给他留下了极其深刻的印象。在他看来,这个无序而混沌的世界,居然秩序井然,充满理性,美轮美奂。

爱因斯坦六岁起,父母就要求他学小提琴。起初这只是学校的一项强制活动。很可惜,因为授课老师只注重拉琴技巧的训练,爱因斯坦从中没有体会到学习的乐趣。十三岁那年,他接触到莫扎特的奏鸣曲,随即便迷上了乐曲中的那份独特的优雅。此时，他意识到自己的拉琴技巧还不够好，要想完整演奏出乐章，呈现其精华之美，还必须手法要灵巧。于是，他不断练习，试着在演奏中表现作品明亮、轻盈、优雅的风格，尽可能清晰地传递一种特殊的情调，而不是炫耀演奏技能。在练习的过程中，他掌握了一定的演奏技巧，也爱上了音乐。他对音乐的这份热爱，终其一生，不曾改变。十四岁时，爱因斯坦首次在室内音乐舞台上演奏小提琴，当时的那种愉快感与如今阅读几何书所体验到的快乐有着异曲同工之效。

十四岁的爱因斯坦依然读着比希纳的书，但对宗教的态度悄然发生改变。他在小学接受的是天主教的教育；在高级中学时，因为是犹太人，他接受的是犹太教的教育。宗教老师讲解《所罗门箴言》和《圣经·旧约》，评论了其中涉及的伦理道德问题，听课的爱因斯坦被触动了。他坚信，《圣经》传统存在着巨大的道德价值。此外，他还发现，不管学生有没有兴趣，都必须去犹太教堂参加宗教活动。这种场景令他觉得，这与强迫士兵去练兵场训练、强迫学生解释虚构的语法难题等一个样。因此，爱因斯坦不再把宗教仪式当作人类在宇宙中诗意的符号。相反，他越来越觉得，宗教仪式的迷信作用会令人丧失独立思考的能力。他开始反感犹太教或任何宗教的传统惯例，不再参加之前从未缺席过的宗教仪式。爱因斯坦下定决心，一旦离开高级中学，便放弃犹太教信仰，也不再皈依任何宗教派别。这样做的原因在于，他不愿意看到个人关系和自然法则被某种机械秩序所限制。

逃离慕尼黑

十五岁那年，爱因斯坦的人生轨迹发生了改变。父亲在慕尼黑的工厂陷入了经营危机，导致最后关闭，需另寻出路。之后慈祥、乐观的父亲带领全家移居到了欢乐的国度——意大利，并在米兰建起了相似的工厂。但是，父亲希望爱因斯坦能留在慕尼黑，完成高级中学的学业。当时每个德国中产阶级都认为，人们必须拥有一张高级中学的文凭才算是受过教育，而且只有拥有这样的学历才有资格进大学读书。要想获得一份体面的脑力工作，就必须先完成高级中学的学业。爱因斯坦应该与其他人一样，完成他的高级中学学业。他因此而留在了慕尼黑。

爱因斯坦的数学成绩优异，遥遥领先其他同学，但其古典语言学习并不优秀。为了通过这门功课的考试，他不得不花工夫去学这门不感兴趣的功课，为此，他十分痛苦。被父母送至寄宿公寓后，这种痛苦孤独情绪愈加强烈。在学校，爱因斯坦不合群。同学真诚邀请他参加体育活动的行为都被他视为是不体谅人、缺礼数的举动。尽管爱因斯坦对所有人都彬彬有礼，但是老师和同学们都清楚，他对学校的组织制度以及学校信奉的神灵持怀疑态度，他的这种态度让很多人惴惴不安。

一天天过去了，爱因斯坦的独立思考能力也在发展，他越来越不能忍受高级中学费时的教学方法。尽管在人际交往中，爱因斯坦脾气温和、为人谦卑，但他会极力捍卫自己的精神世界，不受外界约束。他的这种性格特征始终如一。他受不了去机械记忆规则，宁愿接受惩罚也不愿意在没有理解的基础上去反复死记硬背所学的"知识"。

熬过了半年孤独的寄宿生活，爱因斯坦想离开高级中学，去意大利与父母团聚。在他看来，普鲁士人统治的慕尼黑阴森冷酷、毫无生机，而意大利绚丽多姿、生机勃勃，到处是喜爱艺术和音乐的人们，那才是令人向往的天堂。于是，他想了一个办法，既可以逃离高级中学——哪怕是一会儿，又不会失去继续学习的机会。由于他的数学知识已远超学校要求，他希望，即使未获得高级中学毕业证书，也能被国外的理工学院破格接收。

爱因斯坦原以为，只要离开德国，一切都会好起来。

他到医院开具了一份医生证明，证明他因神经衰弱，需要休学半年，去意大利与父母生活，直至康复。同时他还拿到了数学老师出具的一份证明，证明他非凡的数学水平足以进入高等学校学习相关专业。意想不到的是，爱因斯坦逃离慕尼黑高级中学的计划最终却比预想的顺利。有一天，老师叫他过去，告诉他学校希望他能够退学。事态的变化让爱因斯坦感到震惊，他问老师自己犯了什么过错。老师回答说："你在课堂上影响到了其他同学。"显然，老师和同学都从爱因斯坦的行为中，看出了他对这种日复一日的枯燥训练的不满。

到米兰后，爱因斯坦告诉父亲，他想放弃德国公民的身份。这样的想法在当时是很罕见的，他父亲那时都还保留着德国公民的身份。但爱因斯坦还是放弃了，而当时他还没有获得其他国家的公民身份，那段时间他便成了一个无国籍的人。与此同时，他还宣布与犹太宗教团体断绝关系。

刚到意大利的那段时间，爱因斯坦过得很快乐。他陶醉在教堂和画廊里的艺术作品中，聆听着回荡在每个角落的音乐、欣赏着悦耳的歌声。他越过亚平宁山脉来到热那亚，欣然地看着自然优雅的人们。大家举止端庄、言语朴实，这些人与他熟悉的德国人形成鲜明的对比。在德国，人们已经成为没有灵魂、只会接受服从的"机器"，丧失了本性。而在意大利，人们不受外界条框所约束，遵从自我内心，怡然自得。爱因斯坦觉得，意大利人不受制于强权约束，他们的生活更符合自然的法则。

当然，爱因斯坦要想保持这种快乐的生活状态，就必须忘记他所面对的生活现实——有一段时间他的确是这么做的。父亲在意大利的生意再次失败，不管是在米兰还是在帕维亚，父亲的电气设备生意都未能成功。尽管父亲依旧积极乐观，但还是不得不告诉爱因斯坦："我不能再给你钱了，你得赶紧找份工作。"短暂释放的压力似乎又回到了爱因斯坦心里，他思忖着，难道离开高级中学是个错误的决定？怎么才能获得一份工作呢？

童年玩磁罗盘的经历唤起了爱因斯坦对自然神秘法则的兴趣，阅读几何课本的快乐让他爱上了一切可以通过数学来解释的知识。爱因斯坦觉得，世界上有种分子能够完全被人类理解。理论物理学强烈地吸引着他，他想要研究这门学科，并愿意为之奉献毕生。理论物理学可以解决这样的问题：自然界中无限复杂的现象怎样用简单的数学公式来描述？

由于爱因斯坦对物理科学和数学本身有浓厚的兴趣，实际工作也需要职业训练，父亲也一直做技术这一行，因此他觉得学技术科学对他来说是最合适的。此外，他没有高级中学的毕业证书，却有优异的数学成绩，因此，相对于普通大学，他更容易进入技术学院就读。

求学苏黎世

当时，在德国以外，欧洲中部最著名的技术学校就是苏黎世联邦理工学院（the Swiss Federal Polytechnic School）。爱因斯坦参加了这所院校的入学考试。虽然他的数学知识远超他人，但由于现代语言知识和描述性的自然科学知识（动物学和植物学）比较欠缺，最终未被录取。离开慕尼黑后，爱因斯坦所担心的事情终于发生了，他似乎不能按原先计划行事了，他受到重重的打击。

理工学院的主任看中了爱因斯坦数学上的才华，建议他先去一所瑞士学校读书拿学位。这所先进的州立学校坐落在小城阿劳。爱因斯坦并不看好这所州立学校，他担心自己会再次成为僵化体制下的"囚徒"，就像在慕尼黑高级中学一样。

爱因斯坦惊恐万分，忐忑不安地去了坐落在阿劳的学校读书。令他惊喜的是，州立学校的办学理念和慕尼黑高级中学截然不同。这里没有类似军国主义那样的机械训练学习，学校以培养学生独立思考、独立动手为宗旨，教师与学生互动频繁，友善商议讨论，气氛和谐。学生也没有要求固定在一个教室，学校为每门功课配置了仪器室、标本室和配件室。上物理课和化学课时，学生可以在仪器室做实验；上动物课时，学生可以到一间小型博物馆去，也可以使用显微镜观察微生物；上地理课时，学生可以查阅外国地图和图片。

因为这所学校，爱因斯坦不再讨厌学校，他与同学的相处也更加和谐。当时他住在学校的一位老师家。老师有一双儿女，爱因斯坦经常与他们一起爬山。在阿劳，爱因斯坦有机会与一些人详细探讨公众的生活问题，瑞士人热衷于讨论这类话题，这是他们的一种传统。通过这样的交谈与讨论，爱因斯坦熟知了一种与从前在德国所接触的截然不同的观点。

一年以后，他从州立学校顺利毕业了，随即被苏黎世联邦理工学院免试录取。这时他放弃了找工作的想法。在阿劳求学时，他发现在高校当一名物理或数学老师不仅可以继续探索自己钟爱的研究，同时还能过上体面的生活。正巧，苏黎世联邦理工学院的一个物理、数学老师培训部门需要招人，他便想去申请这个部门的工作。

在州立学校求学那一年，爱因斯坦也明白自己的主要兴趣是物理，而不是单纯的数学，这与他当年在慕尼黑时的想法有所不同。他的志向是通过理解自然法则，去发现最简单的规则。不巧的是，当时的理工学院物理教学方法陈旧又迂腐。学生学到的都是已经被技术应用领域检测过的，常见于教科书上的那么一点物理定律。老师几乎不跟学生讲自然现象的客观分析方法，也很少讨论自然现象中包含的综合原理等知识。

尽管物理教学并没有讲授什么深刻的思想，但这的确激励了爱因斯坦去阅读该领域的伟大著作。当时正处于十九世纪末，物理科学的发展也进入一个拐点。杰出的科学家用引人入胜的笔触记录下了这一时期的理论。爱因斯坦研读着这些理论物理学的经典著作，诸如赫姆霍兹、基尔霍夫、玻尔兹曼、麦克斯韦和赫兹的著作。他日日夜夜如痴如醉，从中学会了建构数学框架的方法，这些知识有助于物理结构的建立。

与物理教学相比，学院的数学教学水平要高得多。有位叫赫尔曼·闵可夫斯基的数学教师，俄国人，年纪轻轻就被视为是当时最有原创精神的数学家之一。他不太擅长授课，爱因斯坦也不喜欢他的课。就是在这段时间，爱因斯坦对纯数学失去了兴趣。当时，爱因斯坦认为最简单的数学原理就足够阐释物理学的基本定律。然而事与愿违，不久他就发现，建构物理学的基本原理必须基于高度发达的数学概念之上。而正是这位闵可夫斯基老师枯燥的数学课，为爱因斯坦的理论提供了数学公式的构想，这些构想成为其未来理论发展的萌芽种子。

苏黎世联邦理工学院在国际上声名远播，学校有大量的国外学生，其中以来自东欧或东南欧的学生人数居多。这些人或因为不能，或不愿意在本国上学才远赴苏黎世联邦理工学院求学，苏黎世也因此成了孕育未来革命的摇篮。在这些国际学生中，奥地利学生弗里德里希·阿德勒与爱因斯坦颇为熟识。他是位身材消瘦、脸色苍白、皮肤白皙的年轻人，与其他来自东欧的同学一样，他热爱自己的研究领域，狂热地相信社会革命的发展。他的父亲是维也纳社会民主党领袖维克托·阿德勒，父亲送他来苏黎世学习物理就是想让他远离政治。另一个熟悉的同学是一位名叫米列娃·玛丽切奇的年轻女孩。她来自匈牙利，母语是塞尔维亚语，信仰希腊东正教。她从前生活的那个圈子在匈牙利的东南部，人口众多。那儿的人极力反对马扎尔人的统治。像很多东欧女学生一样，玛丽切奇专注自己的学习，很少有时间去跟男同学交往。她和爱因斯坦有着共同的学术兴趣，热爱研究物理科学，两人因此经常在一起。爱因斯坦喜爱思考，更喜欢把思想诉诸文字，米列娃·玛丽切奇沉默寡言，颇为冷淡。由于当时爱因斯坦完全沉浸在自己的研究中，并没有意识到这些。

苏黎世的这段求学时光对爱因斯坦的智力发展大有裨益。不过，这段日子过得并不舒坦。当时他父亲的经济状况极为艰难，不能给他资助。爱因斯坦每月从有钱的亲戚那得到一百瑞士法郎，从中他还得抽出二十瑞士法郎用来支付瑞士公民身份所需的费用。他希望毕业后能获得瑞士公民身份。尽管爱因斯坦这段时间的生活并没有经历真正的穷困潦倒，但也过得不奢侈。

专利局职员

十九、二十世纪之交，爱因斯坦完成了学业。此时，他迫切需要一份工作。正常完成了大学或理工学院的学业后，对他这样一位酷爱科学研究，又才华横溢的年轻人而言，能获得更多训练机会成为一名独立研究员是很重要的，也是令他心驰神往的。跟着经验丰富的教授一起工作，既能学到教书方法，又能掌握科学研究的方法，于他而言，这是一条合适的道路，他随即申请了教授助理的职位。然而，当初夸他志向远大、天赋异禀的几位教授，其实并没有想招他做助教的意愿，对此也没有给出任何解释。

既然不能在理工学院教书，爱因斯坦只能选择在中学。然而拿着教授们写的推荐信，他依旧未能如愿。最后他在温特图尔的一所技术职业学校谋得一份临时工作，几个月后，又失业了。

1901年，二十一岁的爱因斯坦终于成为一名瑞士公民。他从一份报纸中看到，沙夫豪森的一名高级中学老师正在为两名住宿男孩找家教。他成功申请到这份工作。就这样，他来到了这座莱茵河畔的小城。这里的瀑布远近闻名，游人络绎不绝。

爱因斯坦对这份工作还算满意。开心的是，这份工作不仅让他能塑造年轻人的心灵，而且在教学时，还可以试着用一些比学校里更好的教学方法。但不久后，他发觉其他老师的教学方法将他培养的"好苗子"破坏了，于是他申请由自己全权负责这两个孩子的教育。他的这一行为被看作是挑战那位高级中学教师的权威，他因此被解雇了。这次事情后，爱因斯坦知晓了：不仅学生，老师也同样被普通学校机械单调的工作所制约。

困境再次袭击爱因斯坦。尽管有张苏黎世联邦理工学院的毕业证，也已经是一名瑞士公民，可爱因斯坦还是找不到一份教书的工作。他不明白自己为什么这般失败，也许大家并没有把他当作真正的瑞士人。在瑞士，刚拿公民身份的人经常被真正的瑞士人称为"只拥有一张公民证书的瑞士人"。爱因斯坦的犹太后裔身份让其想成为真正的瑞士人变得困难重重。

就在这段黑暗时期，光芒出现了。理工学院的同学马塞尔·格罗斯曼，将爱因斯坦引荐给伯尔尼专利局一位心胸开阔，聪明睿智的主任哈勒。哈勒一向主张，任何工作都更需要具有独立思考能力的人，而不是循规蹈矩的人。与爱因斯坦长谈后，哈勒认为，爱因斯坦很适合在专利局工作，尽管他从前没有任何与技术发明工作相关的经验。随后他便给爱因斯坦安排了工作。

从许多方面而言，伯尔尼都是爱因斯坦人生的转折点。这份工作年薪三千法郎，足够他生活无忧，这样他有大把的闲暇时间用在科学研究上。现在，也是他考虑结婚生子的时候了。

到伯尔尼不久，爱因斯坦迎娶了他理工学院的同学米列娃·玛丽切奇。玛丽切奇比爱因斯坦大，除信仰希腊东正教，她与大多数塞尔维亚学生一样，思维活跃，思想进步。但她生性拘谨、不苟言笑、耿直坦率，不太善于融入周围环境。爱因斯坦的性格则与她截然相反。他举止自然，谈吐风趣，这令玛丽切奇感到十分不适。因此，爱因斯坦与她的生活并不能称得上是欢乐惬意。爱因斯坦想法很多，当他想和玛丽切奇谈论时，她总是反应冷淡，这经常让爱因斯坦怀疑，她是否真的对自己所说的感兴趣。婚后，爱因斯坦有一段幸福的生活，玛丽切奇为他生了两个儿子，大儿子随他叫"阿尔伯特"。他跟孩子们在一起的日子非常开心。他愿意花时间与孩子们相处，也愿意跟孩子们分享自己的想法，而且总是饶有兴趣地观察着孩子们的反应。

专利局的工作索然无味，主要职责就是对申报的发明做初步检验。大多数的发明者都是业余爱好者，很多内行也和这些业余爱好者一样，不能清楚地表达自己的想法。专利局的作用就是为发明者和他们的发明提供法律保护。对每件发明的基本特点，专利局必须做出系统的说明。爱因斯坦的工作就是把措辞模糊的专利申请改写成清晰明确的版本。最重要的是，他需要从那些陈述发明的文字里概括出基本要点。这项工作并不轻松，却让爱因斯坦有机会接触很多有趣的新思想。或许正是因为这样的工作经历，让爱因斯坦练就了快速抓取各种假设、推理线索的能力。有幸听过爱因斯坦科学讲座的人们，对他的这种才能都叹为观止。

因为这份与发明相关的工作，爱因斯坦一直保持着对科学仪器制造的兴趣。当年他发明的测量微小电荷的仪器，至今还保留着。这项发明只是他在抽象理论研究之余的一种消遣娱乐，这就像其他科学家闲暇时下国际象棋、读侦探故事一样。很多数学家喜欢借助下国际象棋的方式来放松自己。这可能是因为，下国际象棋不需要大量的严密思考，只需少量的逻辑推理，这可以让他们的大脑得到最有效的放松。爱因斯坦对国际象棋或侦探故事不感兴趣，他真正喜欢的是研究各类器械，也喜欢与朋友们讨论这些器械。即使在后来的日子，爱因斯坦也常有许多这样兴趣爱好相仿的朋友。纽约的巴基教授就是一位。他是著名的物理学家，是一位 X 射线机的结构专家。爱因斯坦和他一起设计了一个机器，该机器可以根据照度，自动调节感光胶片的曝光时间。爱因斯坦喜欢这样的发明活动，并不是因为发明物有实际的功用，他享受的是克服发明中重重困难的过程。

● 第二章 ●
爱因斯坦之前的物理学观念

自然哲学观

在任何时期，流行的自然哲学观都对同时期的物理学发展有深远的影响。纵观整个历史，建立自然哲学观的依据有两种。一种被称为"科学的"，即试图将观察到的事实关联起来，并从中获取有用的信息；而另一种则被称为"哲学的"，在特定历史条件下以能获得认可的方式解释自然现象，以天体运动的理论为例，来说明这两种依据之间的差别。在十六世纪，哥白尼的日心说理论可以解释实际的星体位置变化，但由于这种观点与当时地球在宇宙中心静止的哲学观相冲突，而不被承认是"哲学正确的"。

在科学发展的历史上，哲学观本身也随着一些革命性的科学发现而改变。科学观的发展有两个最重要的时期。在中世纪，人们用理解人类和动物行为的方式来理解自然现象，以生物的行为来解释诸如天体、抛体等物体的运动。这种观点被称为有机观。而十七世纪开始，伽利略和牛顿在力学上做出了一系列影响广泛的研究，促成了物理学史上第一次重大的革命，机械论自然观得以形成。在这种观点中，杠杆、滑轮等简单的机器被用来解释自然现象。这种观点获得了巨大的成功，因此机械论成为所有自然科学，甚至是所有科学的范本。1870年左右，机械论的盛行达到顶峰，但在此之后，物理学新领域不断发现的新现象使这一哲学观开始逐步瓦解。1905年，以爱因斯坦第一篇相对论论文的发表为标志，第二次科技革命拉开了帷幕。正如牛顿促进了物理学从有机观向机械观的转变，爱因斯坦也促使机械观转变为自然的数学描述。

为了更好地理解爱因斯坦的工作以及人们对其理论的矛盾态度，我们有必要先了解自然哲学观的变革所带来的巨大情感波动和政治、宗教、社会等领域受到的冲击。罗马教会将哥白尼和伽利略的研究视为"异端邪说"，是因为他们的理论与当时的哲学观不相容；同样道理，很多哲学家和物理学家也不承认爱因斯坦的相对论，因为相对论不能以机械论的方式来理解。在以上两个例子中，新理论受到非难的原因都不在于其不能解释观察结果，而在于其不能融入传统的科学哲学观之中。

当然，在很多情况下，这种对某一特定科学观的偏执和坚持会阻碍新规律的发现，但是从历史发展上看，也不能武断地认为这种保守的态度完全不利于科学的进步。一种特定的科学观念可以将不同的科学分支统一起来。在有机科学观中，生命体和无生命的自然界之间没有真正的差别，它们都遵从于同样的规律。机械科学观也是如此，其对生命现象也是以机械论的方式描述的。此外，由于特定的科学观应该能够用于所有现象的解释，所以它不得不具有简单的形式，以几条简单的原则就能推导出所有的实验证据。

一般人在学校中接受的科学教育都是以机械观为主的，我们对机械观太熟悉了，甚至觉得它平淡无奇。不过，当一个理论被大家接受并习惯之时，它的闪光之处也早已被人遗忘。我们假设自己生活在机械论刚兴起的年代，这样才能理解其伟大的意义和革命性的影响。通过这种假设我们不难发现，当时机械科学观给人们带来的困惑和矛盾，正如我们现在对爱因斯坦理论的感受。

中世纪的有机物理

我们在观察一个人的行为时，有时可以理解，有时又理解不了。例如，如果我们只看到某人突然狂奔起来，会摸不着头脑，但是如果得知前面有人在撒钱时，则完全能够理解这个行为。若一个人动机不明，他的行为则会难以捉摸。动物亦然。一只野兔在奔跑，可能是因为后面有条狗在追逐它。任何运动的目的都是到达比初始点更有利的位置。

根据对象本质的不同，不同有机体的行为可以用不同的动机来解释，"有机科学"也同样被用于解释非生命体的运动之中。以下落的石头和升起的火焰为例，类比于善于挖洞的老鼠和在悬崖边筑巢的老鹰，石头本就应该在地球上，而火焰的位置在天空中某个绕地球旋转的球体上。每个物体都有它最自然的状态，当这一状态被改变时，它的本能将会驱使其以最快的方式回到原来的状态中。因此，当石头被抛向空中时，它将会尽快回到离地心最近的位置，如同被天敌追赶的老鼠在逃脱威胁后会立即回到自己的洞里。当然，有时候石头并不会下落，这是由于一个"无法抗拒的力"在对它起作用。根据古代的哲学家的说法："医生的天职是治疗，但是障碍可能使他无法实现这个目标。"这是有机论中的一个最粗糙的推论。

当然，也有些运动显然没有任何目的性。例如，天体的运动没有明确的目标，而是单纯重复同样的路径。那么，人们认为天体被某个更高等的自然精神力量控制了，而维持永恒不变的运动正是这种精神力量的本能，就如同趋利避害是低等有机体的本能一样。

这种有机的观念以古希腊哲学家亚里士多德的思想为基础。尽管这一观念本质上相当愚昧，但在中世纪时期这种类似的哲学观基础出现在很多哲学家的教义中。这些哲学家包括被基督教教会奉为圣人并有"神学界之王"之称的中世纪经院哲学家和神学家托马斯·阿奎纳（1225—1274）、犹太思想家和哲学家摩西·迈蒙尼德（1135—1204）以及伊斯兰的阿威洛依（1126—1198）。

物理和哲学

毫无疑问，伽利略是推进物理学由有机论转向机械论的关键人物。他认为，哥白尼的日心说理论不仅仅是一时为了解释天文现象而做的假设，而是事实真相，揭示了真正的规律。他敢于质疑权威的中世纪物理体系根基。

伽利略首先从物体的匀速直线运动这一最简单的形式出发，接着考虑了具有恒定加速度的直线运动，即物体的速度在相等的时间内增加量相同。接下来，基于这些简单运动形式的研究，他试图解释更复杂的运动。伽利略发现所有的自由落体运动和曲线运动都具有一个共同点，即它们向下的加速度都是恒定的。这类运动的速度可拆分为两部分：保持大小和方向都不改变的初始速度（惯性运动）和垂直向下的加速度（重力作用）。

几十年后，艾萨克·牛顿爵士将伽利略发现的运动规律推广到复杂的天体运动中，并将其发展为描述一切运动的普适规律。以地球绕太阳的公转为例，牛顿将行星的圆周运动也拆分为两部分：（1）惯性运动，初始速度的大小和方向保持不变；（2）由于地球和太阳之间的引力作用，地球具有恒定的加速度，其方向沿着地日之间的连线指向太阳，其大小与地日距离的平方成反比。根据这些规律，牛顿提出了大名鼎鼎的牛顿运动定律

（Newton's laws of motion） 和万有引力定律（Law of universal gravitation）：

> 牛顿第一运动定律：任何物体都要保持匀速直线运动或静止状态，直到外力迫使它改变运动状态为止。（即惯性定律，Newton's first law of Motion）
>
> 牛顿第二运动定律：物体加速度的大小跟作用力成正比，跟物体的质量成反比，且与物体质量的倒数成正比；加速度的方向跟作用力的方向相同。（Newton's Second Law of Motion Force and Acceleration）
>
> 牛顿第三运动定律：相互作用的两个物体之间的作用力和反作用力总是大小相等，方向相反，作用在同一条直线上。
>
> 万有引力定律：任意两个质点之间有通过连心线方向上的力相互吸引。该引力大小与它们质量的乘积成正比，与它们距离的平方成反比，与两物体的化学组成和其间介质种类无关。

这些定律的成功之处无须赘述，其构成了物理学、天文学和力学的理论基础。

牛顿及同时代的科学家们也早已提出了解释光现象的光学理论。由于上述力学定律无论在天体运动的描述还是日常生活中物体运动的描述上，都获得了成功，所以光学理论也都以力学定律为前提，认为光由符合牛顿运动定律的粒子组成。同样对于其他物理学领域的各种物理过程，例如电磁现象、热现象和化学反应等，人们也将其抽象为力学模型，并用牛顿运动定律解释这些现象。牛顿运动定律在实证经验上的成功使它很快便成为检验理论"物理合理性"的试金石。除了牛顿运动定律以外，其他能够计算和阐明物理现象的理论仅仅被看作"可行的"，而不是"物理的"。在牛顿的力学体系建立后不久，中世纪的有机自然哲学体系便被这种新的体系所取代。

然而，牛顿力学的成功却显然归功于它的实用性，而不是它在哲学上的合理性。惯性定律刚刚被提出时，以中世纪哲学的观点来看，它相当荒谬而不可理解。为什么不用被外力推动，物体就可以永远沿直线运动下去呢？这无疑与人们的经验相悖。但是，这种"可笑"的定律最终战胜了一切异议而被接受，这得益于它在数学上的简明性，以及在其基础之上建立的力学体系的巨大成功。最终，物理学体系被颠覆，牛顿运动定律成为唯一的"哲学的真实"。机械论时期的哲学家们，尤其在十八世纪末，提出各种论点来证明，惯性定律是绝不荒诞的，它的合理性是显而易见的，甚至是唯一符合哲学论的对真实的解释。

由于牛顿力学体系的历史根源，哲学家们抵触爱因斯坦的理论。除了理论学家，一些实验物理学家们也同样难以接受爱因斯坦的理论。他们在大学中接受了传统机械观哲学教育的洗礼，将其奉为信条，因此即使在物理实验中获得了超出牛顿运动定律可解释范畴的实验结果，也不能意识到其背后颠覆性的新科学理论，而仍然一味信奉着牛顿的理论体系。

牛顿力学中的相对性原理

牛顿运动定律中尚存着关键性的问题待解决。惯性定律说明任何物体要保持匀速直线的运动状态直到外力迫使其改变运动状态为止。那么究竟什么才是"匀速直线运动"呢？在日常生活中，匀速直线运动似乎很容易定义，例如，当台球在桌面上沿着一条平行于球桌边缘的直线滚动时，它就在做直线运动。但是若考虑到球桌本身置于地球上，而地球不仅在自转，还绕太阳公转，那么在地球之外观察台球的运动时，最终合成的运动状态将会变得很复杂而不是简单的直线运动。在这个意义上，只有和球桌同在一个房间里的人才能观察到桌上的球是沿直线运动的。

鉴于此，牛顿定义了"绝对运动"（Absolute motion），即"物体从一个绝对位置到另一个绝对位置的运动"，并称"'绝对运动'既不能被创造，也不能被改变，而是物体由于被施加了力的作用而发生的运动"。在这个定义下，如果我们能观测到球在没有任何外力作用下沿着平行于桌子边缘的直线做匀速运动，那么这个房间则被认为在"绝对空间"（Absolute space）中静止。这个"静止"房间的参考系则被定义为惯性系（Inertial system），因为在这个参考系里，惯性定律成立。假设有第二个房间，它随着旋转木马一起转动。相对于"静止"房间，新的房间在做圆周运动，因此这个房间里的小球不可能在没有外力作用的情况下保持匀速直线运动。那么根据上面的定义，旋转木马上的房间就不是一个惯性系。

若是小球在匀速直线运动的火车车厢中，那会怎样呢？这种情况下，火车上的小球仍然可以在没有外力的情况下做匀速直线运动。实际上，在"静止"房间中做匀速直线运动的物体，被火车上的观测者所观测时，也同样做匀速直线运动。因此，只要像火车车厢这样的"运动系"相对于"静止"房间做匀速直线运动，惯性定律在"运动系"中就仍然成立。

当外力作用于小球时，小球开始加速。在"静止系"和"运动系"上观测到小球的加速度是相同的。因此，牛顿第二定律，即只决定物体加速度（而非初始速度）的力的定律，在两个参考系中都是等价的。我们只通过测量粒子（小球）的运动，无法得知当前参考系的运动速度；反过来，我们只要知道了小球在当前参考系下某一时刻的运动，通过牛顿第二定律，便能够预测其在未来任何一个时刻的速度，这也与小球所在的参考系本身的运动无关。综上所述，相对一个已知的惯性系做匀速直线运动的所有参考系都是惯性系，而牛顿运动定律并不能说明什么是严格意义上的真正的惯性系。

在大多数情况下为简单起见，忽略掉微弱的自转和公转运动，地球可以被近似认为是惯性系，因此地球上物体的运动满足牛顿运动定律。同样地，任何相对于地球做匀速直线运动的物体，例如火车、轮船、电梯等，也可以被看作惯性系。这很符合人们的日常经验：在没有颠簸、转弯的火车或者轮船上，人们可以像在地面上一样进行各种球类运动。

因此，对于力学规律而言，一切惯性系都是等价的，这一定律被称为力学相对性原理（Relativity principle of mechanistic physics），它是牛顿运动定律的推论，它的描述对象为相对运动，而不是牛顿运动定律中的绝对运动。上面为相对性原理的正面表述，其反面表述为：不可能借助惯性参考系中的力学实验来确定该参考系匀速直线运动的速度。

相对性原理本是在牛顿理论体系中提出的，是牛顿力学体系的基本特征。然而，把相对性原理推广到一切物理学则是爱因斯坦的伟大贡献。他认为相对性原理比牛顿运动定律更适合成为描述所有物理现象的理论基石，因为相对性原理在牛顿运动定律失效的情况下仍然成立。

以太：力学的假设

从各种光学现象（光的反射、折射等）出发而建立的光学理论主要包括两大相互对立的体系：牛顿提出的光的微粒说（Corpuscular theory），以及和牛顿同时代的荷兰物理学家、天文学家、数学家惠更斯（1629—1695）提出的光的波动说（Wave theory）。在微粒说中，光被看作一束满足牛顿运动定律的粒子流；而在波动说中，光是一种在某介质中传播的振动，类似于在空气中传播的声波。1850 年，在精于光学和电磁学实验的法国科学家阿拉戈（1786—1853），以及以发明傅科摆闻名的法国物理学家傅科（1819—1868）等人的研究努力下，光的波动说占据了主流的地位。然而在此之后，出生于苏格兰爱丁堡的物理学家、数学家麦克斯韦（1831—1879）开创了电动力学，预言光的本性为电磁波，光是由电场和磁场的振动产生的。他的理论计算和德国物理学家海因里希·赫兹（1857—1894）的实验工作一同促成了光的电磁波理论的普及。

振动的传播需要介质，波是介质中振动状态的传播。例如，声音是由空气中分子的振动来传播的，在真空中声音无法传播；地震波的传播依赖于地球内部或表层物质的振动；水波则是由表面的水分子运动而传播的。然而，即使太空中没有任何物质作为介质，遥远星星发出的光也仍然能够到达地球。基于根深蒂固的力学思想，人们认为必然存在某种介质在太空中承载光的传播，这一介质被称为以太（Ether）。

若是认为光的传播和声音类似，则我们需要回答两个问题。当飞机或者抛体在空气中运动时，由于空气的摩擦，它们受到了一定的阻力，其中一部分空气也黏着于物体上被拖拽而随之运动。那么这两个问题是：能否通过以太来探测物体的运动？比如地球绕着太阳的运动。以太会不会像空气一样，阻碍其中物体的运动？是否也会有拖拽作用？

回答以上的问题需要研究光在以太中传播的性质，因为只有通过光的传播才能证明以太的存在。假如光的传播就像池塘平静的水面上的一串涟漪，那么光波的速度相对于以太是恒定的。然而观察者所观察的光线传播速度可能会大于或小于光线本身在以太中的传播速度，这取决于观察者是向着光源运动还是远离光源运动。因此，若是以太和地球之间没有粘滞作用，地球在绕太阳公转的时候也不会影响保持静止的以太，那么地球相对于以太的速度就可以通过在地球上测量沿不同方向传播的光速来确定。

至于为什么确定地球的运动不会拖拽以太运动，这是光行差

（aberration of starlight）现象可以证明的。人们在公转的地球上观测星空时，相当于观众坐在绕舞台转圈的看台上观赏表演。随着座位一圈又一圈地绕舞台旋转，观众看到的舞台上的景象也会周期性地改变；同理，天文学家们发现他们所观测的天体现象也以年为周期在发生变化。如果以太能被地球拖拽而运动，则星空的光通过以太传播到地球时，人们就不会观测到随着地球的公转而以年为周期变化的景象。因此，光行差现象反过来证明了以太是绝对静止的介质。

美国海军学院的迈克尔逊（1852—1931）是精密光学测量领域杰出的科学家，他在 1879 年设计了十分精巧的实验，以测量地球相对以太的"漂移速度"，对否定光的以太说起到了关键作用。迈克尔逊在德国波茨坦的天文物理观测台经过一年的观测研究之后，到美国又重复了这些测量。在他设计的绝妙实验中，即使地球相对于以太的"漂移速度"远远小于地球的公转速度，其"漂移速度"也能被准确地测量出来。然而即使迈克尔逊的实验被重复无数次，人们也未能测量出"漂移速度"，结果始终证明地球和以太之间的相对速度为零。

因此，光行差现象证明以太是绝对静止而不会随地球运动的，同时迈克尔逊实验却表明地球相对于以太的速度为零。在这一矛盾下，光的机械波理论无疑面临着困境。

机械物理的中世纪思想残余

地心说是中世纪物理体系思想的典型产物。在地心说中，人们定义了一个绝对静止的宇宙"框架"，即以地球为中心的参考系。在这个参考系中，天体相对于地球的运动就是相对于宇宙"框架"的运动，因此不难定义绝对运动。同理，只要测量天体绕着地球运动的周期，自然就能定义时间。

从表面上看，哥白尼的日心说理论以及之后的伽利略和牛顿的机械运动学体系打破了中世纪物理体系中的"封闭世界"，然而仔细推敲就会发现，经典力学体系中仍存在着一个与地心说中的宇宙框架类似的观念。牛顿惯性定律说明了物体在"绝对空间"中的运动，但是为了建立"绝对空间"与人们所熟悉的空间之间的联系，以便于牛顿定律在日常生活中的应用，牛顿又提出了"惯性系"的概念，惯性定律在惯性系中成立。那么问题是，惯性定律为什么不能在其他的参考系中成立？参考系本身的物理性质并不能决定它是否为"惯性系"。因此，惯性系这一概念就相当于地心说理论中与地球关联的宇宙"框架"。此外，当把力学理论应用于光学现象时，不得不将空间具象化为以太。因此，以太成了牛顿体系中真正意义上的绝对静止的宇宙框架，实验室相对以太的运动应该可以通过光学实验而测得。

机械论时期的物理学家们自身也对"绝对空间""绝对时间"（Absolute time）"绝对运动""惯性系"和"无处不在的以太"等说法感到不安。牛顿本人也承认，观测者的确无法通过观测来确定物体在"绝对空间"中的"绝对运动"。"绝对运动"像是上帝强加于牛顿理论框架上的物理事实，而不是隐含在牛顿体系里、可通过逻辑自然而然地推出并能够观测的概念。

很长一段时间内，人们一直没有意识到牛顿在晚年专注于神学研究的真正原因。有人认为他的神学研究仅仅是情感上的需要，也有人说这是他对当时宗教大环境的妥协。然而牛顿的挚友兼学生大卫·格雷戈里（1659—1708）在日记里却记载道："是什么填满了虚无的宇宙？他（牛顿）认为，直白的真相就是上帝无所不在，上帝洞悉一切并与所有事物同在，上帝存在于一片虚无的空间里，上帝也存在于充满物体的空间中。"根据他的日记，后来人们确信，牛顿很可能是为了找到"绝对空间"在逻辑上绝无争议的解释，不得不诉诸神学，将上帝邀请到他的理论中。只有承认上帝的存在，牛顿体系中的绝对运动才能够被解释。上帝创造了能量，上帝用自身能量直接创造出的空间是绝对空间，以区别于其他空间；上帝直接赋予能量的运动是绝对运动，而借助于机械装置而发生运动则是相对运动。

然而，自十八世纪的启蒙运动以来，科学的发展让人们不再相信上帝创造了运动。可是牛顿的理论要建立在"上帝存在"的基础上，若要否认上帝，牛顿理论的框架便会一夕崩塌。正如美国科学史学家 E·A·伯特（1892—1989）在 1925 年出版的《近代物理科学的形而上学基础》（*The Metaphysical Foundations of Modern Physical Science*）中所说："在十八世纪，牛顿体系中的世界与宗教逐渐剥离，然而他描述的绝对空间和绝对时间却要从宗教中获得意义，若与宗教完全割裂，牛顿的体系将会灰飞烟灭。"

对机械论哲学观的批评

十九世纪末，更多难以用牛顿力学体系解释的物理现象相继被发现。为了阐明这些现象，一些不确定能否回归到牛顿力学的理论被提了出来。这些新理论在当时被看作专为解释某些特定物理现象而生的权宜之计，正如在中世纪时，哥白尼的日心说也仅仅被当作一个符合观测数据的"数学描述"（mathematical description）而非真理。只要机械论的哲学家们仍然以牛顿力学理论为理解自然现象的唯一标准，那么新的理论就永远存在争议。然而从十九世纪七十年代以后，对机械观哲学的质疑声音越来越响亮。为了接下来理解爱因斯坦的理论，我们有必要了解这些对牛顿力学的批评。只要牛顿力学还被奉为不可动摇的物理根基，那么任何试图在牛顿框架之外建立新体系的尝试都是徒劳可笑的。反过来，对牛顿机械观的怀疑，正是孕育爱因斯坦理论并使之开花结果的最好的土壤。

机械论批评者的先驱之一是德国物理学家古斯塔夫·基尔霍夫（1822—1887），他对电路、光谱学的基本原理有重要贡献，是光谱化学分析法的创立者。在 1876 年，他提出力学的任务应当是"既完整又简明地描述自然中发生的运动"。这意味着牛顿力学框架仅仅是对日常生活中人们观测到的运动现象的简单介绍，并不能在其他哲学的角度"理解"这些现象的发生。牛顿的力学原理符合人类大脑的认知规律，因此基尔霍夫的反对在自然科学家和思想家中引起了某种轰动。在基尔霍夫的观念中，既然牛顿力学只是对自然运动的描述，那为什么还要坚持用牛顿力学对电学、光学、热学等现象做出迂回别扭的阐释？建立能直接解释这些现象的专门理论将会更加简洁。因此，在这个意义上，牛顿理论褪去了其神圣的光环。

1888 年，海因里希·赫兹证实了电磁波的存在。接下来，当他试图用麦克斯韦建立的电磁场理论来描述电磁波现象时，发现以牛顿力学为前提、将电磁波作为以太中的振动而建立的方程中，计算非常复杂困难。若把麦克斯韦方程组简化为电磁场和电荷之间的直接作用，将会极大降低描述电磁波现象的复杂性。然而，在日常经验中，人们却不容易直观理解后者的方式。赫兹在对麦克斯韦方程组进行深入的逻辑思考后，于 1889 年提出，这种新的物理思想最终可能取代机械论思想。

因此，赫兹抛弃了那些在有机论和机械论时期被奉为物理的"哲学"基础的观念。他坚持认为，物理定律不一定能被人类的直观认知所理解，这些定律只要能够准确地解释或预测现象就足够了。

恩斯特·马赫的物理观念

基尔霍夫和赫兹等物理学家对机械哲学观的批评是概括性的，并没有对整个体系进行系统的批判。而另外一些批评家们的质疑则是建立在准确的自然观和科学观基础上的。被称为"社会学之父"的法国哲学家、实证主义创始人奥古斯特·孔德（1798—1857）在其发展的社会学理论中指出，科学发展的"形而上学"（Metaphysical）阶段已经被"实证主义"（Positivistic）阶段所取代。抛开有机论或机械论这类观念，科学理论的唯一评判标准应当是它能否以简单的、无逻辑错误的形式来解释"真实"的经验。

奥地利物理学家、爱因斯坦思想的先驱恩斯特·马赫（1838—1916）对这一方法的发展推广产生了最深远的影响。马赫从历史和逻辑的角度全面透彻地分析了牛顿力学体系，说明其并没有包含直观自明的原理。牛顿所做的仅仅是将简单运动的观测总结为规律，而这些规律只能预测个别的运动。并且，只有在牛顿定律以之为基础的经验是正确的前提下，牛顿定律做出的预测才是正确的。

马赫强调，物理理论应遵循简单性和思维经济原则（Economy of thought），即用最少量的思维对经验事实做最完善的陈述。马赫将这一思想类比于生活中的"经济"这一概念，提出对自然科学理论的要求不应该是能够被统一到某种特定的框架下，而应该以"经济"为标准。

马赫不仅批判基于牛顿力学所建立的哲学体系，还评判了牛顿体系的中世纪思想残余。他指出牛顿理论中的"绝对空间"和"绝对时间"是不能被可观测的物理量或物理过程所定义的。为了摒弃在力学基本原则中出现的类似概念，马赫提出了科学的实证标准（Positivistic criterion of science），即只有从可观测现象中总结推断出来的规律才是可接受的。马赫对牛顿惯性定律的批评恰当地说明了这一评判标准。若要从实验上验证牛顿惯性定律，将绕不开诸如"一个物体是否能在绝对空间中保持其初速度方向不变"的问题。然而这种问题毫无意义，因为绝对空间是不可观测的。假如人们用傅科摆（Foucault's pendulum experiment）这样的实验来证明地球的自转，即使观测到摆锤所在的平面不改变，这种"不改变"也只是相对天空中静止的星星而言，而不是相对于绝对空间的。

根据马赫的思想，任何与绝对空间有关的叙述应当从惯性定律中剔除，那么牛顿惯性定律的合理表述为：任何物体都要相对于固定不变的星空（Fixed stars）保持匀速直线运动或静止状态，直到外力迫使它改变运动状态为止。这却意味着固定不动的星星对所有运动的物体施加了一个可观测的影响，这一影响是附加的，并且独立于万有引力定律。诚然，对于广袤的星空而言，万有引力的影响是微弱的，因为引力与距离的平方成反比。但是，如果固定的星星被看作惯性系，那么牛顿惯性定律自身就将直接决定了所有天体的运动。

亨利·庞加莱的物理观念

由于马赫和其他评论家对牛顿理论的批判，人们越发清晰地认识到牛顿运动定律和基于其之上的理论体系并不是人类理性的需求。然而，马赫断言物理定律只是对经验事实的简单总结和陈述，这一观点并不能得到很多科学家，尤其是数学思维强且想象力丰富的物理学家们的支持。以万有引力定律为例，从天文观测的天体运行数据到推导出天体之间的引力与距离的平方成反比这一关系，其中复杂的逻辑数学思维历程并不是单纯的总结和归纳。

法国数学家、天体力学家、数学物理学家和科学哲学家亨利·庞加莱（1854—1912）顺着这一思路提出了新的观点。他撰写了自然规律逻辑特征的著作，影响了十九世纪末的数学家和物理学家，为一种新的逻辑自洽的自然观铺平了道路，也为促进大众接受和讨论爱因斯坦理论发挥了举足轻重的作用。

庞加莱的观点被称为"约定主义"（Conventionalism），他认为像三角形的内角和定理、惯性定律、能量守恒定律（The law of conservation of energy）这类命题都只是人们用"直线""力""能量"等词语在几何学、力学和物理学上的约定，而不是对真实的陈述。因此，由于这些命题本来就是人脑的自由创作，人们无法判断它们的真伪，只能判断这些约束或惯例是否足以方便地描述自然现象。

下面举两个例子来说明这一观点。以几何学中的三角形内角和定理为例，其正确性以十九世纪思想论的观点来看是毋庸置疑的，因为这个定理既可以通过几何公理推导出来，符合人们的认知和逻辑，又可以通过大量的观察结果总结出来。然而庞加莱却不这么认为。在测量真实存在的三角形（例如用铁杆制成的三角）时，若它的三个内角之和不等于一个平角，那么根据这个事实人们将会得到两种不同的结论：要么这个几何定理不成立，要么这个铁三角的边并不是直线段。这样一来，我们便无法通过实验来证明三角形内角和定理的真伪。因此，这个几何命题其实是人为的约定，而不是对实证事实的陈述，人们定义了在何种条件下铁杆可以被看作"直线"。最终，几何定理并没有遵循几何学的初衷去描述空间的本质，而只是定义了"直线"一类的用语。

在力学中也是如此，以惯性定律为第二个例子。为了验证惯性定律，我们需要知道到底什么才是匀速直线运动。而正因为我们无法定义匀速直线运动，所以惯性定律只能改为以下的说法："当没有外力作用在运动物体上时，物体的运动状态被称为匀速直线运动。"因此，惯性定律仅仅是关于"匀速直线运动"或者"惯性系"的定义。通过这两个例子，庞加莱说明科学定理并没有描述自然观测的现象，而是定义了"直线"或"匀速直线运动"这种术语。当然，在这些定义之外，还需要增加如何判断铁杆为直线或小球的运动为匀速直线运动的"操作性定义"（Operational definitions）。"操作性定义"这一概念最早由美国实验物理学家、科学家、哲学家 P·W·布里奇曼（1882—1961）提出，它与定理本身一同构成了可被实际经验验证真伪的命题。

这种观念带来的主要后果就是人们不必再纠结于"力""物质""电荷"等物理术语的哲学本质。只要使用这些术语的科学陈述能被实验观测所验证，术语的使用便毫无争议。除此之外，它们没有其他深层的意义。因为牛顿力学能够正确描述天体运动等复杂现象，所以牛顿体系是科学的。虽然这些描述里包含了"力""质量"等术语，但人们不必烦恼于"力"究竟是机械论的还是有机论的。毕竟，这些术语都只是人脑的创造。

实证主义和实用主义运动

马赫提出的"科学定律是实验事实的简单总结"这一观点与庞加莱的"科学定律是人类大脑的自由创作"的观点看似相悖，实则是十九世纪七十年代发起的实证主义运动（Positivistic movement）中的两大派别。实证主义反对科学的形而上学基础。实证主义支持者认为，一般科学规律的有效性不应该建立在某种永恒的哲学真实之上，而应当在科学体系之内被证实。科学定律的评判标准可以是经验性的，也可以是逻辑性的。前者要求科学规律需被实验证实，后者要求科学定律与操作性定义要组成实用而自洽的体系。实证主义的派别则取决于对这两个评判标准的选择偏向。马赫完全偏向于经验实证主义，而庞加莱则偏向于另一端的逻辑实证主义。因此两人的思想并没有冲突，而是属于同一种科学方法论的两大方面。

十九世纪七十年代后，实证主义运动在欧洲中西部引起了巨大的反响。在欧洲中部，奥地利人马赫所引导的实证主义思想主要发展于维也纳和布拉格的大学中，但在德意志的高等教育群体中影响甚微。当时，康德（1724—1804）及其各种流派的思想几乎统治了德国，而德语也是奥地利的科学通用语言。为了批判并对抗康德的思想流派，在欧洲中部地区发展的实证主义思想运动远比庞加莱在法国引导的实证主义运动激进。

几乎在同一时期，美国也独立发起了一场与欧洲实证主义运动类似的思潮。1878 年，C·S·皮尔斯出版了关于科学论述逻辑特征的论文，与马赫和庞加莱一致，他指出科学命题不应该通过它是否可从某种更普适的形而上学事实中推导出来判断，而应该通过观测事实来证明。但与欧洲的实证主义者不同，皮尔斯更强调科学理论对人的行为的意义。因此他将自己的学说称为"实用主义"（Pragmatism），并认为"一个信仰的核心是习惯的形成，不同的信仰通过其赐予的不同行为而区分"。和马赫一样，皮尔斯也对人们从小就被灌输的形而上学思想提出警示。他说："事实上，那些常识或人们首次接触到的在狭隘自然真实之外的想法通常是被形而上学的糟糕逻辑所浸淫的。"他也强调，"力"这样的词语仅仅是介绍事实的惯用说法，深究它们"真正的本质"是多余而徒劳的。

1882 年，美国哲学家和教育学家约翰·杜威（1859—1952）在他的第一篇科学论文《唯物论的形而上学假设》中提出了与马赫思想非常类似的方法论。他摒弃了所有的物理现象都应当归结于万物运动的观念，写道：

"第一，它假定存在论的正确，即人类或物质的认识与现象的先后发生是割裂的……第二，它假设了因果关系的真实性和真正原因的可能性。其宣称物质带来思想，将其看作依赖关系而不是先后关系。"在这里，他对唯物主义的攻击不像大部分欧美国家的哲学教授一样，利用唯心主义哲学本身当作武器，而是与欧洲中部的实证主义者通过寻找坚实的科学基础而反对机械论物理体系的方法一致。

从那以后，美国的实用主义者们以约翰·杜威和美国实验心理学家、机能主义心理学派的创始人威廉·詹姆斯（1842—1910）为代表，逐渐发起了强有力的运动。与欧洲的实证主义相反，实用主义更注重人类生活中的问题而不是物理科学上的逻辑关系。然而从纯逻辑的角度，大洋两岸这两类观念的基本趋势是相同的。中世纪以哲学解释科学的观念走下了神坛，取而代之的是与生活息息相关的实用性表述。从科学的逻辑基础上看，形而上学变成一种满足情感需求的方式。

十九世纪末的科学观念

在机械物理的黄金时代，人们普遍认为机械论适用范围之外的领域是未知且不可知的，因为"理解"意味着"能用某一机制来说明"。1872年，德国生理学家、实验电生理学之父杜波依斯-雷蒙德（1818—1896）在他的著名演讲《我们对自然认识的界限》[①] 中提出，如果"理解"意味着能够回溯到"牛顿力学定律"，那么至少就存在两个科学上的关键问题明显无法用牛顿定律解释。其中之一是，当力发挥作用时，空间到底发生

---

① 德文名 "Die Grenzen des Naturerkennens"。

了怎样的变化。另一个问题则是，人们在思考时，大脑中到底发生了什么样的过程。通过这两个例子，杜波依斯-雷蒙德承认确实存在人类知识范围内不能解决的问题。这些问题是"我们永远不可能知道"（ignorabimus），而不是"我们现在不能回答"（ignoramus）。因此，在相当一段时期内，"我们永远不可能知道"成为科学失败主义者的标签，鼓舞了反科学的趋势。在十九世纪末，生物学和物理学实验中发现了更多无法用牛顿定律解释的事实，"我们永远不可能知道"很快升级为一条更有煽动性的标语："科学的破产"（The bankruptcy of science）。

这种对理性科学思想的挫败感在各种社会事件中被放大发酵。十八、十九世纪时，科学——牛顿的机械物理——使人们相信社会的发展是不断向前进步的。只要人类用科学的武器武装自己，抛弃迷信观念，就可以满足各种需求。这一思想在政治上体现为自由主义。然而在十九世纪末，基于科学的尝试和对进步的信仰却不能将人们从人口大增长带来的经济衰退中解救出来，也不能宽慰人类个体心灵的痛苦，一种绝望的情绪和对科学理论实践的失望蔓延开来。除自由主义之外，新的政治潮流孕育了有别于机械论的科学观。其中一种趋势是退回到中世纪的有机论科学观，这孕育了独裁主义和法西斯主义。而另一种思潮的代表人物为卡尔·马克思（1818—1883），他将机械观的唯物主义转化为辩证唯物主义，其逐渐发展为二十世纪的共产主义。

当然，人们仍然不可能否认科学是科技进步的基础，但是科学遭到贬低和诋毁，就像教皇对哥白尼世界观体系的贬损：机械观的自然科学只为人类的行为提供了有用的指导，而不是自然的本质。1900 年左右，法国哲学家和科学史学家阿贝尔·雷伊（1873—1940）对这种绝望情绪笼罩下文明社会所面临的危机做出了准确而尖刻的描述："如果这些曾经解放人类思想的科学在危机中沦为技术的小把戏，而不是自然灵感的迸发，这将掀起一场彻底的革命。我们原本认为物理学带来了思想的解放，而这将是最致命的巨大错误，应当是一些主观的直觉和神秘的存在带来了思想的解放。"

在机械观科学体系的崩塌中，有两种拯救科学于危机的方法。意大利人安东尼奥·利玛（Antonio Aliotta，1881—1964）在他的《对科学的唯心主义反应》（*The Idealistic Reaction against Science*）中描述了这一处境，提出要么和叛逆者尼采一样，诉诸思想的非理性，回归道德主义或浪漫主义，让意志成为思想的源泉，凌驾于理智之上；要么承认科学体系的不足，寻找并尝试新的科学理论。而实证主义和实用主义的拥护者选择了第二种方法，他们认为机械观科学解决问题的方式必将导致其自身进入死胡同，因为它没有正确定义科学的目标。那些不能解决的"我们永远不可能知道"的问题如同幽灵和幻影一般，与科学本身并无关系。欧洲的马赫和庞加莱、美国的皮尔斯和杜威等人，早已证明能否把自然现象归纳到一个特定的科学框架下是无关紧要的。重要的是科学的内容是否有用，而不是科学用了什么样的语言或什么具体的方程。因此，在实证主义和实用主义的定义里，很显然，十九世纪末的危机不是真正的危机，而是科学在向它的最终目标——创造一种能预测和控制自然现象的工具——接近时的一个阶段。

在某种意义上，这种实证主义—实用主义运动属于反夸大知识作用的一系列思想运动的一部分。这种新的运动，无论是被称作实用主义、实证主义还是工具主义，都不算严格意义上的反智运动，因为它们并没有提出无意义的问题。尽管现在还未能发现并建立大统一理论的蓝图，但是"工具"的创造——现代对科学的定义——只有通过知识和智慧才能达成。能量定律、惯性定律等物理定律或许就像交响曲的谱写一样，只能被某个天才发现。但是当一个一般性定律发展成熟后，是知识分子这个群体将其发扬推广。只有知识群体能够检验并证明这些原则的正确性，决定其是否在实现科学目标的过程中发挥价值。

十九世纪便在这些思潮中落下帷幕。科学的目标是揭示真理这一信念被动摇，但是取代它的是实证论的清醒认识。科学变得更加灵活，并随时准备好迎接最大胆的假设和挑战。一个新时代即将来临，科学的功能而非科学的哲学意义得到了重视。在熹微晨光的照耀下，希望就像地平线上的银线一般缓缓升起，更精确、逻辑性更强的新科学体系在可操作性基础之上逐渐建立。在这黎明中，二十世纪降临了。

● 第三章 ●
物理学新纪元的开端

伯尔尼的生活

伯尔尼专利局的工作从两方面给爱因斯坦的人生带来了转机。一方面这份工作让他从此经济独立，生活充实；另一方面他因此而成了家。对很多人而言，这两方面即工作和家庭是最重要的，甚至是生活的全部。然而于爱因斯坦而言，却并不是最重要的。尽管工作和家庭偶尔令他轻松又愉快，但依旧不能满足他真正的需求。

观其一生，从某种程度上说，爱因斯坦是非常孤独的。他一生致力于在音乐和数学物理领域探寻宇宙间的和谐。他认为，任何事情只有有利于自己研究目标的实现才有意义。他寻觅着能跟他一起把玩音乐或畅谈宇宙思想的人，并与他们做朋友，却又不愿意与朋友太过亲密。因为他担心过于亲密的关系会干扰自己的自由。他富于魅力的人格和真诚坦率、机智诙谐的个性很容易交到朋友，但其性格中的孤僻、充满艺术和科学的生活模式让很多人望而却步，曾经的朋友或自认为是他朋友的人都渐渐疏远而去。这种性格特征伴随了爱因斯坦一生，也决定了他的人际关系。

后来，约在1930年，他将自己的这种性格特征一针见血地描述成：

我对社会正义和社会责任有钟爱之情，但对男男女女之间的直接交往却缺乏兴趣。我喜欢单枪匹马，独来独往，不愿意委曲求全与人合作，也从来不会全身心地属于任何一个国家、一个州、一群朋友，或家庭。我这种若即若离、超然离群的性格一直牵绊着我与他人的交往，而我想从中抽身而出的愿望也与日俱增。有时，这种超然独立的状态很痛苦，但是我不后悔将他人给予的理解和同情拒之门外。的确，我因此丢失了一些东西，但是我从其他方面获得了补偿，那就是我独立于他人的习俗、舆论和偏见之外，不为世间的变幻莫测而动，内心因此拥有了一份平静。

尽管从他人身上爱因斯坦没有找到更多激励和鼓舞，但他也不喜欢在一种孤独、无人接触的状况下独自研究，他非常渴望有可以交流思想的同伴。在他的早期职业生涯里，他喜欢把自己的想法讲给他人听，进而观察他们的反应。

在伯尔尼，他主要的同伴是一位意大利工程师，叫贝索。贝索比爱因斯坦稍微年长点，是一位具有批判精神和高度神经质的人。对爱因斯坦的构想他经常能发表一些中肯的批判性评论，对爱因斯坦一些新颖的、让人惊讶的思想也能做出积极反应。他经常说："如果这些新思想是玫瑰，总会盛开的。"围绕在爱因斯坦和贝索周围的是一群对科学与哲学有兴趣的人，他们经常聚在一起讨论诸如此类的问题。

哲学兴趣

爱因斯坦主要的兴趣在于探索物理的普适原理。更精确地说，他感兴趣的是，依据逻辑从一些原理中推导出我们从经验中无法测量的场。因此，他很快就将一些通常用哲学手段处理的现象与物理原理联系起来，进行思考。与普通专家不同的是，他并不关心这些问题是物理领域的还是应该留给哲学家们考虑的。

爱因斯坦从两个角度阅读哲学著作，有时这两种角度是相互排斥的。通过阅读某些哲学家的著作，爱因斯坦确实能够从中了解到一般性科学陈述的本质，尤其是这些科学陈述与直接描述观察现象的物理定律之间的逻辑关系。大卫·休谟、恩斯特·马赫、亨利·庞加莱，以及更有代表性的康德（康德的书给人带来另一种视角）等都是爱因斯坦喜欢的哲学家。他们用优雅的语言将一些肤浅的、模糊的事情表述出来。书中言语能唤起人们强烈的情感，就像美妙的音乐一样，让人产生对世界的幻象和静思。叔本华就是这样一个杰出的哲学家，爱因斯坦喜欢读他的书，但并不把他的观点当真。同类著作中，他还喜欢读尼采的书。读着这些哲学家的书，爱因斯坦有时权当是一种熏陶和启发，就像听人讲道一样。

大卫·休谟——一位被冠以"英语启蒙的代表"的哲学家，对爱因斯坦的帮助最大。爱因斯坦最喜欢的是休谟那种清晰无比的语言表述，以及不会为了故弄玄虚而使用模棱两可的陈述。休谟指出，只有两种方式可以阐释科学，即经验和数理逻辑推导。他是逻辑—经验方法之父，他拒绝所有不建立在经验和逻辑推导上的形而上学的从属概念。最经典的例证是，他对因果关系和归纳法的一般概念的批判，即从几个特定实例中导出一般规律的方法。

当我们观察到石块 A 撞击石块 B，并使石块 B 开始运动，这种现象通常这样描述：石块 A 使石块 B 运动。通过经验，我们可以确定的唯一事实是：无论何时，当 A 撞击 B 时，B 都会运动。在大卫·休谟之前，人们通常会说这种关联是"必然的"。而在物理中，"必然"只是意味着一种

"经常的联结"。如果我们想赋予"必然"这一词更强烈的含义,认为这两个事件之间的"必然性"等同于一个事件"导致"另一个事件,那么我们就是在对某些无法通过观测来证明的事情妄加断言。所有的观测都只能判断在受到 A 的撞击之后,B 的运动是否是经常发生,而不能直接断定"在 A 的碰撞之后 B 必然会运动"。

休谟认为,解释一种现象的因果关系意味着仅对其出现的条件进行阐释。科学仅知道自然现象和过程的规律,而对这种现象或过程背后的因果关系一无所知。他的这个结论对爱因斯坦的科学思想具有最大的意义。后来直接针对爱因斯坦的很多论战从根本上是对休谟的反对。休谟对"英语启蒙哲学"的坚持,后来被德国民族主义者用以诋毁他的名声,也成为将爱因斯坦的理论与自由主义的哲学思想联系起来的桥梁,两位因此而遭到责难。

休谟的一些思想在恩斯特·马赫的著作中也有所体现。马赫是欧洲的实证主义理论的核心人物。除休谟外,马赫对爱因斯坦的影响最大,特别是马赫对牛顿机械理论的中世纪物理思想残余的批判。这些批判观点我们已在上一章的第八节讨论过。马赫指出,任何时候,"绝对空间""绝对时间"和"绝对运动"诸如此类的表述都不能与物理上可观测的现象相联系。他的这个观点是爱因斯坦发展自己的理论,以替代牛顿运动学理论的出发点之一。"马赫假说"很多情况下对新理论的出现是有用的。他提出,每个物理现象发生的条件要在其他可观测物理现象中寻找。后来"马赫假说"促进了爱因斯坦发展万有引力的新理论。

另一方面,爱因斯坦不是特别认同马赫哲学,即一般物理规律仅仅是对实验结果的总结。爱因斯坦认为,该观点不能充分证明一般物理规律不能由经验推论出来。在爱因斯坦看来,一般物理规律确实应被经验检验,但是它们主要源于人类思想的创造性。

这一点正是爱因斯坦读康德著作中得到的灵感。康德的主要观点是，一般科学规律不仅仅是经验的结果，也包含了人类理性的因素。另一方面，康德认为，人类理性本身可以创造重要的自然法则，并且该法则将会因此永久有效，爱因斯坦对此观点不认同。爱因斯坦喜欢读康德的著作，是因为他通过康德熟悉了休谟的很多观点。爱因斯坦和康德在强调人类心智的作用上有相似之处，但是这种相似性仅仅是情感方面的，而不是逻辑性的。

相对论的基本假设

第二章第五节里曾经提到，迈克尔逊实验将光的以太理论逼进了死胡同。他试着测量地球相对于以太的运动速度，但是结果为零。

以下为实验的基本思路：我们知道，游泳的人逆流而上和顺流而下游过相同的距离时，需要的时间是不一样的。通过两次测量，我们能够很容易计算出人游泳的速度和水的流速。从力学观点来看，光在以太中的传播应该和人在小溪里游泳是一样的；而实验中观察光在相对于地球运动的"以太流"里的传播，也应该与在岸边观察水里的人一样。所以，如果能测出来顺着以太流和逆着以太流两种情况下的光速，我们就可以知道地球在以太中的运动速度。这个想法实现起来很不容易，因为光速实在太快了（三十万千米每秒）。不过，迈克尔逊设计了一种方式，使沿这两种路径传播的光速可以进行对比。他的想法是测量两条光路传播的时间差，一条是沿着地球在以太中运动的方向，从点 S 传播到镜子 M，然后反射回 S；另一条是从 S 到另一个镜子 N，然后返回 S，其中 M、N 与 S 的距离分别相等，但是 M 到 S 的连线与 N 到 S 的连线互相垂直。如果力学的观点是正确的，那么第一束光线从 S 到 M 再返回 S 所花的时间会比第二束光线稍微多一些。即使地球在以太中运动的速度远小于地球环绕太阳运动的速度，迈克尔逊的实验仪器也足够精确，能观察到这种时间上的差别。但是他发现，测量的光沿着两条路径传播所花费的时间没有任何不同。

地球在以太中不可能总是静止的，否则这会与其他的观察结果相矛盾。那么，我们可能得到的唯一解释就是，预测这个结果的假设本身是错误的。其假设正是光的机械理论。

爱因斯坦从中得出了一个激进的结论，并建议完全舍弃光在诸如以太这种介质中运动的假设。爱因斯坦认为与其去研究以太理论中光和运动的相互作用，不如去研究光与运动相互作用的主要特征是什么。他提取了这些特征并获得了一些简单的定律，然后追问，从逻辑和数学链出发，我们可以得到什么结果？

迈克尔逊的实验以及其他人所做的类似的实验都表明了光学现象并不能被看作以太中的力学现象，而应该和所有的力学现象一样平等，有一个普适的可观测特征。爱因斯坦在相对性原理中找到了这个在物体的运动和光的传播过程中共通的特征。

正如我们在上一章第四节中提到的，牛顿力学包含了一个相对性原理，即只需要知道初始坐标和初始速度，就可以预测未来某时刻任何物体相对于惯性系的运动，这与惯性系本身的运动是没有关系的。

现在，如果我们否定以太的存在，那么迈克尔逊实验的零结果就意味着实验结果可以完全由实验室中的装置来进行预测，无须知道实验室相对于其他天体的运动速度。由于类似的结论可以从其他光学现象中推断得到，爱因斯坦提出把牛顿力学的相对性原理拓展到光学现象中来："对光学现象的预测可以在得知其实验室的实验条件后进行，而无须知道实验室本身在宇宙中的速度。"所以，根据爱因斯坦的理论，力学与光学定律的联系并不在于把光学还原成力学，而在于有一个普适的定律对二者都是适用的。

除了"相对性原理"，爱因斯坦还需要另一个原理来阐述光与运动的相互作用。他研究了光源运动对其发射出的光运动速度的影响。从以太论的观点来看，无论光源如何运动，光速总是不变的；这里，光被看作以太中以恒定速度传播的机械振动。这个速度只依赖于以太的弹性和密度。

放弃光的以太理论之后，爱因斯坦不得不用观察事实来重新阐述这个定律。假设有一个基本的参考系 F，光在这个参考系中以特定的速度 c 运动。不管光源相对于 F 如何运动，其发射的光总是以相同的速度 c 相对于 F 运动。这个论述通常被称为"光速不变原理"（"Principal of the constancy of the speed of light"）。

光速的不变性已经从双星的观测中得到了验证。双星是质量相当的两个恒星，它们靠得很近而且绕着对方旋转。如果光速依赖于光源的速度，那么当两个恒星相互绕转时，向着地球方向运动的那颗恒星发出的光到达地球的时间应该要比远离地球运动的恒星发出的光晚一些。而对两束光的分析表明，光源速度并没有对光的传播带来任何可观察的影响。

爱因斯坦两大假设的推论

爱因斯坦工作模式的特征，就是从最基本的原理出发，推导出所有的逻辑结果，并推至极限。他发现，从这些看起来正常合理、无伤大雅的假设出发，通过严谨的推导，可以得出一些新奇甚至从某种意义上说"难以置信"的结果。从这些结果他又陆续推演出另外一些结论，它们不但看起来难以相信，而且十分"矛盾""古怪""不能被健全的逻辑和心理所容忍"。

现今已有成千上万的文章试图向大众解释爱因斯坦的理论。本书的目的，并不是深入讨论其理论的所有细节，而是描述爱因斯坦的人格及他与周围环境的关系。尽管如此，对他的科学工作多少了解一些还是有必要的，因为这样我们才能了解他解决科学问题的方式，并方便将他与其他科学家做比较。尤其，我们还应当试着去理解，在物理学界之外，他的理论如何激发了哲学家们的兴趣，从而间接地激起了对科学问题本来没什么兴趣的大众参与到那个时代里的最广泛的知识生活中去。

从两个基本假设出发，爱因斯坦得出这样的结论：不但光的力学理论是错的，而且牛顿力学对于一般物体的描述也不总是对的。如果回溯到爱因斯坦 16 岁时对光的性质的思索，用这种方式，我们将容易理解这个结论。

当爱因斯坦还只是一个学生的时候，他就曾经构想过如果一个物体能够以三十万公里每秒的光速运动，会有何等了不起的事情发生。让我们假设除了基本参考系 F 以外，还有一个用来做光学实验的实验室参考系 L。实验室 L 相对于基本参考系 F 以恒定的速度 v 运动。假设 F 中有一个静止的光源，光线以光速 c 在 F 中沿着实验室 L 运动的方向传播。如果实验室的速度与光速相等，那么根据牛顿力学，光线相对于实验室是静止的。由于光没有相对于实验室的运动，因此在实验室 L 里没有光线，从而通常的光学反射和散射实验都无法进行（图 1）。当然可以想象在这样一个快速运动的体系 L 里，可能不再有任何通常意义下的光学现象。但是这又与爱因斯坦提出的光学相对性原理相悖。根据相对性原理，无论实验室的速度 v 是多少，光学实验的结果都应该是一致的。

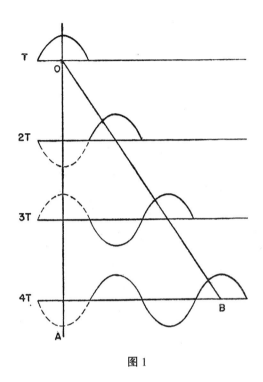

图1

图中，光波在以太中沿着水平方向传播。假设 T 是光传播一半波长所需要的时间。最上图表示的是光从光源 R 发出，经过时间 T 之后光波的状态。其他的横轴从上到下分别表示经过时间 2T、3T 和 4T 之后的状态。如果仪器放在以太中的一个固定点上，那么它可以在时刻 T、2T、3T、4T 的时候依次记录光波的状态（沿着 OA 线）。用虚线表示这些状态，它们反映了振动情况。但是如果记录仪以光速沿光波传播的方向运动，那么它记录的是沿着 OB 的光波的状态（用实线表示）。明显，这台运动的仪器不能记录下任何振动。简单地说，以光速运动的仪器探测不到光。

如果我们把从爱因斯坦的两大原理（相对性与光速不变性）得出的结果与光的以太理论相比较，也会出现同样的问题。我们再次假设实验室以光速 c 相对于基本参考系运动。在实验室 L 中放置一个静止光源，并且用

L中一面静止的镜子来反射光源发出来的光。在 L 中观察，这一过程只不过是光被静止的镜子反射而已。根据光速不变性，如果我们假设光源是在基本参考系 F 中静止，结果也不会有什么变化。然而，这个时候光应该不能被实验室中的镜子反射，因为光和镜子都沿着同一个方向以光速运动，光线永远追赶不上镜子。所以，此时实验室本身的速度对在其中观测到的物理现象是有影响的，这违背了爱因斯坦的相对性原理。

如果我们接受爱因斯坦的两个基本假设，那么以上的思考将带来这样的推论：实验室参考系 L 是不可能相对基本参考系 F 以光速 c 运动的——否则相对性原理就不正确了；鉴于实验室也是物体，换句话说，没有任何物体可以以光速（c）运动。

乍看之下，这个结论有些荒唐。人们很有理由认为，如果速度连续不断地一直增加，哪怕单位时间内增加量很小，最终也总是能达到任意速度的。根据牛顿力学，当一个力作用到物体上时，可以使其速度增加，增加的速度越小意味着物体的质量越大。我们只需要把力施加在物体上，经过足够长的时间，就能让它的速度增加到任意量级。这显示了爱因斯坦原理与牛顿力学的不相容：前者否定了任何物体以光速运动的可能，后者却包含了这种可能性。

因此，在爱因斯坦的力学中，真空光速扮演着一个特殊的角色。任何物体都不能达到或者超过这个速度。从而我们找到了力学和光学现象之间的一个紧密的联系。此外，鉴于这种情况，我们可以说速度"大"或"小"而不加以特别说明，因为光速可以作为衡量速度大小的标准。

时间的相对性

爱因斯坦的基本原则不仅导致了与牛顿力学相冲突的结论，也引起了"空间"和"时间"在用法上的巨大变化。物理规律包含了对于现象的描述，这些现象的影响既可以通过测量杆和测量时钟来观察，其绝大部分也可以从爱因斯坦的基本假设中推导出来。

让我们再次回到与上一节类似的假想场景中。实验室参考系 L 相对于基本参考系 F 以恒定的速度 v 运动（v 小于光速 c）。在 L 中放置光源 S 和离光源距离为 d 的镜子 M，S 发出的光被 M 反射后，又回到 S，而光线 SM 的传播方向与 L 相对 F 运动的方向垂直。在参考系 L 里，光从 S 传播到 M，又被反射回 S 的过程中，其传播距离为 2d；但是用基本参考系 F 中的码尺测量这个路径的长度为 2d∗，由于 M 相对于 F 运动，2d∗ 将大于 2d。我们可以很容易计算 d∗ 与 d 的比值 k，这不需要多少数学基础，就能得到

$$k = \frac{1}{\sqrt{1 - \frac{v^2}{e^2}}}$$

。v 小于光速，因此 k 大于 1。当 v 远远小于光速时，k 比较接近于 1；当 v 接近光速时，k 的值则会非常大。

为了得到上述 k 依赖于 v 的关系，我们需要知道光从 S 发出，经 M 反射，又回到 S 的时间。假设在实验室 L 中用一个测量时间的装置（怀表、挂钟、单摆、沙漏等），来测量光线反射的时间间隔。记住光速不变（constancy of the velocity of light）的原理，即无论光源本身的速度 v 多大，它发出的光线，其传播距离除以传播时间都等于常数 c。我们用参考系 L 中的码尺测量光源与镜子之间的距离为 d，而用参考系 F 中的码尺测量这个距

离为 d＊。因此，如果我们把参考系 L 中光线从 S 发出、被 M 反射又回到 S 的事件时间间隔定为 t，把参考系 F 中观察的这一事件时间间隔定为 t＊，就有 c＝2d/t 且 c＝2d＊/t＊，从而有 t＊/t＝d＊/d＝k（图 2）。这说明，时间的测量依赖于 k，因此从根本上依赖于 v。L 相对于 F 的速度越大，L 中光线被镜子反射的这一事件从开始到结束时，时钟指针转过的角度越大。（或者说单摆摆锤振动的次数越多，沙漏漏出的沙子数量越大。）因此，通过测量这段时间间隔，L 中的观察者自身可以确定 L 的速度 v。然而这显然违背了爱因斯坦的相对性原理。

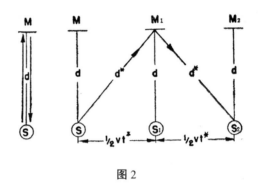

图 2

光源 S 和镜子 M 以相同的速度 v 相对以太运动，光的传播速度为 c。左图为 S 发出的光线被 M 反射，又回到 S。线段 SM 为随着 S、M 运动的屏幕上记录的光线运动轨迹。根据相对性原理，这一反射过程的总时间为 $t＝2d/c$。右图表示同样一束光的运动轨迹，只是接收光线的屏幕相对以太静止，不随 S、M 而运动。根据光速不变原理，有时间 $t^*＝\dfrac{2d^*}{c}$。SM_1S_1 为直角三角形，根据勾股定理，有 $(d^*)^2＝d^2＋(vt^*/2)^2$。再根据相对性原理的结果，$d＝ct/2$，$d^*＝ct^*/2$，我们得到

$$\frac{t}{t^*}＝\frac{1}{\sqrt{1-\dfrac{v^2}{c^2}}}＝k。$$

这一矛盾源于牛顿观念中绝对时间的概念。他认为，无论时间测量工具的运动速度如何，它们都是以同样步调运行的。实验室 L 中的时钟和基本参考系 F 中的时钟运转是完全一致的。若真是如此，t 和 t∗ 确实没有差别。而另一方面，爱因斯坦的假设告诉我们 t∗ = kt。这说明 t∗ 和 t 并不相同，其差别取决于 k。因为 k 依赖于速度 v，所以钟表的快慢也依赖于速度 v。因此，如果爱因斯坦的理论被接受，则必须抛弃计时工具不依赖于参考系速度的传统观念。为了建立一套与爱因斯坦理论一致的光与运动的理论，我们不得不认为实验室 L 中的时钟走得比参考系 F 中的时钟要慢。具体慢多少，这与 L 相对 F 的运动速度 v 有关。当 F 中的钟表指针转过 a 度时，L 中的指针只转过 a/k 度；同理，F 中的单摆摆锤振荡 n 次时，L 中的摆锤只振荡了 n/k 次。

因此，从爱因斯坦的两个基本假设出发，推导出时间测量工具的全新的性质，这一性质与传统观念相当矛盾。无论时钟的构造如何，运动的时钟都比静止的时钟走得慢。这个物理事实可能是真的，也可能是假的，但是没有自相矛盾、模棱两可的含糊性。

爱因斯坦甚至提出了直接用实验来验证这个结论的方法。他指出，由于原子能放射特定频率的电磁波，将这些电磁波的频率作为原子的自然时间单位，人们就可以将原子作为天然的时钟。实验室中静止原子放射的波频可以与高速运动的原子的频率相比较，其结果通过摄谱仪（将原子光源激发后发射的复合光经色散分解为不同波长的光谱线，并用感光板将这些谱线记录下来的装置）来呈现。原子发出的电磁波在摄谱仪中形成了一系列分立的谱线。如果高速运动的原子放射的谱线相对于静止原子的谱线，整体具有低频方向的平移，那么爱因斯坦的结论就得到了验证。事实上，

1936 年纽约市贝尔实验室①的研究人员、科学家、工程师 H·艾夫斯（1882—1953）进行了这一实验，并获得了预期的结果，直接证实了时间膨胀效应。

这种效应与所谓的多普勒效应（Doppler effect）并不一样。多普勒效应也体现在原子运动而造成的频移中，但频率的变化严格依赖于相对运动的方向。当原子运动与光线的接收屏或反光镜的速度相反时，频移具有最大值。而爱因斯坦预言的效应却不依赖于原子运动的方向。

爱因斯坦指出，有节律跳动的心脏也是一种时钟，心跳速率也必然会受到自身运动的影响。这个有趣的推论成为当时人们的谈资。当一个人在参考系 F 中静止时，他的心率为每分钟 70 次，当他以速度 v 相对 F 运动时，他的心率降为每分钟 70/k 次。但是我们应该记住，用 F 中静止的钟表为这个人测量，才会得到每分钟 70/k 次的心率；如果这个人用随身携带的钟表检查自己的脉搏，由于运动钟表也变慢了，他测得自己的心率还是每分钟 70 次。而在静止的 F 系中观察到，人的所有生理过程都像其心跳一样变缓慢了，所以随着 L 运动的人比留在 F 系的人"老"得慢。这种假想实验使大众耳目一新，但是仍远不能体现爱因斯坦的新物理理论带给公众的震撼感。毕竟，我们关于宇宙的思考方式都从中受到了严重的冲击。

1912 年的秋天，我首次意识到爱因斯坦的"时间相对性"（Relativity of time）理论即将轰动整个世界。维也纳某日报的新闻头条为："时间危机：数学界的新轰动。"一个物理学教授在文章中向好奇的读者解释，通过某种前所未有的数学把戏，一个叫爱因斯坦的物理学家成功证明了在某些条件下，时间可以压缩或者膨胀。有时候时间过得快，而有时候时间会过得很慢。这一观点彻底颠覆了传统观念中的人和宇宙的关系。人们来来

① 成立于 1925 年，许多重大发明的诞生地，其成员曾获得八项诺贝尔奖。

往往，生老病死，代代相传，而时间的流逝永远不变。爱因斯坦却证明，时间本身的流逝可以通过"数学的"技巧来改变。对于大多数人来说，这是无法理解的。有人欣悦于传统的科学会被如此荒唐的事实击溃，有人困惑于这种事实对常识的违背。多数人倾向于将其看作数学家制造的幻象，或是作者本人哗众取宠的夸大。但是，能有幸见证自然宇宙观的倾覆，仍然是一件很幸运的事。

为什么爱因斯坦的理论既令人振奋，又同时让人觉得荒谬可笑呢？我们知道，事实上他的理论叙述了通过物理仪器装置所进行的具体的、可观察的事件。既然爱因斯坦的结论如此明确，又已经被实验验证，为什么人们还要用一种神神道道、不为人知的语言来描述它呢？

这是因为，爱因斯坦不仅揭示了一件人们以前从不知道的物理事实，还建议将这些新现象用一种最直截了当的物理语言来描述。而通常物理的表达都基于已知的现象，采取尽量简单的方式。对于爱因斯坦，用这种传统的方式描述这些新发现或预言的新现象，实在太不方便了。

我们前面已经看到，在运动的参考系 L 中发生了光被光源发出，经镜子反射又回到起点的事件，用 L 系的时钟测得这一过程持续的时间比用静止的参考系 F 中的时钟测得的时间要长，这一时间间隔取决于 L 相对于 F 的运动速度。为了用最简单的语言描述这个现象，爱因斯坦建议不再用不加修饰的"时间间隔"（Duration of an event）这一说法，而采用"相对特定参考系的时间间隔"（Duration relative to a specific frame of reference）的说法。他的意思是，测量所用的时钟是与当前参考系固连在一起的。他的理论不需要建立在以某个特殊参考系的时间作为"真实的时间"的基础上。因为根据相对性原则，每个体系的时间都是由该体系中静止的时钟测量的，与体系的运动速度无关。爱因斯坦的提议当然没有争议，但是人们也可以选择另外一种方式来描述上面的情景："一个事件真正的时间间隔是由某个特殊的参考系里的时钟测量的。在其他参考系里测得同一事件不同的时间间隔，都只是由于时钟的功能发生变化而带来的错觉。"这种叙述方式描述了同样的观测事实，只是不必要地引入了一个特殊的参考系。

许多作者都采用了一种看起来深刻，实则毫无意义的方式重新解读爱因斯坦原本明确而清晰的叙述："爱因斯坦说有时候时间流逝得更快，有时候时间流逝得更慢。"实际上，说时间流逝只是一种演讲修辞，对于物理现象的描述并不完全恰当。而"流逝得更快"这种表达，更是错将简单的比喻当真。若要在新的物理事实与新的表达方式之间区分，可以这样理解"时间的相对性"的真正含义，这意味着：如果我们使用"相对于特殊坐标系的时间间隔"，而不是传统的"没有特指的时间间隔"这种表达，就能够更简单地描述新现象。爱因斯坦的时间的相对性是一个语义学的改良，而不是什么形而上学的概念。

其他物理概念的相对性

如果用测量时间间隔的方式来测量"空间间隔"，那么测量所用的码尺长度也必将被它的运动影响。我们将不再赘述这些细节。爱因斯坦同样也提议，由于运动的测量杆长度相对于静止的测量杆会发生变化，所以人们只能用"相对特定参考系的长度"来取代"长度"这一说法。

爱因斯坦的假设带来了另一个后果，像"不同位置的两个事件同时发生"这种叙述，也是对特定参考系而言的。芝加哥的某个观察者同时收到了从两个地方发出的信号，而这两个地方离芝加哥的距离相等，因此他可以说两个信号是同时发出的。但是，这样的两个信号在同时发出后，将不能被运动火车上的接收器同时接收。因此，爱因斯坦也建议，"同时"是

"相对于特定参考系的同时"。没有修饰词的"同时"只是一种没有实际用处的表达。这同样也是语义学上的进步。

根据连续性定律，牛顿力学必然在粒子运动速度接近光速的情况下失效。爱因斯坦很快发现，他的假设可以肩负起一项重要的任务，即从仅能描述低速运动的定律出发，发展出能够描述所有运动的普适规律。就像上面提到的，如果牛顿定律对高速运动成立，那么一个很小的恒定作用力就能将物体加速直至其速度达到光速，因此，根据爱因斯坦的两个假设，牛顿运动定律应该不适用于高速的运动。

爱因斯坦从低速运动（速度远小于光速）出发，假设有质量的物体的运动应遵从牛顿运动定律。他进而成功推导出了高速运动的物体应满足的定律，其中最主要的结论，也是最让人震惊的事实，即物体的质量也依赖于物体的速度。这与时间间隔和空间间隔对速度的依赖是同样道理的。当运动速度趋向于光速时，物体的质量也变得越来越大，一个恒定的力能给物体的加速度将越来越小。因此，即使用再强的力无限长时间施加于粒子，粒子的速度也无法达到光速。

至于电磁现象领域，爱因斯坦又一次提出，电磁场的强度也是"相对的量"。任何对电场力和磁场力的描述都不能仅包含它的强度，还要包含测量所在的参考系信息。这种必要性很容易理解。当一个电荷在参考系 L 中静止时，它产生的电场是"相对 L"的电场。在 L 中并没有磁场，因为静止的电荷不会产生磁场。然而，相对于另一个坐标系 F 时，这个电荷随着 L 以速度 v 运动，产生了电流。由于电流引发了磁场，所以相对于 F 参考系，磁场是存在的。尽管电磁场的存在是物理事实，然而其"相对于 L"和"相对于 F"的描述是不同的。

质量和能量的等价性

　　基于同样的假设，爱因斯坦又得到了看似不相关的结果。如果几个有质量的物体在结合或分解的过程中，产生了动能或者辐射能，那么在结合或分解过程结束后，它们的总质量将变小。这一过程产生的能量为 $E=mc^2$，其中 m 为质量的损失。这就是关于"质量转化为能量"（transformation of mass into energy）的定律。在具有质能转化现象的物理过程中，如果不考虑能量转化为质量（或质量转化为能量）的部分，体系的能量就不守恒。

　　在我们对原子内部结构的认知发展过程中，这一定律起到了意义重大的作用。根据现代原子理论，原子是由占据其大部分质量的带正电荷的原子核（nucleus）和周围高速运动的带负电的电子（electron）组成的。原子核本身也具有复杂的结构，它是由带正电的质子（proton）和电中性的中子（neutron）构成的。质子即最简单的原子——氢原子——的原子核，而中子与质子很类似。自然界中发现了各种各样的原子，它们的差别仅在于质子和中子的数量上，质量更大的原子包含了更多的质子和中子，因此其结构更加复杂。以第二轻的原子——氦原子为例，它的原子核包含了两个质子和两个中子。这四个粒子被一种核力坚固地束缚在一起。现代物理的主要问题之一就是研究这种核力的性质。

　　为了测量原子核中的粒子被束缚在一起的作用力强度，可以将原子核击碎，让核中的粒子相互远离，并测量这一过程所需要的能量。这个能量被称为原子核的结合能（binding energy）。根据爱因斯坦的理论，粒子结合成原子核时，产生了能量（E），因此结合过程中必然有质量的损失。最终形成的原子核质量比未被束缚在核中的质子与中子质量之和小 E/c^2。因此通过测量原子核与自由中子和质子的质量差，就能获得原子核的结合能。这一类实验在自然界许多种类的原子中都进行过，并可以根据原子核结合能的强弱将元素分类。另外，这些结果具有重要的参考价值，因为人们还可以根据实验结果，用中子、质子等粒子轰击原子核，进行新元素的人工合成。

借助于爱因斯坦的质能关系式，人们终于知道太阳源源不断的能量从何而来。从数十亿年前起，太阳就像现在一样，一直以相同的速率发射光和热量。如果这些能量来源于普通的燃烧过程（例如煤炭的燃烧），那么太阳早已燃尽了，科学家们一直对这个问题百思不得其解。直到爱因斯坦方程 $E=mc^2$ 提出来，其说明能量为质量与光速平方的乘积。光速（c）本身数值很大，其平方值则更大，这使得很小的质量就能转化为很多能量。而太阳具有不可估测的巨大质量，因此能够几十亿年持续不断地向宇宙中辐射热量，并且还将继续辐射下去。实际上，质能转换过程发生在太阳内部的核反应中，最终太阳中的氢原子结合为氦原子核，在这一"紧束效应"（Packing effect）中，质量损失，以能量的形式辐射出去。

人们欣喜地认识到，如果质量能够作为能量的来源，那么想必有办法将原子核结合过程中辐射的能量提取出来，供人们使用。但同时，也存在着另一种可怕的可能性，这种巨大的能量若被用于炸弹，只需要一磅的物质，就能把方圆几百英里的城市夷为平地。四十年后，当第一颗原子弹投入日本广岛时，这种不祥的预感应验了。

然而，对爱因斯坦本人来说，其结果的主要意义并不在于应用。他认为自己最主要的成就是从相对性原理推出了 $E=mc^2$ 的规律。这一成果符合爱因斯坦的宇宙观，即通过不断地努力，去发现自然规律中简单而富有逻辑性的内在关联。从爱因斯坦的两个基本假设出发，得到了内容丰富的衍生推论，组成了现在所说的"相对论"（Theory of relativity）。爱因斯坦挖掘了一口饱含自然奥秘的深井，在其后的数十年里都源源不断地向人们传授着自然的真谛。

布朗运动理论

同年（1905 年），爱因斯坦在相对论以外的两个领域也发现了新的基本规律。他到柏林时，曾花费了大量的精力来研究光和运动的问题。但同时他也认识到，只有从多个不同的角度出发，才有可能在当前问题上取得突破。他意识到可以从光和热、热和运动之间的关系出发，来研究该问题。

人们早就知道热现象和分子的无规则运动有关。温度越高，运动越激烈。苏格兰物理学家詹姆斯·克拉克·麦克斯韦和奥地利科学家、热力学和统计物理学的奠基人之一路德维希·玻尔兹曼（1844—1906）都曾经仔细研究过这种无规则运动粒子的统计学规律。甚至在更早的时候，人们就已经假设分子的动能正比于绝对温度。在麦克斯韦和玻尔兹曼活跃的时代，物质的分子组成论还只是一个受到人们质疑的假设。虽然分子论可以解释很多现象，但是没有直接证据可以证明分子的存在。此外，人们也无法精确测量出诸如单位体积内分子数这种有意义的物理量。1865 年，奥地利物理学家罗什米特（1821—1895）等人曾经估算过这一数量，但是他们使用的方法既复杂又不直观。爱因斯坦认为很有必要对这个问题做一个更全面系统的研究，并得到能证明分子运动的更直接的证据。

人们也早就发现，显微镜可见的微小粒子悬浮在密度与之相当的液体中时，会持续地做无规则运动。这一现象是苏格兰植物学家罗伯特·布朗

（1773—1858）在观察水中悬浮的花粉微粒运动时发现的，因此被称为布朗运动（Brownian motion）。这种现象并不是由外在的容器振动或容器中的水流运动造成的。当温度升高时，布朗运动更加剧烈。因此，布朗运动被认为与分子的热运动有关。根据这一观点，做无规则运动的水分子不停地撞击微粒，使微粒受到各个方向的随机的撞击力，因此发生了被观测到的无规则运动。

1902 年，爱因斯坦用一种更简单的形式重述了玻尔兹曼的随机运动理论。他后来将这一方法用于布朗运动的研究中，其结果之简单，出人意料。他证明，分子动能理论（Kinetic theory of molecules）的结论也同样适用于显微镜下可观测的微观粒子。因此，通过用显微镜观察微粒的运动，就能得到观测不了的分子运动的宝贵信息。用这种方法，爱因斯坦推导出一个公式，说明微粒在各个方向的平均位移都与时间的平方根成正比。1905 年，他论证了怎样通过可见微粒移动的距离来获得单位体积的分子数。

不久之后，法国物理学家让·佩兰（1870—1942）进行了实际的观测实验，完全证明了爱因斯坦的理论。从此以后，布朗运动的现象一直被作为证明分子存在的最好的"直接"证据之一。

量子理论的起源

爱因斯坦一直很清楚他的相对论无法解释所有光学现象的谜团，因为他的研究只涉及了光的性质的一部分，即光的传播与运动物体之间的关系。在这些问题中，光线被当作传统物理学中的电磁波，连续地充满了空间。在相对论中，仅仅假设一些物体本来就可以发光，并没有试图分析物体发光的准确物理过程，也没有研究是否仅从光与物质的相互作用就足以推出一切的定律。

然而，对光的本性以及光与物质相互作用的研究最终导致了"量子理论"（Quantum theory）的兴起，引发了物理学上比相对论更彻底的大变革。在这个领域的初期发展中，爱因斯坦的聪明才智同样也发挥了举足轻重的作用。为了更深入地理解爱因斯坦在这个领域所做的贡献，我将简要介绍在他涉足之前此领域的状况。

产生光的最简单的方式是将固体加热。随着温度的升高，物体的颜色从暗红色逐渐变为明亮的橙色，最后开始发出白色的光。这种颜色变化的原因在于可见光的频率具有一定范围，频率最低的光是红色的，而频率最高的光为紫色光。物体发出什么颜色的光，这只取决于它的温度；低温时，低频光占主导地位，因此物体看起来偏红；高温时，短波长的光（光的波长与频率成反比）开始出现，其与红光混合起来，使物体的颜色开始变白。

以十九世纪的物理学为基础，无法解释发光品质的变化，这是二十世纪初物理学家所面临的最重要的问题之一。那时认为光的起源是带电粒子（电子）的振动，因此人们认为光的频率与振动的频率相等。根据玻尔兹曼统计规律，一个电子的平均振动能量应该严格等于其平均动能，所以也应该与绝对温度简单地成正比。但是，既然振动的能量只依赖于温度，那么振动能量就不依赖于振动频率，各种频率的光将会以相同的能量出射。这显然与热物体的光辐射现象相矛盾。尤其值得注意的是，不是任意温度下热体都能发射出短波长的光。随着温度的升高，物体可以发出频率更高的光，但是在某一确定温度下，仍然测量不到高于某个频率值的光。因此，无论如何，热体似乎很难发出极高频率的光。

基于这些理论假说与经验的冲突，德国物理学家、量子力学的创始人之一，与爱因斯坦并称为二十世纪最重要的两大物理学家的马克斯·普朗克（1858—1947）在 1900 年引入了一种光发射的新机制。这个假设的机制开始并不太起眼，然而最后它却带来了一些颠覆性的结果。随着世纪的更迭，物理学也步入了新的篇章。下面我将用一种简化，甚至肤浅的方式来概括普朗克的观点。

根据玻尔兹曼统计规律，电子的振动平均能量等于其动能平均值。当然，实际上每个原子或分子的能量之间可能有很大差距，而统计规律只关心该温度下的平均能量。然而玻尔兹曼给出了粒子能量的分布规律，即能量在某一范围内的粒子数量依赖于其能量对平均能量的偏离，能量与平均值的差别越大，具有该能量的粒子越少。

普朗克意识到，实验结果已经说明振荡的电子不会发出任意频率的光，因为高频光的缺失说明在电子辐射的机制下高频光更难被辐射。由于不存在任何先验的理论可以解释这一现象，普朗克提出了一种新假设：由于某种未知的原因，原子的振动能不可以取任意值，其只能取最低振动能的整数倍。换句话说，如果最低振动能量为 e，则振动只能具有分立的能量 0，e，2e，……或 ne（n 为 0 或整数）。因此，原子辐射出的能量或者吸收的能量也只能是 e 的整数倍。吸收或辐射能小于 e 的过程不会发生，因为原子振动的能量变化不能小于 e。普朗克接着证明，如果人们想解释温度升高带来辐射光频率提高的著名事实，就必须在 e 的变化与不同的振动频率值之间建立关联，事实上，e 应当与频率成正比。

因此他引入了 e = hn，其中 n 为频率，h 为比例系数，被称为普朗克常数（Planck's constant），是自然界中最基本的常数之一。通过这些假设，普朗克很快推导出与观察结果一致的辐射理论，解决了物理学家在这一领域面临的困难。

光子理论

普朗克认为他的假设只是对物理学定律的一点调整，而爱因斯坦意识到，如果普朗克的观念发展为一套自洽的理论体系，将会震撼十九世纪物理学体系的框架，引发其最根本的重建。原因在于，电子振动的能量只能取分立的值，这一假设完全违背了牛顿运动定律，动摇了整个机械物理的基础。

普朗克的假设只讨论了光辐射和吸收的机制，说明在这些过程中的能量变化是一份一份的，而没有说明光从辐射到吸收之间的过程中，它的本质是什么。爱因斯坦开始思考，是否光在传播时，其能量也是以一份一份的形式传递的。他这样来比喻该难题："尽管啤酒总是被装在几品脱的瓶子里卖，但是这并不说明啤酒是由不可分割的品脱单位组成的。"

在这个类比中，如果要证明桶中的啤酒是不是由一份一份组成的，并说明每份啤酒是一品脱、两品脱还是十品脱，我们可以进行如下实验：取一些容器（例如十个），随机地将桶里的啤酒倒入每个容器并测量容器中有多少啤酒，然后把啤酒都倒回桶里，重复数次以上流程。如果啤酒不是由一份一份不连续的单位组成的，那么以上数次过程平均之后，每个容器里盛的啤酒体积是相等的。而如果啤酒是以品脱为单位构成的，则每个容器平均盛有的啤酒的量将会有差别，这个差别随着一单位啤酒的体积增加而增加。因此，通过观察容器中啤酒的分布，我们可以分辨这桶啤酒是不是由一份一份的单位组成的，如果是的话每一份啤酒是几品脱。如果考虑到极端情况，即一整桶啤酒就是一份不可分割的单位，这个实验的结果就更容易理解了。

这种情况与密闭盒子中的辐射类似，想象将盒子分为几个体积相等的区域，可以测量辐射能量在每个区域中的分布。如果辐射能也是一份一份的，且每份能量比较大，则不同区域的能量差别会很大；如果每份辐射能很小，那么区域之间的能量差别就比较小。经验的分布规律证明，紫光在每个区域的能量差别大于红光。因此，爱因斯坦得出结论，一份紫光的能量更大，而一份红光的能量比较小。通过更精确的计算，表明每份光能量的大小为 hn。因此爱因斯坦发现，不仅光的发射和吸收过程是以一份一份能量为单位进行的，而且光的本质也是由确定的能量单位组成的。他将光辐射的每一份能量称为"光子"（Photon）。

爱因斯坦指出，一个实验的结果能证明他的理论得到的推论。人们早已发现，当光照射在某些金属上时，能够释放出电子。电子是组成原子的基本粒子之一，它分布在原子核之外的区域并带有一个负电荷。1902 年，德国实验物理学家菲利普·莱纳德（1862—1947）发现了令人震惊的实验事实，金属逸出电子的能量与照射在金属上的光强没有关系，电子能量只依赖于入射光的颜色（频率）。无论光源离金属有多远，逃逸电子的数量虽然会变少，但是电子出射的初速度始终不变。例如，当用紫光取代红光照射金属时，逸出电子的速度会明显增加。

用爱因斯坦的观点能够很容易地解释这个现象。对于单一颜色的光，它每一份能量的大小是确定的，当光源离得越远时，其能量单位"光子"分布得更稀疏。一份辐射能量被一个电子吸收时，电子带着光子的能量逃逸出来。因此，光源和金属之间的距离与每个出射电子的能量之间没有关系。此外，红光的光子和紫光的光子在能量上是不同的，因此一个电子吸收紫色光光子时的逸出速度大于吸收红色光光子时的逸出速度。

我们再用一个比喻来说明这一过程。当分别用机关枪和大炮来轰击碉堡时，即使两者使用的火药总量相等，其造成的效果也大相径庭。机关枪只会将碉堡表面打得坑坑洼洼，而大炮会直接将碉堡轰出一个洞。此外，炮火的平均强度不会影响洞的大小，只影响洞的数量。

由于光的不连续性假设，爱因斯坦对力场连续性的观念提出了质疑。如果光是由一份份的光子构成的，那么电磁场也不能连续地充满整个空间。传统的光的电磁理论基于电磁场连续性的假设，现在也需要被重新检验。然而，光子的不连续结构与其他的观察结果显然也不一致。尤其是涉及光的干涉和衍射现象时，光的连续性理论能很好地解释实验。爱因斯坦也十分了解这种困难，所以他认为自己的假设仅仅是一种权宜之计，很快就会被科学的进步所淘汰。因此，他将自己的理论文章取名为："关于光的产生和转化的一个启发性观点"（On a Heuristic Point of View Regarding the Production and Transformation of Light）。

有趣的是，爱因斯坦的光量子理论（quantum theory of light）是建立在两个德国物理学家的研究基础上的。这两个物理学家后来在爱因斯坦的生命中都扮演了重要角色。马克斯·普朗克是最早拥护爱因斯坦相对论的科学家，而菲利普·莱纳德则在哲学、政治、宗教等各个方面激烈地反对爱因斯坦。

第四章

爱因斯坦在布拉格

苏黎世大学的教授

1905年，爱因斯坦在伯尔尼出版了他的论文。这些论文的研究结果非同寻常，导致瑞士的大学物理学家都觉得，这似乎不是专利局一个小职员所能做到的研究。苏黎世大学很快就向爱因斯坦抛来橄榄枝，希望他前去任教。当时，苏黎世大学物理学科的领军人物克莱纳教授（1849—1916）还不能真正理解爱因斯坦的研究，但已经从其论文中意识到了爱因斯坦非比寻常的天赋。他觉得尽己所能劝说爱因斯坦担任苏黎世大学教授一职是自己的职责所在。

苏黎世大学和其他德国大学一样，规定不可以直接任命大学教授，除非已是编外讲师。西欧和美国的大学没有类似"编外讲师"这样的相应职位。在苏黎世，科研成果丰硕、才华横溢的年轻人都可以申请大学的编外讲师职位，成功后，他们可以根据自己的意愿决定上课量，学校没有强制要求。不过收入微薄，除了学生付的听课费外，没有其他收入。由于编外讲师的数量没有上限，每位年轻的科学家都有这样的机会到大学来展示他们的教学能力，而大学挑选教授时，他们也就成为庞大的候选人群体。因为收入低，通常只有两类人会申请这个职位，一是有私人收入①者，二是已有其他工作收入者。爱因斯坦属于第二类，他当时在专利局里任职。

克莱纳教授建议爱因斯坦先在伯尔尼大学做编外教师，这样，他不久即有资格获得苏黎世大学教授一职。虽然并不喜欢定期开展讲座，但爱因斯坦还是接受了克莱纳教授的这一建议。由于他讲座准备不充分，学生又不必强制参加，因此只是几个朋友来听。此外，当时爱因斯坦正处在新发现的井喷状态，让普通学生听懂他的讲座确实比较困难。克莱纳教授曾到伯尔尼听过爱因斯坦的讲座，之后提醒他，这种讲座可能并不适合普通学生的水平。爱因斯坦却回答："反正我不会主动要求去苏黎世大学做教授。"

当时，苏黎世大学理论物理学的教授职位空缺，派谁来填补这个空缺，苏黎世州教育董事会有自己的计划。苏黎世大学有一位老师，是社会民主党党员，因为教育董事会的大多数成员都是社会民主党人士，所以他们觉得，从政治和科学双重角度考量，这位老师都是比较合适的教授人选。这位老师叫弗里德里希·阿德勒（1879—1960），是爱因斯坦在苏黎世理工大学的同学，他当时正在苏黎世大学做编外教师。他是奥地利社会民主党领袖的儿子，这一身份让他在苏黎世民主党中拥有着很高的威望。弗里德里希·阿德勒酷爱真理，因物理的哲学魅力而痴迷物理。他是一个坚持真理的人，只要自己认定的真理，即使可能产生不利因素，也会勇敢无畏地说出来。当他得知苏黎世大学有可能聘请到爱因斯坦这事后，他向教育董事会表示："如果我们学校能聘到爱因斯坦这样的人，却弃而不聘，反而聘用我，这是十分荒谬的。坦白地说，作为一名研究物理学家，我的能力无法与爱因斯坦相提并论。现在我们有机会聘请到如此良才，不仅能

① 私人收入：投资性的非工资收入。

够提高大学整体水平，也能让我们受益匪浅，这样的机会绝不能因为政治原因而放弃。"

终于在 1909 年，爱因斯坦仍被聘任为苏黎世大学特职教授，尽管教育董事会仍旧有明显的政治偏向，领军教授也不认同他的授课方式。

因为苏黎世大学的聘用，爱因斯坦首次拥有了一份享有社会声誉的职位。大多数编外教师在拥有教授头衔后，都会觉得已经成为重要的人物。从此他们可以抬头挺胸做老师，不再被动地受制于大学管理部门。而爱因斯坦并不这样认为，因为，他做职编外讲师时，没有受到什么影响，况且他也没有支配他人的欲望。再者，他也没有苛求能从现有的这个职位中获得任何巨大的乐趣。

从经济的角度来看，特职教授这一职位赚的钱不是很多，收入并不比他在专利局高多少。当时他在这座城市里已经拥有一定的社会地位，所以他再也不能过着节俭愉快、自由自在的生活了。尽管他尽力控制开销，却因其社会地位，不得不花钱应酬，而这些应酬未能带给他任何愉悦。为了改善经济状况，他妻子开始接纳学生在家住宿。他曾经开玩笑地说："在相对论里，我在宇宙空间的每一个点都设置一个时钟，而现实生活中，我连在我的房间添置一个时钟都很难。"

爱因斯坦喜欢苏黎世，这里有他的家。他的妻子也觉得这里比其他地方更有家的感觉。对爱因斯坦来说，能与学生和同事合作研讨是莫大的激励。对行政管理和常规教学他毫无兴趣，反而觉得麻烦重重。一方面，他力不从心，因为这位具有极大创新能力的人在处理常规工作时显得束手束脚，另一方面源自他与社会格格不入的性格特征。

周围人对爱因斯坦的直观印象是他的自我矛盾个性。他一视同仁地对待所有人，无论是大学里的领导官员，还是杂货商，抑或是实验室里的女佣。爱因斯坦的伟大科学发现让他获得了强大的内心安全感，青年时代的那种生活学习压力不复存在了。如今，他打算全身心都投入工作，因为这样他才觉得自己和别人是平等的。与工作相比，日常生活的困扰也没那么重要了，其实他觉得认真对待日常生活琐事也很难。结果，与人交往的态度基本演变成他的乐趣之一。他用一种幽默方式看待日常生活中的琐事，言语中尽显这种处事态度，幽默感显而易见。当有人谈及快乐的事情时，不管有意无意，爱因斯坦总表现出开心的样子。他爽朗的笑声是大家快乐的源泉，同时也为大家注入活力。但是，有人对此有看法，也有批评的声音。一些社会地位高的人觉得这不值得一笑，因为这些问题与自然这一大问题相比，实在显得荒谬。而一些社会地位低的人，则总被爱因斯坦这种幽默风趣的性格所折服。

爱因斯坦的言谈时而是无恶意的玩笑，时而是尖锐的讽刺，这让一些人不知所从，到底是该笑呢，还是等着受伤害。他经常跟大家讲一些复杂人际关系的玩笑，那感觉好像他们都是一群聪明的孩子。在他的笑话里，有时呈现一种尖锐的批评，有时让人感觉到一种玩世不恭的印象。因此，爱因斯坦给人的感觉一直在孩子气和玩世不恭两极中自由切换，这种印象能让人感觉到他丰富的经历，同时也让人体会到，虽然爱因斯坦同情每一个陌生人的命运，但一旦亲密接触他又想抽身而出。

任职布拉格

1910 年秋天，布拉格的德国大学理论物理学主任一职空缺。应全体教职员的推荐，奥地利皇帝决定直接通过教育部来任命。在确定候选人方面安东·兰帕起了决定性的作用，他是一位教育激进分子。他一生致力于引入现代教学方法，提倡避免反动影响的教学自由，倡导将科学和艺术教育惠及广泛大众的理念。但是，他的壮志豪情和科学能力之间有着相当大的差距，结果是他的雄心壮志并未能称心如意。他是一个有着高尚道德理想的人，虽然他有意识地压抑自己的雄心，然而事与愿违，这种雄心在他的潜意识生活中却发挥了更大作用。他的哲学世界观大部分源自实证主义哲学的物理学家恩斯特·马赫，这位哲学家曾经是兰帕的老师。兰帕的目标是传播马赫思想，并吸引追随者。

就理论物理学主任候选人一事，兰帕认为这是一个机会，可以任命一个会以马赫精神来进行物理教学的人。此外，进入非凡天才理论家领域也是他的梦想，他很想任命一位杰出的科学家，而不是一名平凡的教授。尽管他意识到他本人不具天赋，但他有胸襟来接纳其他杰出人士。

在兰帕眼中，有两位物理学家能够以马赫精神进行教学，而且他们也有非凡的能力。第一位是布尔诺工学院的教授古斯塔夫·姚曼（1863—1924），第二个便是爱因斯坦。姚曼在某些方面狂热地信仰马赫，最主要的原因是他讨厌在物理学领域引入原子和分子概念。尽管当时物质的原子构造已被当作最好最简单的物理现象被广泛地接受，但他依旧偏爱马赫拒绝原子的观点，并试图建立一个连续分布理论。因其优秀的天赋和想象力，他总认为自己是一个被忽视的天才，过度地膨胀了自己的虚荣心和灵敏性。而就马赫对爱因斯坦的影响而言，马赫精神所造成的影响远远超过马赫书本上的教导。比如，爱因斯坦在研究布朗运动时，就没有采用马赫拒绝原子的观点。

任命条例要求依据科研成果来确定候选人名单。而1905—1910年，爱因斯坦因发表的研究成果给科学界留下深刻印象，据此他位列候选人之首，姚曼屈居第二。尽管如此，教育部还是任命了姚曼，主要的原因是，奥地利政府不喜欢任命外国人，而是更倾向于任命奥地利人。可惜，教育部没有考虑到姚曼的虚荣和过于敏感的个性。当姚曼得知爱因斯坦位居候选人首位，他说："如果爱因斯坦作为候选人的首选是因为他所取得的伟大成就，那么，我与这样只追求现代性而不欣赏真正贤能的大学毫不相干。"在姚曼拒绝接受任命后，政府克服了对外国人的偏见，邀请爱因斯坦出任该职位。爱因斯坦动身去布拉格前也有些许不安，他的妻子也不想离开苏黎世，尽管如此，最后，他还是接受了邀请，其中一个决定性的因素是，他平生第一次有了一个教授的头衔和一份丰盈的薪水。

然而，接受这个职务还有一个困难需要克服。年逾八旬的皇帝弗兰茨·约瑟夫（1830—1916）坚持，拥有正式教会身份的人才能做大学老师，不符合此标准的人不可以任命。在这所大学爱因斯坦有个朋友，也是这位朋友举荐了爱因斯坦，他将这一消息告知了爱因斯坦。从离开慕尼黑高级中学后，爱因斯坦就不是任何宗教团体的正式成员，为了避免这种困境，爱因斯坦解释，他小时候是犹太教徒。没有举行任何正式仪式，爱因斯坦在问卷上写上了他的宗教信仰"Mosaic（犹太教）"，这是当时奥地利对犹太教的称呼。

爱因斯坦抵达布拉格时，他看上去更像是一位意大利艺术大师，而不像德国教授。身边还有位来自斯拉夫的妻子，他与德国大学普通的教授肯定不一样。因为早就名满科学界，他已不是一名普通物理学家，而是一位非凡的天才，大家都很想见见他。

布拉格有一个习俗：新来的教员都需要去拜访所有的同事。爱因斯坦很绅士地接受了朋友的建议，去拜访每位同事，约有40人。他也打算趁机看看浪漫而古老的布拉格。他决定按照房子坐落的方位进行逐一拜访。很快认识他的人都被他吸引，他自然不拘谨的举止、开怀爽朗的笑声、谦卑友善的态度以及眼中散发着的梦想光芒。但是，爱因斯坦很快就发觉这种拜访太无聊。谈话仅限于家长里短的琐事，这简直是浪费时间，因此他中断了拜访活动。然而，还未被拜访的教授则十分困惑，对此深感不快。有些人开始觉得他不是骄傲就是任性。真正的解释，可能是因为爱因斯坦没兴趣去拜访这些住在城区里的人，或者因为他们的名字在名单的最底部，没轮上就终止了。

爱因斯坦讨厌所有的形式教条和宗教仪式，他的这一性格特点非常鲜明。他认为，一些仪式总令人沮丧。因此，他很讨厌参加葬礼。有一次他走在送葬队伍中，对助手说："参加葬礼只是为了取悦周围的人。葬礼本身毫无意义。在我看来，葬礼跟擦皮鞋没什么不同。因为不想让人看到我们鞋子脏，就得每天满怀热情地擦皮鞋。"爱因斯坦的一生都保持这种对于资产阶级生活习俗反抗的态度。

布拉格的同事

布拉格大学是欧洲中部最古老的大学，由神圣罗马帝国皇帝查尔斯四世于 1348 年创立。十九世纪下半叶，学校里的德籍和捷克籍教授经常用其母语讲授课程，又因政治冲突越来越激烈，1888 年奥地利政府将布拉格大学一分为二，即德国大学和捷克大学，这是一个有趣的历史事件。爱因斯坦被委派到德国大学，当时恩斯特·马赫是学校的第一任校长。

爱因斯坦任职时，布拉格大学已分裂为两所学校，分属两所大学的教授基本无瓜葛，甚至研究相同课题的教授之间也没有私交。因此，经常会发生这样的事情，在芝加哥国际会议上，来自布拉格大学的两个化学教授居然是第一次见面。这种局面的形成主要是因为，扎根在德国人心中的"优等民族"观念让他们讨厌与任何"劣等民族"人士交往。此外，大部分德国教授对政治不太感兴趣，他们也就不去违抗本民族这种民族歧视的做法；当然也可能是因为胆怯，因此不敢违抗本民族的强大意愿，去跟捷克人接触。

德国教授在捷克人面前普遍有种优越感，他们对捷克人充满敌意。这可以从德国教授间的对话和他们家人的谈话中感觉出来。德国人经常用滑稽搞笑的故事来讲述捷克人在社会上的举止行为。而捷克人的这些行为在德国人眼中，是相当不入流的。这种歧视捷克人的案例很多。

在政府人口普查期间，有政治学教授向全体师生发出通知函，敦促他们把所有的雇员都列为德国籍，即使他们是捷克人。他陈述的理由是：仆人只能跟着主人说话，因为主人一定是德国人，所以仆人必须说德语。

另有一例证。某天，一名教授与同事步行，他们看到一个房屋招牌要掉到人行道上了。这位教授说："没关系，掉下来砸到的很有可能是捷克人。"

这种对捷克人的敌意显然非常可笑，布拉格的德国人和捷克人在种族和起源上没有丝毫的差异。国籍问题只是个人喜好问题以及谋生机会问题。

爱因斯坦最亲密的同事安东·兰帕是捷克一位看门人的儿子。像许多捷克人一样，兰帕有远大的理想和强烈的学习愿望，一直勤勤恳恳努力学习。尽管父亲是捷克人，却在德国人的大楼谋到了看门工作。小兰帕因此进了德国学校读书。他德语说得和捷克语一样流利。高级中学毕业时，他面临着上德国大学还是捷克大学的选择。最终他选择了德国大学，并成了恩斯特·马赫的学生。除了身上的捷克人血统外，兰帕像其他德国人一样，对捷克人充满敌意。比如，如果明信片上同时使用捷克语和德语印刷的"postcard"字样，他一定拒绝购买。他想买的是只有德语字眼的明信片。如果告知他这种明信片已经售完的邮局职员是捷克人，那么兰帕教授会指责他说，明信片上只保留德文是邮局职员的责任，并常因此发生争执。

这种情况下让那些不赞成与捷克人敌对的德国人也很难真正与捷克人

交往。由于捷克人变得多疑敏感，在他们看来，德国人随意说出的每句话都是侮辱他们，怀疑每个人都想羞辱和诋毁他们。结果，连善意的德国人要想与捷克人保持友好关系都十分困难。所以爱因斯坦不与他们接触也就不足为怪了。但是，爱因斯坦不支持与同事敌对捷克人的观点，也不参与诋毁羞辱捷克人的言谈。当然，他也不与任何捷克人很亲近。让人惊讶的是，却居然有捷克学生来听他的讲座，并在他的指导下进行科学研究。其实这种事情在德国大学很罕见。

爱因斯坦与数学家乔治·皮克（1859—1942）关系也很密切。他比爱因斯坦约大二十岁，不管是作为普通人，还是科学家，他都有着非凡的个人魅力。在数学研究领域，皮克首屈一指，他发表了很多见解独到的权威论文，其观点后来发展成一门独立的数学分支。不过皮克没有得到相应认可，因为他的犹太血统和顽固的个性特征。比如只要他认定是正确的事情，他绝不妥协。他八十多岁才退休，后死于纳粹集中营。

马赫当年在布拉格大学做实验物理学教授时，年轻的皮克做了他的助理。爱因斯坦很喜欢听皮克追忆马赫的事情，皮克也特别喜欢讲马赫反复提及的那些观点，而这些观点可以解释成是对爱因斯坦理论的预测。皮克也是一个好小提琴手，通过他，爱因斯坦结识了一群音乐爱好者，并参加了室内音乐演奏活动。自那以后，总有那么几个晚上爱因斯坦会演奏弦乐四重奏。

爱因斯坦和皮克每天都见面，一起讨论问题。散步时，爱因斯坦会向皮克讲讲在研究相对论时碰到的数学难题。皮克那时就建议爱因斯坦看意大利数学家里奇（1853—1925）和列维齐维塔合著的《绝对微积学》，说这本书有助于爱因斯坦理论研究。

爱因斯坦当时有个首席助理，叫诺埃尔。他是波希米亚村里一个犹太农夫的儿子，从小就得耕田犁地。诺埃尔有着犹太农夫一贯的冷静沉着。

他跟爱因斯坦讲了很多波希米亚村里犹太人的事情。比如，诺埃尔说，波希米亚村犹太农民和犹太商人日常生活中都讲捷克语，安息日则只说德语。因为希伯来语①在日常生活中早已弃之不用，因而，与意第绪语②很接近的德语便成了希伯来语的替代品。这样的交谈让爱因斯坦对犹太人及其周围世界的关系产生了浓厚兴趣。

爱因斯坦还有一位亲密同事是梵文教授莫里茨·温特尼茨（1863—1937）。温特尼茨有五个小孩，都交给爱因斯坦培养，对此他曾说："我很好奇'同一家工厂生成的商品会有怎样的不同结果'。"每当爱因斯坦拉小提琴时，温特尼茨的嫂子都会弹琴伴奏。嫂子有一定年纪，做了一辈子钢琴老师，因此行为举止比较独断专行。她跟爱因斯坦讲话就像训斥小学生一样。每次说起这位嫂子，爱因斯坦总是说"她对我要求很严格"或说"她就像一个陆军中士"。爱因斯坦要离开布拉格时，向她承诺，一定给她找一个可以替代他的小提琴搭档，否则会继任理论物理学教授。当我到布拉格接替爱因斯坦的职位时，爱因斯坦将我引荐给了这位女士，她立即坚持要我拉小提琴来兑现这个承诺。很遗憾的是，我不得不告诉她，我从未拉过小提琴。"所以，"她回答说，"爱因斯坦让我感到失望。"

布拉格的犹太人

在布拉格做教授时，爱因斯坦成为犹太宗教团体的一员。尽管当时只是一种官方关系，然而，正是他生命中的这段时间，也许是自孩童时期以

---

① 希伯来语：Hebrew，属于亚非语系闪米特语族，是犹太教的宗教语言。
② 意第绪语：大部分的使用者是犹太人。

来的第一次，让他意识到了犹太群体的问题。

犹太人在布拉格的地位许多方面都很特殊。布拉格一半以上说德语的居民都是犹太人，因此，尽管他们只占总人口的5%左右，但在德国人群中他们非常重要。因为德国人的文化生活几乎已经完全从捷克分离出来，所以他们有了自己独立的德国剧院、音乐厅、演讲厅、运动场等。让人不得不惊讶的是，所有这些组织和活动经费都依赖犹太人的赞助。因此，对大部分捷克人来说，犹太人就是德国人。爱因斯坦到达布拉格时，正值第一次世界大战爆发期间。捷克人认为，政府强迫他们参战损害了他们自身的利益，却符合了德国人的利益。因此，捷克人将每一个德国人和犹太人都视为敌对势力的代表，这些人居住在他们的城市，以看守者和告密者的身份来对抗捷克人。毫无疑问，这些人群中有一些是冒充德国人的犹太人，且已经适应将自己装扮成警察和压迫工具。总之，对这些捷克人来说犹太人的本质是让人厌恶的。

另一方面，犹太人和其他德国人的关系已经开始出现问题。从前，布拉格的德国少数民族和犹太人结盟以对抗激进的捷克人，但爱因斯坦身在布拉格时，这种盟友关系已经破裂了。当种族理论和种族倾向在德国本土还不为人知晓时，却已经对苏台德的德意志人造成了重大影响，后来这种理论和倾向演变成了纳粹主义的纲领。布拉格的德国人状况有点尴尬。他们试着与犹太人和平共处，因为这样就有了对抗捷克的盟友。但同时他们又希望能被苏台德的德意志人视为真正的德国人，为此又表现出对犹太人的敌意。这种奇特尴尬的现状可以刻画成：当犹太人和他们最大的敌人在同一家咖啡馆相遇，他们却有着相同的社交圈。

当时的布拉格已经有了一个犹太人群体，他们想要在犹太人中建立一个独立的知识分子生活圈。因为他们不喜欢看到犹太人在德意志民族和捷克民族主义的斗争中选边站。这个群体深受犹太哲学家马丁·布伯的半神秘理论影响，成员都是犹太复国主义者。那时，他们不关心政治，只关注艺术、文学和哲学。爱因斯坦被引荐到这个团体，并遇见弗朗茨·卡夫卡，还与雨果·伯格曼和马克斯·布洛德成为好朋友。

后来，雨果·伯格曼在大学图书馆任职。这位青年，正直、温文尔雅、睿智聪明、精力充沛，是布拉格年轻人团体的核心人物。他试图创建一种不依赖于正统犹太教的犹太文化生活，在这里，人们用同情和理解来接近非犹太世界，没有厌恶，也没有盲目模仿。他的理论基础源于犹太作家和费希特这类鼓吹培养民族精神的德国哲学家之理念。

但是，即便是伯格曼这样既聪明又虔诚的犹太复国主义者，也不能让爱因斯坦对犹太复国主义感兴趣。他关注的仍旧是宇宙问题。在他看来，民族问题、犹太人和世界其他人种的关系问题都是些无足轻重的琐事。这些关系问题仅是人类愚蠢的一种表现，这是天性，永远无法根除。然而他没有意识到，这些问题后来呈现出宇宙的维度。

那时的马克斯·布洛德很年轻，才华横溢，兴趣广泛。他对历史问题和哲学问题特别感兴趣。其小说专注于描写捷克人，布拉格居民和波希米亚居民的生活。他的小说在刻画人物心理时，分析过程很清晰很理性。

他的一本小说《第谷·布拉赫的救赎》，讲述了丹麦天文学家第谷·布拉赫在布拉格的最后几年。小说的主线对比了第谷和年轻天文学家开普勒的性格。第谷邀请开普勒和他一起工作，目的是要找一个能为自己的实践经验添加一些没有成见的又颇具创意思想的年轻合作者。在布洛德对开普勒的描写里，经常可以看出：爱因斯坦的个性深深地影响了布洛德。无论是有意还是无意，他栩栩如生地描述了开普勒的形象，导致一些熟悉爱因斯坦的读者都经常误将开普勒看成爱因斯坦。著名的德国化学家能斯特读到这本小说时，对爱因斯坦说："你就是开普勒啊！"

小说里的爱因斯坦

因此，引用布洛德塑造开普勒的一些段落来研究爱因斯坦是恰当的，在那些文字里我们或许能够发现爱因斯坦的许多个性特征。因为一首诗歌里所用的词汇，可能远比描述科学家所用的那些词汇更让人印象深刻。

开普勒沉着冷静的天性，有时会让充满激情的第谷产生一种不安的情绪。布洛德描写的第谷对待开普勒的情感，某种程度上等同于描写了科学领域的同事对爱因斯坦的态度：

> 因此，风暴肆虐着第谷的精神，保持着与开普勒的情谊使他经历着巨大的痛苦。他其实真的没有嫉妒开普勒，如果有，那也只是徘徊于嫉妒的情感边缘。不过现在，对开普勒更多是一种敬畏，这种感觉激励着他。对第谷来说，开普勒在工作上的那份宁静淡泊，完全不会为外界溜须拍马的喧扰所动，简直就像是超人。那种近乎冷漠的情感，又如同从遥远的冰川吹来的凉风……他记得流行歌谣里有这么一句话，"雇佣步兵为了换取防弹甲胄，把自己的心脏卖给恶魔"。这就是开普勒。他没有心脏，所以对世界无所畏惧。他没有情感没有爱，因此自然也会避免情感偏离正轨。"但是，我必须去爱和犯错，"第谷抱怨道，"我必须要在这个地狱里四处游走，看着他在蓝天白云中徜徉，无忧无虑。犹如完美无瑕的天使！但是这样的他是真实的吗？虽无恻隐之心，但这难道就意味着他一定是个恶人吗？"

这种纯粹的幸福，当然只是一个错觉。然而，肤浅的观察者却认为爱因斯坦也是这样的。众所周知，第谷发明了宇宙系统理论，这是一种介于旧托勒密体系理论和新哥白尼体系理论之间的折中理论。他非常好奇开普勒对此体系的看法。在他心里，他总怀疑开普勒支持哥白尼以及其革命理论。然而，面对第谷，开普勒避免对该问题表达任何明确的观点。他只与第谷讨论具体天文问题，避而不谈普通理论。第谷觉得他这样做是一种逃避，并强烈要求开普勒发表自己的看法。最后开普勒回答：

"对这个问题，我没有什么要说的……我还在思考，无法做出裁决。再说，我觉得我们现在的技术资源和经验还不够先进，因此，还无法得到该问题的明确答案。"

话音停顿间，开普勒径直坐下，脸上洋溢着幸福的微笑。第谷被激怒了打断他：

"开普勒，这种状况你很满意吗？你这样含糊其词！不表态难道你就舒服了？表态你就不快乐了？"

"我不快乐，"开普勒简单回答道，"我从未快乐过。"

"你不快乐？"第谷睁大眼睛瞪着他，"你……不……那你还缺什么呢？你还想要什么？除了那些早已给你的，你还想要些什么？哦，呸！如果你还觉得不快乐，那你真是太骄傲！你才是世界上最快乐的人！难道我第一次这么说吗？你自己不觉得吗？我再强调一下，你是走在正确的道路上，唯一正确的道路上？……哦，不，我指的不是你现在拥有的成功、鲜花和掌声。而是内在的，内在的！亲爱的开普勒——一定要我亲自告诉你吗？内在的，也就是科学的中心地带，你走的是一条正确的道路，由上帝庇佑的道路。而且对一个凡人而言，这也是你能遇到的最高贵、最快乐的命运了。"

"不，我不快乐，我从来未快乐过。"开普勒无趣又固执地重复着这句话，还温和地补充道："我也并不想要快乐。"

第谷绞尽脑汁，结果……即使他竭尽全力试图将开普勒说成一个狡猾，满腹阴谋的人，但他完全清楚这与事实不符，开普勒其实是个截然相反的人。他从不追求一个明确的目标，事实上，对待所有的事情，他都依靠某种梦想的支撑，这些梦想独立于科学解释范畴之外。但是为什么，他甚至没有意识到，自己很快乐。到目前为止，他甚至没有注意到自己的心理困惑……他做的每件事，他都不予以负责……对任何一个想要拥有开普勒这种快乐的人，其代价是要承受无休止的良心折磨。不过，开普勒的内心是纯粹的，他不会因此感到一丝愧疚，这也正是他快乐的根源。但是这种快乐不会持续很久，因为他甚至都没有意识到这是快乐……他从不提及他的好运气。当时，第谷的理论正到处受非议，他直挺挺地坐在桌子边，目光死盯着桌子对面的开普勒，而开普勒则如往常一样，冷静沉着，继续着他的计算，完全没有注意到第谷的不安。

另有一件事，开普勒和第谷针对是支持哥白尼学说还是反对第谷体系展开了讨论。较之前，这一次他们更注重可观察到的事实，以及从事实中推导出逻辑结论。布洛德描述了当时两人的态度，如下：

第谷开始绝望，因为两人都没有想要给出结论的迹象。而开普勒似乎还从这种不确定性中获得了很多的快乐和力量。结论越模糊，过程越艰难，他就觉得越有意思，平时的生活实在太枯燥了。面对谜一样的"自然"，他整个人的眼界都开阔了，他轻而易举地理解了，欣喜若狂地纠结着，全身心地投入在这样的"自然"中。在回答第谷刻薄的话语时，那种大叫是一种陌生的、欢快的、自傲的声音："嗯，可能自然规律仅在偶然的情况下才能与我们所理解的达成一致。"

还有一次，第谷和开普勒之间又展开了一场讨论。这场讨论主要是讨论科学家在支持一种假说之前，是否应该考虑统治者和富人的信仰和观点。

第谷喘着粗气，提高声音说："至少现在哥白尼体系还未被证实，既然它与《圣经》相悖，那么我也不必要去冒犯天主教教廷的皇帝，我没有任何理由去相信它。"

"这就说得有点远了吧，"开普勒仍然面带微笑地说道。

"不管是否是天主教，在这里，我们所需要考虑的只是假说本身，而不是皇帝的偏好……"

第谷觉得开普勒抨击了自己的基本生活原则，于是情绪激烈地说："但是如果失去了皇帝和富人的支持，我们就没办法制造昂贵的仪器，这样一来，真理也就无法得到证实……因此，皇帝对于我们和发现真理都有所帮助；我们应该要尊重他们，并且顺从他们的偏好。"

"这就是我反对的，"开普勒激动地大声说，"我们必须只能顺从于真理本身，而不是去顺从任何人……"

"为什么任何人都不可以？……在此之前，我就告诉过你，只有服务于国王，才能服务于真理。亲爱的开普勒，这才是正确。这样，在实践工作中，才会感到舒坦和简单。在通往神圣的道路上，才可以心无旁骛，不受影响。可能，你觉得为了真理这样做，这条路不神圣了。但是耶稣都对门徒说过'像蛇一样狡猾，像鸽子一样无辜'。你不是蛇，所以你不需要掩饰或约束自己，你真正服务的对象不是真理，而是你自己，换句话说，是你自己的初心。而我除了自己，还得关注与外界的关系。我必须借助熟练的技术和机敏的头脑，才能坚定我服务真理的决心……我认为，要学习基督耶稣，与大家一起工作，而不要仅限于自己的工作领域，这样才可以忘记所有的劳动和烦恼。"

教授爱因斯坦

爱因斯坦一直是一个好老师吗？他喜欢这个职业吗？在调查了爱因斯坦的学生和同事后，我们得到了不同的答案。

爱因斯坦的两个重要的性格特征让他成了好老师。第一，他渴望成为有用且友好的人，尽其所能帮助同胞，尤其那些与他处于同一环境中的人。第二，他的艺术灵感不仅帮助他获得了一种清晰的、有逻辑的科学思路，而且还给他提供了一种思维方法。这种方法带给他和每一个倾听他理论的人以一种审美的享受。这也表明他喜欢与别人交流他的想法。

但是，爱因斯坦很想抑制这两个与生俱来的性格特征。我曾提及过，他讨厌与人过度亲密，这种性格经常让他在学生、同事、朋友和家人中形单影只，在学术领域也是如此。对很多教授来说，他们的个性在很多年轻人身上有体现，年轻人重复着教授所说的话，并在一定程度上复制了教授们的个性。对很多人来说，这种复制的个性可能是一种缺点。但对教学而言，是一笔财富。它通常会促使一部分教师全身心投入教学，在教学过程中，教师们无私奉献，彰显自我牺牲精神。即使到最后的分析阶段，就算有一种自我表现的愿望，老师也得放弃这种个性。他要花上自己大量的时间来服务学生。爱因斯坦没有虚荣心，他的个性也不需要被复制，因此，他不准备牺牲那么多。也正是因为这个原因，他与学生的关系也有矛盾，并以一种十分特殊的方式呈现出来。

这种方式很明显在他的讲课方式中有体现。爱因斯坦思考问题时，他总发现，尽可能用不同的方式进行系统阐释并呈现出来，是非常重要的。这样一来，对不同思维模式、不同教育背景的人来说，问题将会变得简单易懂。他也喜欢跟数学家、实验物理学家、哲学家，甚至向那些没有受过科学培训却善于独立思考的人来阐述自己的想法。此外，如果他想出一种新方法，能让问题简单易懂，他甚至喜欢讨论那些与他自己研究没有直接关联的物理课题和问题。

从这一性格来看，可能有人认为，爱因斯坦一定是个很好的演讲家和教师，事实也确实如此。如果因为科学、历史，或是方法论的原因而对某一课题产生兴趣时，他会做讲座，听众常常为此如痴如醉。其演讲的魅力在于他那种与众不同的自然状态，不添油加醋、不夸夸其谈、不矫揉造作。他试图把每个课题都分解成最简便的逻辑形式，然后从艺术和心理角度，将其呈现出来。这样一来，课题中任何迂腐的假象都将通过恰当的引人注目的方式来呈现。他还有一种幽默品质，开几个无伤大雅的玩笑，保持一种愉快的心境，就如孩子刚收到圣诞礼物时的那种欣喜若狂。

但是，定期的开讲座让他很厌烦。因为讲座前要组织且筹备好整个课程材料，这样才能在整个学年里向学生有趣地展示出来。这意味着，老师需要对每个独立课题里的问题感兴趣，要像爱因斯坦做研究一样，全身心投入。因此，老师们必须全力以赴。其结果就是老师几乎没有时间去关注自己的研究领域，因为一切创新活动都需要进行大量的思考与反省。

有些教师，尤其是德国大学里的教师，他们时间安排相当精确。这样才可以计划好讲座的时间，也能腾出时间做自己的研究。由于时间安排很满，很难有时间思考一些与科学或教学工作没有直接联系的问题，也没有时间与不速之客进行学术交流与探讨。他们的生活很单调，所有的创造力和想象力都放在科学研究或教学上。在日常交往中，他们经常受排挤，甚至是惹人讨厌；在单位，当然也是说不出任何有趣事情的那一类人。这类科学家其实并不罕见，甚至在杰出人群中也有这类科学家，但在真正富有创造力的人群里还是比较罕见的。

爱因斯坦不属于这类人群。他不喜欢机械地给学生传授知识，而是将大量的自己感兴趣和关心的知识教给学生。因此，他更关注自己当前感兴趣的领域。他充满艺术气质，解决讲座过程中所碰到的难题时，也很艺术。依据一本好书，采用最简单方法处理。对爱因斯坦而言，因为一个讲座而将自己的时间和精力全部搭进去是不可能的，因此，他的讲座内容参差不齐，他不是一位才华横溢的百家讲坛教授，做不到全年都保持着同样的兴趣和卓越的演讲水平。不过，他给科学社团、学术大会和有众多听众做的单个讲座总是生动而精彩，给每一位听众都留下了永恒的印象。

狭义相对论

在苏黎世和布拉格，爱因斯坦致力于解决由他的相对论所提出的问题。根据牛顿的相对性原理，发生测量的实验室本身的运动速度不能通过实验室内物体的运动来确定。1905 年，爱因斯坦将光学现象也包含在这个原理内，即无论是测量光线还是物体的运动，都不能确定发生测量的实验室本身的运动速度。但是，只有当实验室做匀速直线运动时，这个原理才成立，这与爱因斯坦的理论也一致。根据爱因斯坦的理论，能够在实验室参考系 L 中测定是否 L 相对惯性系 F 做变速运动。因此，测量实验室中的物体运动，能够获得实验室运动的加速度，却不能得到实验室的速度。爱因斯坦认为这种描述方式不能令人满意。恩斯特·马赫曾提出改善的建议，假设通过 L 上的观测，人们能确定其相对于固定的星星的加速度，而不是相对某个虚拟惯性系的加速度。因此，L 上发生的事件就能被真实的物理对象——固定的星星——所影响。但马赫的建议仅具雏形，没有发展为完善的理论，因此人们无法计算固定的星星对 L 上发生的可观测事件会有什么样的可验证的影响。爱因斯坦的目标是弥补这点不足。

他将以下问题作为自己的出发点：在牛顿物理中，怎样通过实验室 L 中的实验结果，来判断实验室本身相对于惯性系的速度是否发生变化？我们已经知道当 L 也是惯性系时，牛顿第一定律和第二定律都在 L 中成立。基于日常生活经验，我们同样容易知道，当 L 相对惯性系的速度发生变化时，这些定律将不再成立。

接下来，我们假设 L 是火车的一节车厢。若惯性定律在 L 中成立，这意味着在车厢中站立的人不使用任何力，就能在车厢的同一个位置一直稳稳地站着。而经验告诉我们，上述情况只有在火车沿直线匀速前进时才成立。当火车突然刹车时，人们如果不注意站稳扶好，就容易向前跌倒。当火车突然加速或急转弯时，也是如此。总的来说，只要车速发生变化，人们就需要借助外力才能站稳；而火车恢复匀速直线运动后，人们就能自己在同样的位置稳稳站住。因此，可以通过人们状态的变化，即是否需要做额外的努力让自己维持站稳不动的状态，来判断车厢 L 是惯性系还是非惯性系。即使从这种最直接体验中，我们也能够发现，车刹得越急，越要花费更大的力气让自己站稳。用更一般的说法，即加速度越大，需要的力越大。

通过这些简单的思考，我们容易发展一套通过测量实验室物体相对于实验室 L 的运动，来获得实验室 L 的加速度 a 的方法。假设车厢 L 的地板上有一个可以沿任意方向自由移动的小车，当 L 做匀速直线运动时，小车停住不动；一旦 L 的速度突然变化，小车就会像被推了一样开始运动。小车相对于 L 的加速度 a_0 与 L 的加速度 a 大小相等、方向相反。对于小车来说，在惯性系 F[①] 中观察到它是一个自由物体，没有受到外力，因此根据惯性定律其运动是匀速直线运动。而另一方面，在 F 参考系中，小车的加速度等于小车在 L 中的加速度 a_0 与 L 相对 F 的加速度 a 的总和。由于最终小车在 F 中的合加速度为零，所以有 $a_0 + a = 0$，即像上文提到的，有 $a_0 = -a$。因此，可以通过在 L 中测量小车的加速度 a_0，来计算实验室 L 相对于惯性系 F 的加速度。

上述情况中，小车一开始相对 L 是静止，这个假设对于 L 加速度的计算是没有必要的。也可以假设小车一开始在 L 中做匀速直线运动，当 L 速度变化时，小车将偏离直线路径，做曲线运动。根据曲线的形状，我们也能计算出实验室的加速度。除了加速这种情况外，实验室也可能减速，甚至可能绕着某个轴旋转（例如旋转木马或转弯的火车）。当 L 加速或者减速时，L 中的物体会有一个与 L 运动方向相反的反冲运动；而当 L 旋转时，L 中的物体会倾向径直远离 L 的旋转轴，这样的加速度被物理学家称为"离心加速度"[②]，其产生机制和交通工具启动或停止时产生反冲力的机制相同。

在基础力学，上述情况是这样来描述的：计算加速或旋转的参考系中物体的加速度时，不能仅仅考虑物体受到的引力或电场力等外力，还需要将反冲力和离心力的作用也考虑进去，即要考虑到"惯性力"[③] 带来的加速度。之所以称之为"惯性力"，是由于这些力是由物体相对于惯性系的惯性所引起的。

爱因斯坦将牛顿的相对性原理推广到光学现象中，因此也应该可以用

---

① 惯性系 F：即惯性参考系，在 F 中 L 具有加速度 a。

② 离心加速度：Centrifugal acceleration。

③ 惯性力：Inertial force。

光线来代替物体（例如小车）获得实验室加速度。如果实验室做匀速直线运动时，光线的传播方向与实验室的地板平行，那么当实验室被加速时，光线则可能被偏折而不再与地板平行。通过观察光线偏折的角度大小，可以计算实验室 L 的加速度。

因此，在十九世纪的机械论和爱因斯坦于 1905 年提出的光和运动的理论中，尽管还无法说明在什么可观测条件下一个参考系是惯性系，但实验室 L 相对于惯性系 F 的加速度对 L 中发生的物理事件具有可测量的影响。不过，这里惯性系的角色还是与牛顿理论的"绝对空间"没有什么差别。

重力对光线传播的影响

爱因斯坦的目标正是从物理中消除"绝对空间"的概念。这项任务很艰巨，因为像反冲、离心力这样的现象似乎只能用绝对空间的效应来解释。而且，爱因斯坦 1905 年建立的相对论理论仅讨论了匀速直线运动，没有涉及加速度。一种新的观念将引入物理学，并将带来意义更加深远的改变。有时候，将当前问题的根源与另一个更久远的问题联系起来，往往能通往当前问题的解决。实验室中，小车的加速度和光线的偏折或许不是由实验室本身的加速度造成的，而是可能有真正的力作用于小车或者光线上，并根据牛顿第二定律引起了它们状态的变化。该怎样区分这两种情况呢？对于人或者机械装置施加的外力，两种情况有这样的差别：对于有两个被施加了相同力的质量不同的小车，根据牛顿第二定律，动量①的变化率等于受力，那么较轻的小车会获得更大的加速度；另一方面，如果加速

①　动量：Momentum，即物体的质量和速度的乘积。

度是由惯性力造成的，则质量不同的小车的加速度都是相等的。因此，由真正的力（像推力和拉力）造成的加速度会依赖于物体的质量，而反冲力和离心力造成的加速度不依赖于质量。

但爱因斯坦也发现，有一种"真实"的力会使所有的受力物体具有相同的加速度，这就是引力①。自伽利略时代起，我们就知道，当空气阻力的作用可以忽略时，所有的物体无论其质量大小，都会以相同的加速度下降。这种现象并不违背牛顿的力学体系，因为他简单地假设重力的大小与物体的质量成正比。在地球表面，用 W 代表物体受到的重力，则牛顿的假设在数学上可表达为 $W = Mg$，其中 M 是物体的质量，g 是依赖于物体位置的一个常数。由牛顿第二定律，力等于动量的变化率，即 $Mg = Ma$，那么两边的质量可以同时被约掉，有 $a = g$。因此，伽利略已告诉人们，重力造成的加速度与物体质量无关，都是同一个常数 g，即重力加速度。

爱因斯坦意识到，万有引力的特殊性将导致通过非惯性系中物体的运动计算非惯性系自身的加速度时，会出现一些问题。我们不能判断实验室中小车的加速度是由于实验室本身的加速度，还是由于在我们不知道的某处存在万有引力的作用。为了解决这一问题，爱因斯坦凭借他敏锐的逻辑分析能力，奠定了重建力学体系的基础。就像他 1905 年的论文一样，爱因斯坦再次将物体的运动与光的传播联系起来，并于 1911 年发表了名为 "Über den Einfluss der Schwerkraft auf die Ausbreitung des Lichtes"② 的文章。

爱因斯坦从下面的思想实验出发，假设一个电梯参考系 L，它可以竖直向上或向下运动，电梯中的物体相对它的运动可观测。如果电梯被电缆支撑而保持静止不动时，电梯里的任何物体 B 自由下落的加速度都是重力

---

① 引力：Gravity。

② Über den Einfluss der Schwerkraft auf die Ausbreitung des Lichtes：重力对光传播的影响。

加速度。然而，当电梯在重力作用下自由下落时，电梯里下落的 B 物体相对于电梯参考系不会有任何加速度，它们在电梯里的运动状态就像没有重力的存在。仅通过观察 L 中的物体运动，我们没法判断 L 中是不是有重力场的存在，换句话说，我们不知道体系 L 是在重力场中自由下落的非惯性系，还是重力场不存在时的惯性系。让我们用更普遍的表达来描述这个结果：不可能通过实验室里的机械实验来区别惯性力和万有引力的作用。

在爱因斯坦看来，牛顿力学中的叙述"无法通过匀速直线运动的实验室中的机械实验来测量实验室相对于惯性系的运动速度"与他的结论有异曲同工之处。1905 年爱因斯坦将这一原则推广至光学实验，并提出一个假说：即使通过测量光线的传播，也无法确定一个实验室体系是静止或做匀速直线运动的，还是受制于一个引力场。爱因斯坦将其称为"惯性力与引力的等效性原理"，简称等效原理。

根据这个原理，爱因斯坦能够预言一些新的光学现象，从实验上检验这一理论的正确性。牛顿物理中重力对光线的传播路径并没有影响，但根据等效原理，万有引力的作用相当于参考系的加速度，而后者肯定会对光的传播有影响。静止电梯里与地板平行的光线将会在电梯加速时发生偏折，因此，爱因斯坦推断引力场中光线的传播路径也会发生偏折。由于光速远远大于地球上的任何速度，所以光线偏折的角度极其小。但是爱因斯坦指出，遥远星空中位置固定的星星发出的光线，在经过太阳表面传播时，必将发生可观测的偏折。太阳的引力不是各向同性的，而是指向太阳的中心，并且随着离太阳表面距离的增加而减小的。然而，爱因斯坦计算出，沿某一个方向传播的光线将被折向太阳。由于在普通情况下，太阳光十分强烈，盖住了周围星星发出的光，所以爱因斯坦在他的论文中建议："日全食发生时，太阳附近的星星能够被看到，因此届时可通过实验来检验这一理论的结论。"

假设引力具有牛顿在万有引力定律中提出的形式，爱因斯坦根据等效原理很容易地计算出，从固定的星星发出的光线在经过太阳表面时，会相对其原来的路径发生 0.83″的偏折。因此，只要在日全食时拍下这些星星在太阳附近的位置，并与太阳不在附近时星星的位置相比较，就可以看出它们位置的变化。由于光线将偏向太阳弯折，相应地看到星星的位置会远离太阳，其偏折角大小取决于光线在太阳附近传播的距离。最后，爱因斯坦这样总结了他的论文：

尽管以上理论可能看起来缺乏根据，甚至可以说异想天开，还是强烈地希望天文学家们能进行这样的验证实验。

无论别人怎么看待爱因斯坦的理论，他确实提出了一个用实验检验理论的方法。由于日全食并不太常见，而且地球上只有少数几个位置适合日全食的观测，天文学家们对验证爱因斯坦理论这一有趣而冒险的旅行跃跃欲试。直到三年之后，即 1914 年，人们才有充足的财力和物力组建了一支远征队，进行这个探测。但是，正当第一支远征队离开德国出发去俄国时，第一次世界大战爆发了，远征队成员被俄国人俘虏，因此实验无法再进行。

告别布拉格

在布拉格做教授时，爱因斯坦不仅创立了他的新引力理论，还进一步发展了在伯尔尼提出的光量子理论。他假设紫光的量子比红光拥有更多能量。这个假设似乎与光化学作用的实验结果不谋而合。摄影师基本都熟知这个事实：紫光的作用远强于在摄影板上的红色光。爱因斯坦提出了与光子理论密切相关的简单假设：分子的化学分解总是发生在单一的光量子吸收上。他在 1912 年发表的《光化学当量定律的热力学基础》一文中指出，这一假设也符合热力学的一般原理。

这个时候，爱因斯坦开始被光的双重性质的悖论所困扰，即光的波形特征，该特征因干扰现象、衍射，以及光电和化学作用共同产生的粒子而成。就此问题，他的想法可以通过这一事件加以阐释。

从爱因斯坦的办公室远眺公园，满目鲜花、成荫绿树。他发现，早上公园里只有妇女散步，而下午只有男人散步。有的独自漫步，深陷沉思；有的聚集在一起，讨论激烈。他打听了一下，这个奇怪的公园原来是隶属波希米亚州精神病院。在公园里散步的是精神病院的病人，因为不具攻击性，不必关起来。我去布拉格时，爱因斯坦让我看了这一幕，并开玩笑地说："这些人也是疯子，只不过他们不懂量子理论。"

爱因斯坦抵达布拉格后不久，就接到了母校苏黎世联邦理工学院理论物理学科的邀约。该校属瑞士联邦，比苏黎世大学规模更大、地位更高。苏黎世联邦理工学院是爱因斯坦首次教书的地方，属于苏黎世州立学校。当爱因斯坦还在犹豫是否要返回苏黎世时，他妻子早已决定回去了。她在布拉格不自在，对苏黎世又有依恋之情。做学生时，她就将苏黎世视为自己理想的家。

爱因斯坦告知布拉格大学，他将在 1912 年夏季学期末离职。因为他不想理睬正式离职手续，所以他没有把在奥地利辞职时填的表格交给行政机关，维也纳教育部也没有收到他的离职申请。根据法规程序，可以想象负责该领域的官员会很不高兴，因为，没有收到离职申请，他们就没有办法封闭爱因斯坦的相关信息。结果，"爱因斯坦卷宗"一直缺失那份离职申请书，好多年都处于无法查封状态。几年后，爱因斯坦去维也纳演讲，一位朋友告诉他，外交部的官员仍然对档案的缺失耿耿于怀。爱因斯坦天性善良，不想任何人不开心。他访问了外交部，并向负责官员致歉，填写了表格，档案材料终于齐全了。

爱因斯坦突然离开布拉格，引发了许多谣言。布拉格最大的德文报纸，刊载了一篇社论文章，文中说，因为爱因斯坦的名声和天赋，他遭到同事们的排挤，被迫离开了布拉格。也有人说，因为他的犹太血统，他受到了维也纳行政当局的严重虐待，因此不想再留在布拉格。爱因斯坦被这些言论震惊了。因为他在布拉格的这段时光很愉快，奥地利人的性格给他留下了很好的印象。他不喜欢与人不快，所以他给维也纳的奥地利教育部的领导写了封信。在接受布拉格的职位之前，我也拜访过这个人。他是一个波兰人，当时他用波兰人的习俗拥抱了我，就好像我是他一个亲密的朋友。我们打电话时，他以极大的热情向我提及爱因斯坦写给他的信，说："我收到过爱因斯坦先生一封精彩绝伦的来信。当时的感觉就像一个不习惯收到大学教授来信的人一样，很兴奋。我时常回想起这封信。当年爱因斯坦离开布拉格，有很多不利于我们政府的言论，这封信给了我很大的安慰和满足感。"

于我而言，爱因斯坦的离开却是很有趣的事情。我提它，是因为这事与我们时代的兴衰史有关。像每一位奥地利教授一样，爱因斯坦得有一套类似海军军官制服一样的服饰：一顶镶翎的三角帽，装饰着宽大金边的外衣和裤子，一件非常暖和的黑大衣，还有一把佩剑。不过，这样的制服只在宣誓就职，或被奥地利皇帝召见时，奥地利教授才能穿。爱因斯坦只在宣誓就职时穿过一次。由于制服相当昂贵，离开后也没任何用途，所以我半价买下了他的制服。在他要交给我制服时，他快八岁的儿子说："爸爸，给他前，你必须穿一次领着我穿过苏黎世街道。"爱因斯坦答应了，说："没问题，顶多会让大家认为我是一名巴西海军上将。"

这套制服我也只在宣誓就职时穿过一次，之后便放入箱子里。六年后，奥地利王朝灭亡，捷克共和国在布拉格成立。从前效忠皇帝的宣誓被效忠共和国取代，教授们不再需要穿制服。从此，制服只存在于弗朗茨·约瑟夫和爱因斯坦的记忆里。俄国十月革命后，大量的难民逃亡到布拉格，其中不少是原俄国军官。我的妻子说："为什么这么多人在挨冻，我们却把这么好的大衣放着不用。我知道哥萨克军队的前总司令官无力购买一件冬天保暖的大衣。爱因斯坦的大衣看起来和高级骑兵军官的一样，如果将这套制服送给将军，既可以保暖，还让将军开心。"于是，我们把大衣送给将军。但他对这套制服不同寻常的过去并不感兴趣。制服上包括佩剑在内的其他配饰留在了德国大学。1939 年纳粹入侵捷克斯洛伐克，德国大学成为纳粹主义的东方堡垒。爱因斯坦的佩剑成为纳粹士兵的战利品，被视为最后击败"国际犹太科学家"的象征物，直至 1945 年，苏联红军攻占布拉格，这一象征才失去意义。

第五章

爱因斯坦在柏林

索尔维会议

1912 年秋，爱因斯坦以教授身份在苏黎世联邦理工学院工作。如今他已是这所学校的骄傲，而当初他连这儿的入学考试都未能通过。也是在这儿，他遇到了自己的妻子；还是在这里，他毕业时连一份不起眼的工作都得不到。

早在 1910 年，兰帕就想让爱因斯坦来布拉格任职，为此事他还咨询过理论物理学泰斗马克斯·普朗克。马克斯·普朗克写信到布拉格的教师委员会，说："如果爱因斯坦的理论能被证实——我期待有那么一天，那他就是二十世纪的哥白尼。"如今，爱因斯坦已经笼罩在传奇光环之下，其成就被视为物理学界的转折点，堪比哥白尼。

1911 年，少数几个世界著名的物理学家参加在布鲁塞尔举办的会议，会议讨论了现代物理学中的危机问题。与会者名单由物理和化学界领军人物瓦尔特·能斯特确定。人员包括英国的欧内斯特·卢瑟福（1871—1937），法国的亨利·庞加莱（1854—1912），保罗·朗之万（1872—1946），德国的马克思·普朗克和瓦尔特·能斯特，荷兰的德瑞克·安图恩·洛伦兹（1853—1928）以及在巴黎工作的波兰人玛丽·居里（1867—

1934）。毋庸赘言，爱因斯坦也是其中一位，他代表奥地利出席会议，同行的还有与他势不两立的维也纳人弗兰兹。这是爱因斯坦第一次有幸见到这么多伟大的科学家，他们的思想引领着当时的物理界。

比利时富翁欧内斯特·索尔维承担了这次会议的所有费用：与会者到布鲁塞尔的交通费、参会期间的生活费和每位与会者一千法郎的酬劳。索尔维是化学工业领域的成功人士，对过时的机械物理理论相当感兴趣。尽管研究困难重重，也发现不了什么新东西，但他特别享受物理学家们对其理论的关注和讨论。与索尔维有交情的瓦尔特·能斯特认为，索尔维的这一爱好不仅有利于科学应用，同时也满足了这位富人的精神追求。于是，他建议索尔维举办一次顶尖物理学家会议，讨论当前物理界的难点问题。索尔维自己也可借此机会向物理学家们陈述自己的研究观点。因此，会议在 1900 年的布鲁塞尔召开了，俗称"索尔维会议"。开幕式上，索尔维简要地阐述了他的理论。之后与会者积极讨论了物理学界的新动向。在闭幕式上的总结发言，索尔维对各位发言人的有趣发言和热烈讨论表示了感谢，并强调自己从他们身上收获了快乐。与会者在会上并没有对索尔维的理论提出批评，因为他承担了会议的全部费用，大家不想在索尔维的恩泽和科学信念之间产生良心上的任何不安。不过，这并没有动摇索维尔对自己理论的信心。相反，对科学研究的那份真诚有增无减。此后，他经常举办类似的会议活动。爱因斯坦因此成为这些会议的主要人物，发挥着重要作用。能斯特也希望利用这样的会议来促进科学研究进程。他也是一位深爱科学研究、注重实际运用的科学家。

层出不穷的新奇思想让全世界惊讶，人们惊讶这些思想的发展与出现，对爱因斯坦 1912 年的系列新思想更是惊叹不已，那时他才出道不足十年。不过，爱因斯坦更关注自己研究中的不足和差距。1911 年，他在布拉格发表了万有引力的新理论，这一理论仅仅讨论了一种特殊情况，即匀强重力场的情况①。迄今发展的理论仍然不能针对空间重力场方向处处不同的情况做出完整的解答。

爱因斯坦用最简单的数学方法解决了他的理论问题。爱因斯坦觉得"高等数学中"的"高等"二字太过浮夸，使用"高等"字眼不是为了解决问题，相反有哗众取宠之嫌。现在，爱因斯坦的研究有了新方向。之前提到过，爱因斯坦在布拉格时就感觉到，发展一般理论需要更加复杂的数学方法，然而当时他尚未掌握。他与同事皮克谈及此事，因为皮克一直关注意大利数学家里奇和列维奇维塔的新理论。在苏黎世时，爱因斯坦发现与老朋友马塞尔·格罗斯曼做了同事，之后便一直向他学习数学新方法。通过与格罗斯曼的合作，爱因斯坦成功建构了重力场理论的初步框架，该框架包含了重力场运动的各种情况。1913年，尽管还有许多瑕疵，爱因斯坦还是著书出版了。一战期间，爱因斯坦将其整个理论体系再次著书出版，此时那些瑕疵才得以修正。这一问题，我们将在后面详细讨论。

维也纳之旅

1913年秋，维也纳召开了德国科学家与物理学家大会，爱因斯坦应邀参加会议。会上，他对重力理论的新思想做了简明阐述。当时，爱因斯坦已是杰出的物理学家。社会流传他已经发现了广义相对论。这个理论比他1905年提出的狭义相对论还"难懂"，与实验室物理学相去甚远。因此，会议吸引了众多观众前来听讲。爱因斯坦从最浅显易懂的观点出发，循序渐进讲解，尽量让听众明白这一事实：只要前人的理论存在缺陷和不足，

① 重力在整个空间的大小和强度处处相等。

就有必要做出根本改变。

爱因斯坦这样解释自己的理论：

> 首先，电本质研究只考虑了电场力。人们发现了电荷之间的相互作用，包括吸引力和排斥力，并且力的强度随着电荷之间距离的平方而减小，就像牛顿万有引力一样。后来，人们发现了电流，接着又发现运动的磁体和电荷都能产生电流。这促进了电的工业应用。最后，电磁波被发现，并应用于无线电通信和广播领域。谁也没想到，这一切伟大的成就仅始于电荷间简单的相互作用。对万有引力理论，我们的认知仍然处于初始阶段，仅仅熟悉物质体之间的吸引规律。我们必须创造一个比牛顿万有引力定律更有解释力的引力理论。这就像人们从本杰明·富兰克林①的理论中发展了无线电波理论一样。

在演讲中，爱因斯坦说，他的理论借用了维也纳一位年轻物理学家的数学概念，随即便问，他在不在观众席。真的有位年轻人站起来了。爱因斯坦请他多站一会儿，目的是让大家好好看看。这位年轻人名叫弗里德里希·科特勒，后就职于美国纽约州罗切斯特市伊士曼柯达公司。

爱因斯坦趁着在维也纳的日子结识了物理学家、哲学家恩斯特·马赫。他的思想深深地影响了爱因斯坦的理论②。在维也纳大学，马赫做过关于历史和"推导"科学理论的讲座——在物理学和化学中，如何将个人观测结果升华到一般规律的讲座。马赫已瘫痪十二年，退休在家。他住在维也纳近郊的一所公寓里，潜心研究，偶尔有些来访者。一进他家，你就

---

① 美国著名的政治家、物理学家，同时也是出版商、印刷商、记者、作家、慈善家；更是杰出的外交家及发明家。是美国独立战争时重要的领导人之一。
② 见第二章。

能看到一位头发灰白、胡须凌乱、满脸慈祥、稳重和善的老人。他看上去像斯拉夫农民。他总爱对来访者说："请大声点，我不光性子不好，耳朵也不好。"马赫对这位提出相对论的来访者特别感兴趣。

虽然，爱因斯坦相当钦佩马赫物理逻辑结构的理念，但其中有些观点他不认同。据爱因斯坦判断，马赫不相信一些科学家的观点——通过想象力建立的一般规律不单单是对事实的省力描写。马赫主张，科学就是用函数关系对感觉要素及其相互关系的摹写。摹写是简单化和抽象化的思维，思维具有经济的倾向。"思维经济原则"指的是，用尽可能少的劳动、尽可能少的思维消耗、尽可能简单的方法、尽可能短的时间，对事实做出尽可能完善的陈述，获得尽可能多的思维成果。马赫认为，科学的一般规律仅是让人们更容易记住个别事实的一种方式。他所说的"更容易"很明显指的是"不费力"，马赫所谓的"经济"似乎是心理学上的"省力"。

交谈后，爱因斯坦问马赫："如果我们假设气体中存在原子，则能够预测到这种气体的可观测性质。但是，如果不做这样的假设，就无法做出预测。如果一定要做预测，就需要经过复杂、艰难、烦琐的运算过程。你会接受这样的假设吗？当然，我的意思是，只有通过假设气体中存在原子，才能预测气体几个可观测性质之间的关联。就这种情况而言，原子存在的假设是不是可视为'经济的'呢？"

马赫说："如果借助原子存在的假说，人们可以建立几个可观测性质之间的关联，并且如果没有这些可观测性质，其联系就孤立了。那我认为这是'经济的'。借助这样的假说，各种观察结果间的联系都能从一个假设中推导出来。因此，即使运算过程复杂又艰难，我也不会拒绝。"

爱因斯坦对此回答非常满意，他说："那么，您说到的'简单'和'经济'不是指'心理上的省力'，而是'逻辑上的省力'。可观测性质应当尽量从最少的假设中推导出来，即使这些假设看上去是'任意的'，运算也是烦琐的。"

既然以逻辑的方式解释了"经济",那么从物理理论的标准来讲,爱因斯坦和马赫的观点不再有冲突。马赫在两人的对话中做出了让步。爱因斯坦认为马赫的著作只关注"心理上的省力"。爱因斯坦当时是满意的,但仍对"马赫哲学"心存反感。

柏林相邀

如今爱因斯坦声名鹊起,许多科学研究中心都渴望吸纳他为会员。历经多年,柏林不仅成了政治和经济中心,更化身为艺术与科学活动中心。与美国往来频繁的德皇威廉二世了解到,美国除了大学以外,还有许多机构专门负责科学研究。洛克菲勒、卡耐基、古根海姆这样的富商会为这些机构捐赠大量的研究资金。威廉二世意识到,德国这样的军事经济大国需要科学研究机构做后盾。他希望借助自己的影响力,在德国创办这样的研究机构,其中以物理和化学研究机构尤为重要。

为了实现这些目标,威廉二世联合实业家、商人和银行家一起建立了威廉皇帝科学促进协会。机构成员有一个华而不实的理事头衔,有权穿华服。有时候威廉二世邀请成员共进早餐。只是每次受邀,都要花巨款。因为席间,威廉二世经常要求他们出钱资助特别重要的研究领域。

成立这些研究机构的另一个好处是,因教学方法、政治或是其他原因,一些科学家未被政府任命为大学教授。那么他们可以在这些机构工作,继续为德意志帝国所用。所以这些机构到处物色出类拔萃的人才,依据他们的科学成就进行任命。

威廉二世对物理和化学研究感兴趣,对现代《圣经》研究也特别感兴趣。因此，威廉皇帝科学促进协会的首任主席由自由主义新教神学家阿道夫·哈纳克担任。马克斯·普朗克和瓦尔特·能斯特恳求他邀请物理界新星——阿尔伯特·爱因斯坦来柏林任职。

德国物理界的领军人物普朗克和能斯特对爱因斯坦的一生产生过重大影响。他们二位代表了两种不同风格的德国科学家。马克斯·普朗克来自普鲁士军官和政府官员家庭。他身形瘦长，热爱登山，钟情古典音乐。他认同他所处的那个阶层的人生观，坚信威廉二世用德国文化来拯救世界的抱负是正确的。他排斥其他阶层，认为只有他在的那个阶层才有权领导德国。另一方面，普朗克是康德哲学的狂热追随者。当时康德哲学已被视为德国科学界和政府界的共同信仰。他相信，康德所说的任何行为都要"成为人类行为的一般准则"。他主张，科学无国界，倡导德国人和非德国人合作进行科学研究。但是，因为普朗克对普鲁士官僚主义哲学有着深厚的情感，所以人们要求他与外国人合作的基础是承认外国人的权利。好在他是一个有良知的理想主义者，对这样的诉求，欣然同意。

尽管瓦尔特·能斯特是一位伟大的科学家兼学者，却有着商人阶级的心理特征。他对国家或阶层没有成见，心中却充满了商人特有的自由主义思想。他个子矮小，思维活跃，机智幽默，理解力强。这些智慧都体现在其职业里，学生们戏称他为"商务顾问"，该词语在德语中特指成功的商人，于他确实名副其实。能斯特曾是唯一一位与工业公司签订双赢合同的物理学家。当时，他发明了一种电灯泡，后被称为"能斯特灯泡"。工业公司与他签了灯泡合约，灯泡销量很好，他因此赚了一大笔钱。不过，后来这种灯泡淘汰了。

普朗克和能斯特亲自前往苏黎世，向爱因斯坦讲述他们的计划。他们说，德国还没有独立的物理研究机构，这种机构近期也无望建立。但是，他们要组建，希望爱因斯坦能担任所长。同时他们也希望爱因斯坦能兼任其他机构的物理研究顾问。此外，还希望爱因斯坦能成为普鲁士皇家科学院的一员。应该说这是极大的荣誉，柏林大学许多杰出的教授都未能拥有。虽然对大多数普鲁士皇家科学院的成员来说，这种职位只是一个荣誉，但是也有少数成员因此得到了基金赞助，能够领到高额薪水。普朗克和能斯特希望爱因斯坦能接受邀请。他的工作职责，就是在普鲁士皇家科学院和威廉皇帝科学促进协会组织研究工作，同时还能得到柏林大学教授的头衔，这个职位也轻松，除了按自己的意愿开讲座之外，他可以不受任何的权利或义务羁绊，诸如柏林大学的行政管理、测试以及新教授的任免都与他无关。

这份邀请会给爱因斯坦带来很多好处。普鲁士皇家科学院会带给他学术荣誉，这也意味着，他能得到比在苏黎世高出很多的薪水。如此一来，他可以全身心投入研究，还有机会结识柏林众多的杰出物理学家、化学家以及数学家。这些人虽然来自不同领域，但擅长独立思考，与他们共事是爱因斯坦期盼已久的愿望。尽管他自己也天赋异禀，却仍希望能得到更多新思想的激发，此外这些科学家的批评也会让他大有裨益。最关键的是，不用再按部就班上课，这让他感到十分轻松。

当然，要他做出重返德国的决定也有点困难。学生时代他费尽周折才逃离德国。当年的德国生活在他的记忆里并不和谐愉快，而今重返仅为那份称心如意的职位，这多少让他觉得是一种背叛。于他而言，重返德国的决定是一种人格与情感的思想博弈：作为一名科学研究员，回柏林有很多好处；而作为社会群体的一员，他却不愿意回去。

做出重返决定，爱因斯坦还考虑了个人因素。他有一位伯父住在柏林，是位相当成功的商人，女儿艾尔莎是名新寡。当年在慕尼黑，年幼的艾尔莎经常去他家，这个友善开朗的小姑娘让他记忆深刻。想到在柏林有艾尔莎做伴，爱因斯坦对这个普鲁士首都越发有好感了。最终，他接受了普朗克和能斯特的提议，于 1913 年年底离开苏黎世，前往柏林。

柏林的学术地位

到柏林后不久，爱因斯坦就和妻子米列娃分居了，他们已不再和谐默契。爱因斯坦过上了单身汉一样的生活。成为普鲁士皇家科学院成员时，爱因斯坦年仅三十四岁。同事都比他大，同事的过去都很辉煌，也都是学界的权威，很多人还取得了极大的成就。爱因斯坦在这里有种疏离感，这绝不仅是年龄差距所导致的。这些人几乎都可称为"大学生活的老手"。他们密切关注这个圈子里的一切事情，朝思暮想希望成为普鲁士皇家科学院的成员。而爱因斯坦与他们不一样，他关注的是科学研究，在通往伟人的道路上辛勤耕耘。

当初在苏黎世等候柏林邀请函时，有人当着爱因斯坦的面就说："真遗憾，没有一个人可以在年轻时就进入皇家科学院。这真要进去了，那该多开心呀！"爱因斯坦开心地说："真的吗？我现在倒是有可能立马被皇家科学院聘用，但我倒不会那么开心。"

科学院里总有一些滑稽可笑的事发生，爱因斯坦觉得这些事跟从前布拉格大学教师大会上发生的闹剧一个样，这样的事在这些机构是不可避免的。因为，就算是国家最伟大的科学家也必须处理一些无关紧要的事，而且还必须郑重其事、一本正经，要像对待重大科学问题一样去处理这些琐事，这本身就很滑稽。诸如此类的琐事有：科学院的出版物要制成两册还是三册？到底是给 A 一百分，还是给 B 一百二十分；或者给 A 一百二十分，给 B 一百分。处理这些问题需要有聪明的头脑和极大的耐心。此外，为了遵循科学院的传统，刊登在科学院学报上的论文，即便是以概要的形式，也一定要在科学院开会时讲一讲。而对大多数成员而言，这些专业性很强的论文常常高深莫测，听来索然无味。有些论文是描述芬兰某地发现的一种罕见苔藓，有的论文阐释复杂数学方程式的解法，还有的论文破解巴比伦碑文，这些碑文现在阅读都不容易。出于礼貌，成员们要表现出极大的兴趣。事实上，会议期间大家强打精神才没睡着。这样的事太多了。总之，认真行事的态度与繁杂琐事的现实之间的矛盾却显得格外滑稽。爱因斯坦对此表示理解，坦然接受。他的幽默感让他接受这些事情更容易。

拉登堡教授是一位德国物理学家，他曾在柏林与爱因斯坦共同工作过很长一段时间，现就职于普林斯顿大学。他曾对我说："柏林只有两类物理学家，爱因斯坦是一类，其他物理学家是另一类。"他的言语是对爱因斯坦学术地位的准确描述。对外界而言，爱因斯坦是一个专业团队的成员，他却并不是一般的普通成员。他的超然离群、与众不同，引人注目。或许这样描述更为贴切："爱因斯坦自成一类。"

因为他超然离群的个性，爱因斯坦与人合作的态度是矛盾的，对教授这个职业的态度也是矛盾的。他常说，科学家养家糊口就像"鞋匠的工作"一样。拿到研发报酬时，他想："如果研发的东西没有人要，如果我不能有任何新发现，雇主一定会失望，说我只拿钱不干活。"作为一名技术专家或老师，他异常活跃，总是去做一些有价值的事情。这样他问心无愧，他的信条是仅为爱好而工作。

这么说也许有些夸张，因为纯科学同样有其社会价值。爱因斯坦反对把纯研究当作一种职业。造化弄人，到柏林后，爱因斯坦永远地成了他不想成为的人——一个纯科研工作者。在柏林如此，后来他到普林斯顿大学，也做着类似的工作。

爱因斯坦与周遭关系的矛盾冲突，从其不愿按部就班上课可窥一斑。尽管在物理领域，很少有人像他这样热爱物理，这样钟情物理研究，但事实上，很多物理和其他学科的专家几乎不关注专业以外的复杂事物。很多人习惯夸大学科的重要性，认为对学科以外的事务投入过多精力是对纯研究的背叛，是一种不专业的表现。爱因斯坦反对这种观点。他愿意倾听人们跟他讲最复杂的物理理论。从他的提问可以看出，他很快就掌握大家所述的精髓，为此，他还能给出中肯的批评和建设性的评论。甚至讨论仪器设备建设，他都会关注每一个重要的细节，提出建议。显然，爱因斯坦并不是现代意义的老师。他与大部分老师不一样，他对社会问题情有独钟，对科学教学的地位、人类社会生活等都感兴趣。他总想澄清科学与社会、宗教和国际合作间的互惠关系。

在柏林，很多大学都有个惯例：每周要召开一次物理会议，对近期发表的成果进行讨论。这给不同机构的物理学家提供了一个平台。在这里，他们就新发现和新理论交换意见和想法。爱因斯坦在柏林的那段日子，也就是 1913—1933 年，研讨会别开生面。与会者除了爱因斯坦、普朗克、能斯特之外，还有马克斯·劳厄①，詹姆斯·弗兰克和古斯塔夫·赫兹②，奥地利—德国—瑞典原子物理学家、放射化学家莉泽·迈特纳，爱因斯坦称其为"德国的居里夫人"，在私下场合多次说她比居里夫人更具天赋。后来，量子力学的奠基人奥地利物理学家埃尔温·薛定谔也加入进来。

在与这些杰出物理学家谈论的过程中，爱因斯坦也从中受益良多，至少他不用花费那么多时间去阅读。他定期出席会议，积极参加讨论。爱因斯坦喜欢把问题分成各部分，他的评论让与会者精神振奋。只要他一提

———————————

① 德国物理学家，1912 年发现了晶体的 X 射线衍射现象，并因此获得诺贝尔物理学奖。

② 德国物理学家，于 1888 年首先证实了电磁波的存在。完成了电子碰撞的弗兰克—赫兹实验。即电子和原子碰撞时，谱线群和能量损失相对于原子静态能量状态的定量关系。

问，就能激励在场的所有人。这样的场合，总有些人羞于提问，因为他们不愿表现出一副什么都不懂的样子，这些人通常要花费最长时间来理解他们不懂的东西。爱因斯坦不一样，他反应快，也不怕问一些幼稚的问题，所以他经常提问。这些看似"幼稚的"问题通常具有促进作用，因为这些都是根本问题——没人敢触及的根本问题。许多专家假装懂这些根本问题，因此，他们更乐意去研究探寻这些问题的解释之道。爱因斯坦则相反，他的问题通常都指向那些看上去不言自明的原则，这让整个研讨会充满魅力。当1933年爱因斯坦离开柏林时，曾经辉煌一时的研讨会也落下了帷幕。

柏林的同事

爱因斯坦对教师职业的态度和他与同事之间的关系有关。毫无疑问，同事对他的第一印象都是，他是一个讨人喜欢的人，朴实、善良、自然。他对每个人都很亲切，不论对方是什么身份。对高官大员他也很友善，因为他有很强大的内心，明白没必要用冷淡的态度表露自己的独立。法人团体、教授团队、大学院系经常有钩心斗角、阴谋诡计的事发生，但爱因斯坦从不参与，这样他对任何人都不造成威胁。他与人交谈甚是友好，喜欢讲笑话，也喜欢听别人说笑话。他避免处在引人注目的位置，不把自己的意愿强加给别人。而事实上，他完全可以利用自己的名人身份和名声，但他几乎不这么做，最多也只是礼貌地回绝一些不合理的要求。爱因斯坦总为自己保留着一个"自由空间"——这个由艺术和科学想象力共同打造的巨大空间，让他远离了世间的纷纷扰扰。

爱因斯坦在柏林所处的环境有一些特征，有人把它们叫作民族特点，也有人把它们叫作文化特点。这些特征在爱因斯坦心中产生了一种寂寞疏离之感。十八世纪，在弗里德里希大帝的统治下，伏尔泰和达朗贝尔这些法国人是柏林科学院的骄傲。到了俾斯麦时代，德国知识分子向民族主义靠拢，他们自觉或不自觉地屈从于新德意志帝国的理念。最初这源于俾斯麦的影响，后来又受德皇威廉二世的左右。这种氛围也与当时强调德意志国家和日耳曼民族的优越性密不可分，这种思潮尽管在当时并不明显，但爱因斯坦显然已经意识到了这种微妙的变化。

普鲁士人及其效仿者冷酷无情、单调机械的做事方式让爱因斯坦一开始就觉得特别气恼。还是学生时，爱因斯坦就感觉惧怕，所以后来逃之夭夭。有时，谈及这些感受，爱因斯坦说："这些金发碧眼的人很冷酷，总让我不安，他们待人从不将心比心，任何事都要向他们解释得清清楚楚。"因此，不同背景的人，尤其是对爱因斯坦这样看重人与人之间关系的人来说，与这些人生活在一起注定会产生许许多多的矛盾。与马克斯·普朗克的交往，爱因斯坦就体验过这种疏离感。尽管马克斯·普朗克十分认同爱因斯坦科学家的身份，也支持并帮助他入选德国科学院，对爱因斯坦也有很高评价，但爱因斯坦还是能感觉到普朗克这种人的情感和想法与自己完全对立。普朗克用理性论证的方法强迫爱因斯坦认同他的观点，每当此时，爱因斯坦都能觉察到，疏离隔阂后隐藏着恶意。他选择不在意，但这也让他的心里产生了不安，尽管这种不安不易察觉，但这的的确确是真实存在的。

后来奥地利人埃尔温·薛定谔[1]，以普朗克继任者的身份来到柏林。也是在这时，普鲁士人保守、单调机械的思维方式让爱因斯坦忍无可忍。

---

[1] 奥地利物理学家，量子力学奠基人之一，发展了分子生物学。维也纳大学哲学博士。

薛定谔和爱因斯坦两人没有任何隔阂，不用多解释，两人很快就对彼此有了深入的了解，他们达成共识，遵循康德倡导的"绝对命令"原则，两人间的来往也不需繁文缛节。

爱因斯坦在学术圈很孤独，因为他不愿参与也不认真对待日常学术生活。学者的日常学术生活主要是闲聊，讲讲自己论文发表的频率；说说哪些同事发表了新文章，哪些同事近期没有论文发表；讨论哪个学者经常引用其同事的观点，哪个学者避免引用同事的观点；谁忘记引用同事的观点，谁故意不引用同事的观点等诸如此类的事情。他们有的讨论各个教授的优缺点，讨论哪个大学赋予了谁什么荣誉、哪个大学又不把荣誉颁发给谁，讨论他们受聘于哪家科学院。也关注培养了多少能在学术界占有一席之地的学生，多少学生和老师没有学术地位；他们对上级官员有何影响；他们能否从这些官员手中为所在院系筹集资金，等等。

综合上述种种闲聊问题，他们对利益的狂热追逐一目了然。所以，爱因斯坦几乎不参加这种学术生活。他觉得，上述各类问题的讨论对科学研究毫无价值，且有失公允。然而，这种活动也是社会生活的组成部分，虽然并不利于解决真正的科学问题。或许，这种闲聊方式在某些特殊领域可以接受。但对一个把科学当作一生信仰或哲学思潮的人而言，这无疑成为其生活中的巨大障碍。但是，我们不应该忽略这样一个事实：如果一个人不愿参与大多数教授的日常学术生活，他也就失去了对大多数人产生具体影响的机会。每个社会团体的组织建构都是小事与要事并重，厌恶小事，很可能他也就丧失对重大事件产生影响的机会。爱因斯坦并不喜欢以这种方式来扩大自己的影响力，所以他不参加这样的活动。

因不屑流言蜚语，爱因斯坦有更多的时间与同事讨论大众普遍感兴趣的科学问题。爱因斯坦虚心好学，经常向人请教，即使是比他年轻的同事，只要比他精通某些问题，他都会虚心求教，寻求意见。这些讨论都轻松愉快，和谐平等，气氛良好。

　　爱因斯坦总是努力做一个随和的人。有一次，他要去拜访柏林科学院著名心理学家施通普夫教授，这是一位不喜欢接受正式拜访形式的教授。为此，爱因斯坦打听到，他对空间知觉问题有浓厚的兴趣。他觉得，可以利用拜访的机会讨论他们共同感兴趣的问题，况且这个问题也正好与相对论相关。于是，他决定登门拜访。一次偶然的机会，得知施通普夫在家，爱因斯坦便于上午十一点出发。到达后，女仆却告知，教授不在家。她问爱因斯坦要不要留个口信，爱因斯坦回答没必要。因为他不想麻烦人，打算稍后再来，便说："我到公园去走走。"下午两点，爱因斯坦来了。女仆说："施通普夫先生回来了，但我没告诉他你还会再来，所以他吃了午饭就睡了。"爱因斯坦说："不要紧，我一会儿再来。"他又出去转了一圈，下午四点返回后，终于见到了施通普夫教授。爱因斯坦对女仆说："看到了吧，耐心和坚持总是有回报的。"

　　施通普夫教授和他的妻子见到爱因斯坦都非常开心，以为他是来正式拜访的，结果爱因斯坦却与他们聊起相对论，并详细讲解了相对论与空间问题的关联。施通普夫教授是心理学家，并没有太多数学知识，对爱因斯坦讲的东西知之甚少，如坠云雾，根本插不上话。四十分钟过后，爱因斯坦才想起，他原本要正式介绍自己，却一直在讲相对论和空间知觉问题。此时时间已晚，他告辞了。施通普夫夫妇目瞪口呆，因为他们还没来得及问礼节性的问题，诸如"你喜欢柏林吗？"以及"夫人和孩子现在还好吗？"等等。

柏林的学生

在柏林，爱因斯坦主要的活动就是与同事和学生讨论他们的工作和学习，或对他们的研究提点建议。他没有参与按部就班的日常授课，只是开讲座，有些讲座内容是他自己的研究，有些则是适合普通听众的基本课程。

对承担日常授课的教授们来说，指导学生做研究是他们的主要职责之一。在德国，大学老师最荣耀的是能指导学生进行科学研究，并发表论文。因此，很多原本不能独立完成科研工作的学生，经过培养后，等到拿博士学位时，都已经能够独立发表至少一篇论文。为了完成这一目标，尽管学生资质平庸，缺少独立思想能力，教授们也不得不向他们提供研究课题，并激励他们一直做下去，直至完成。其实，如果老师自己做这些研究，会做得更快、更好，但为了任务，老师不得不耗费精力来指导这些资质平庸的学生，从某种程度上说，这确实需有无私奉献的精神。

另一方面，许多教授自身也并非才华横溢。所以，他们将自己研究的课题分成无数个子课题，然后交予学生研究。学生们所承担的工作相对简单，研究起来也更细致，价值也得以体现。德语中的"工厂"一词就是这样生成的。在工厂，有价值的思想和无价值的小事看上去没有区别。从这个角度看，教授和学生做的都是"对文献的贡献"，为那些想成为"科学思维"的后来者提供文献参考。不过，老师和学生因此充满活力，他们全心全意投入研究，却忘记了在研究中更应该关注的问题，而把博士论文和一般论文看成终结目标。

爱因斯坦对这样的研究毫无兴趣。更为重要的是，他不喜欢简单易解的研究，他更喜欢解决在调查自然现象基础理论时碰到的难题。爱因斯坦曾这样评价一位声名显赫的物理学家："在我看来，他是这样一个人，他会找出木板上最薄的一点，并尽可能多地在此穿孔。"他敬佩的人有两种，一种是致力于解决问题的人；另一种是虽然自己无法解决，但能让世界知道问题的人。怀着这种对科学工作的态度，爱因斯坦没有带太多学生。他从事的研究很难，只有他自己可以胜任这么难的研究。

科学业余爱好者经常写信给大学教授咨询科学问题，这些问题也包括千奇百怪的伪科学问题。对这些问题爱因斯坦的态度与他同事们截然不同。他极有耐心地回答这些问题，从很多方面看，爱因斯坦都比其他科学家更善于解决这些问题。就算是杰出的教授在解答这些问题时都呈现两种状态，要么因为太关注自己的研究思想，很难理解和接受这种背经离道的思想，要么就是采用不常见于科学书籍中的方式来回答这些问题。一些教授憎恨或蔑视业余爱好者，因为他们常常无法反驳这些巧妙的科学理论异议。这些教授给"学术科学"赋予了无能、虚假的印象。爱因斯坦则不然，他不认为业余爱好者与专家之间存在多么大的差别，他喜欢处理这些异议，丝毫不回避。这些问题对他很重要，因为业余爱好者经常阅读并讨论他的相对论。

爱因斯坦的心理状态和其对科学研究的态度，促使他与学生建立了亲密关系。但是，他与学生的这种关系，从某种程度上说，与其他教授与学生间的关系不一样。对学生，他总是以礼相待，随时给予准备。学生碰到的问题，即使很简单，只要他感兴趣，他都会不遗余力地去帮助。在科学思考时，他异常冷静。听人说话，他理解又快。这些能力让他受益很多。尽管有时候他的时间很少，他也毫不吝啬地用这些时间去帮助学生。我到布拉格接替爱因斯坦的工作时，他离开前对学生说："我随时欢迎你们，碰到问题，就来找我。你们不会打扰我，我可以随时中断手中的工作，也能马上回到工作状态。"相比之下,别的教授跟学生总说忙,也不喜欢在工作时被打扰,因为一旦思路被打断,灵感可能就荡然无存。

当大家以工作忙没有时间为荣时,爱因斯坦则以拥有大把时间为傲。有一次,我们决定一同参观位于波兹坦的天体物理天文台。那天,我们约好在波兹坦的某座桥上见面,由于我对柏林不熟悉,不敢保证在约定时间一定能到。爱因斯坦听后,说:"那没事的,我在桥上等你就好。"我觉得这样太浪费他的时间。他却说:"不会的,我的工作在哪里都能做,在家能思考问题,到波兹坦的桥上怎么就不能思考了呢?"

这就是爱因斯坦与众不同之处。他的思想犹如汩汩流淌的泉水,任何时候被打断都不会有影响,因为这就如一块掷入洪流中的小石子,无法阻挡那汹涌之势。

爱因斯坦与学生关系亲密还有一个原因。他需要大声向别人阐释自己的观点,以此来厘清思路。因此,他常常和学生们谈论科学问题,告诉学生他的新想法。不过,爱因斯坦并不太在意他的听众能否完全理解,只要他们不是太愚钝或是完全没有兴趣就可以。爱因斯坦曾有个学物理的助手,助手一边完成学业,一边帮助爱因斯坦处理行政事务。那段日子,爱因斯坦每天都会把自己的新想法解释给他听。大家都说,这位年轻人哪怕有一丁点儿天资,都可能会成为一名伟大的物理学家。因为能获得爱因斯坦指导的人少之又少。然而,尽管这个助手敏而好学,视爱因斯坦为偶像,他最终也没有成为一名伟大的物理学家。所以老师的影响并不像人们所说的那么巨大。

第一次世界大战

爱因斯坦在柏林待了不到一年，第一次世界大战就在 1914 年 8 月爆发了。战争的狂热席卷了德国，激发了人们极大的爱国热情。人们将个人命运与德意志帝国存亡休戚与共，大家不再为自己而活。这种现状对许多人而言，是极大的宽慰。

然而，在奥地利—斯拉夫民族的中心区域，人们无法理解德国人的狂热。在布拉格时，爱因斯坦就切身感受到，奥地利的外交政策逐渐沦为德国人实现其目的的工具。因此，他做不到与柏林人分享这种狂热的战争情感。犹如置身于一群酒鬼之间，而自己又未沾一滴酒，这种众人皆醉我独醒的感觉让他特别糟糕。他只能无声反抗，可又招人讨厌，幸好还有退路。来柏林时，他保留了瑞士国籍。这样，作为中立国公民，并没有太多人指责他对战争不够狂热。

我现在还清楚地记得，一战期间我第一次去拜访他的场景。临走时，他对我说："你都不知道，能听到外界的声音，能和人自由地谈天说地是多么开心的事。"

战争开始后，在真刀真枪的战场之外，还存在一个"知识分子的战场"。在这个战场，两派知识分子利用"知识的武器"互相攻防。德国军队袭击中立国比利时，震惊了整个世界。此前，竟然还有很多人相信一纸条约。盟军到处宣扬比利时人民抗争中的苦难，这让西欧人民震惊："我们热爱德国的音乐，欣赏德国的科学，可是这些人怎么能做出如此不义的行径？"部分因为宣传的缘故，当时流传两个版本的德国，一个是歌德的德国，另一个是俾斯麦①的德国。

宣传所导致的结果让德国政府恼怒不堪。他们下令，要求知识分子公开支持德国的军事和外交行动。在著名的《德国九十二位知识分子宣言》中，九十二名杰出的德国艺术和科学代表赞成，德国文化与德国军国主义精神是相辅相成的。宣言的核心内容是："德国文化与德国军国主义是完全一致的。"德国人认为，这是国人对生命的斗争。而盟军却认为这是犬儒主义的巅峰。

爱因斯坦没有在这份宣言上签名。不过，这份宣言的确是当时德国领军艺术家和科学家的共同愿望。与爱因斯坦一样，任何拒绝签署这份宣言的人都被视作在危难时刻抛弃了人民的叛徒。幸好，爱因斯坦是瑞士国籍，才没被视作叛徒。

我们可以理解，面对儿时憎恶的军国主义，现在却要全力支持，这对爱因斯坦来说有多难。

战时的德国科学

一战爆发后，爱因斯坦所有的同事都以不同的方式在为战争服务。物理学家奉命投身于无线电报技术、研发潜艇声音探测器、预测天气以及其他重要的科研项目。有人将此视为使命；也有人因贪图后方的工作条件而去做；还有人赶赴前线，他们认为，与其在安全的实验室里工作，不如与将士们一起冲锋陷阵。

前文多次提到的瓦尔特·能斯特是一名在毒气研究领域做出突出贡献

---

① 德意志帝国首任宰相（1871—1890），人称"铁血宰相"。

的德国卓越的物理学家、物理化学家和化学史家。弗里茨·哈伯是爱因斯坦的一位好友，他是第一个从空气中制造出氨的德国化学家。利用大气氮制作氨的方法具有重大意义，一方面是因为氨是制造人造肥料和炸药的化学品，另一方面，因为英国的封锁，德国无法进口天然氨化合物。哈伯生于犹太人家庭，却深受普鲁士思想影响，比如他高度重视军事实力，也愿意为崇高价值牺牲个人感情等，这些都是普鲁士思想的写照。因为贡献杰出，能斯特和哈伯都被授衔德国陆军少校。能斯特没把这个虚衔放在眼里，因为这并不能满足他。哈伯却很满足也相当自豪。

无论这些科学家对当权政府的态度是什么，他们为战争所做的一切都只是国家处于危难时期的正常之举。他们以另一种方式参与了战争，即加入知识分子的战线。当时，知识界出现口舌之战和宣传之战之争。这样一来，德国科学家的成就得到特别重视，敌国科学家的工作被贬得一文不值。有一伙德国物理学家曾告知同事，如无必要，不要引用英国物理学家的著作。他们断言，英国人的整体科研水平较低。之所以经常被人引用，是因为对外国人的崇拜和仰慕之情所致，现在再这样做是不可取的。

从历史的角度来看，与其说上述现象是为了私利而做出的可以理解的企图，不如说是德国科学家妄图证明，德国物理学不同于法国或英国物理学。有科学家指出，尽量不要从英国和法国的科学研究中吸取物理经验，因为这会让德国的科学失去纯洁，让德国学生不知所措。人们常说，德国科学极为透彻深刻，法国、英国和美国的科学则相对粗浅。法国科学的粗浅可以归结为"浅陋的"理性主义。这种理性主义是一种哲学方法，承认人的理性可以作为知识来源的基础。这种理性主义高于并独立于感官感知。法国的理性主义尝试用人的理性来解释自然，但忽略了自然的奥秘。英国科学的肤浅表现在对感官体验的过度强调，它只相信既有事实，而忽略哲学的意蕴。

法国科学家对论战进行驳斥。他们指出，德国科学的"透彻深刻"只是由无关紧要的事实积攒而成的，其"哲学"特性只是一个幌子，用来遮掩事物间的真实关系。英国科学家也指出，德国科学以"理性主义"原则来解释毫无人性的行径。一个人如果为了落实这些原则而犯下暴行，那么，他便可以用"为了理想"这样的说辞而免责。

这些争辩不久就演变成对相对论的论战。一方强调，相对论包含了太多的德国因素，另一方则认为，相对论没有任何德国的痕迹。这从人们对爱因斯坦相对论的态度中可见端倪，起初这种论战没有任何政治色彩，后来却成了国家间和党派间斗争的工具。

战时生活

一战期间，柏林的报纸刊登的都是德军捷报频传的消息。举国上下欢呼雀跃，德国街头巷尾都在议论：战后哪片被征服的领土需要由德国管辖？波兰是自治还是做德国的附庸国？或计算被德国潜艇击沉的英国商船数量，甚至有人为击沉的船只做了统计图表。他们每天从报纸上收集数据，一丝不苟地计算总数，就像是商人在做年度财务报表一样。让这些人惊讶的是，沉船总数甚至超过了英国船舶库存的总量，他们不禁怀疑，海上是否还剩英国的船只。个人生活的话题关注的是如何买到食物。机智灵巧的人在战时的市场上才能买到罕见的食物，但做出来的味道也不鲜美，因为食物不太新鲜。

战争时期，爱因斯坦的身体一直不太好。好在那时他与慕尼黑的亲戚有联系，因此可以经常去亲戚家吃家常饭，不必顿顿去饭店。当年，慕尼黑那些有钱的亲戚曾视爱因斯坦为败家子：不完成学业，逃离慕尼黑高级中学，毕业后找不到一份高薪工作，甚至不知会一声就娶个外国女人，等等。后来爱因斯坦声名鹊起时，个个亲戚都十分吃惊。到普鲁士皇家科学院上班后，慕尼黑的亲戚们都积极相邀，热情款待。因为爱因斯坦的登门让他们蓬荜生辉。作为爱因斯坦的亲戚，他们倍感荣耀。爱因斯坦对此现状也欣然接受。

在伯父家，爱因斯坦再次见到了表妹艾尔莎，曾经在慕尼黑他们是童年良伴。如今，艾尔莎她已是一个带有两个女儿的寡妇，但依旧那样落落大方、知书达理、温文尔雅。艾尔莎聊天时幽默风趣，又善于收拾整理房子，在物资紧缺的年代还能做出香喷喷的饭菜。爱因斯坦经常去伯父家，在那他感受到了一种新的家庭生活氛围。

艾尔莎女士不能像米列娃·玛丽切奇那样与爱因斯坦探讨物理问题，但她积极乐观的人生观，是习惯自我否定的玛丽切奇身上没有的。她对爱因斯坦的了解，仅仅知道他是位著名的物理学家，是普鲁士皇家科学院、柏林大学以及国外杰出物理学界公认的、优秀的、出色的物理学家。有这么一位声名显赫的亲戚兼朋友来访，艾尔莎既骄傲又快乐，况且她也不希望爱因斯坦因吃饭之类的日常琐事而分心。珍惜友谊的爱因斯坦在她家里也总"实践"他的"应用物理学"，借此帮帮忙碌的艾尔莎。

一战期间，有一次我去往柏林，爱因斯坦邀请我到他伯父家共进晚餐。刚开始我想拒绝，便说："现在这个局势，什么都紧缺，没人希望有不速之客。"爱因斯坦立刻真诚地回道："不用多虑，与你想的相反，我伯父家的食物储量还是在平均生活水准之上，你去吃饭权当是为社会公平做贡献。"他的话语听起来像孩子般直率，又显得那么讽刺。那是我第一次遇见他的表妹艾尔莎，她半开玩笑半认真地说："我们都知道阿尔伯特是位天赋异禀的物理学家。现在这样的时期，物资紧缺，我们都不得不买各式罐装食物，这些罐子很罕见，国外制造的。可惜，生锈的生锈，变形的变形，有些还带锁，但钥匙不见了。这么多瓶瓶罐罐，就没有一个阿尔伯特打不开的。"

战争还没结束，爱因斯坦就迎娶了表妹艾尔莎，他就是这样一个不受世俗约束的人。他过上了中产阶级的生活，更准确地说，他开始进入柏林富裕阶层。住在所谓"巴伐利亚地区"宽敞的公寓里。这个地方和巴伐利亚一点关系都没有，只是这里的街道以巴伐利亚命名。家里有精美的家具、漂亮的地毯和美丽的挂画，一日三餐有人准备，吃饭时间也很规律。经常还邀请客人来家，客人到他家才发现，爱因斯坦其实是这个家的"局外人"——一个在中产阶级家庭里的不受约束的"客人"。

妻子艾尔莎·爱因斯坦具有很多士瓦本人的特点。比如她十分在意德国人的看法，就是士瓦本人说的"惬意"。所以，看到丈夫受人尊重，而她自己因为妻子身份也同样受人尊重，她非常高兴。然而，事情都有两面性，作为名人之妻，身边的人对她总有所指责，这帮人不愿意向爱因斯坦致敬，却在她面前斥责他。

柏林的学术圈子说起艾尔莎·爱因斯坦时都是批评之辞。说她的智力水平不配做爱因斯坦的妻子，这还算最客气的评价了。但如果爱因斯坦赞同这些批评，他会娶到什么样的女人呢？他娶的女人能为他创造继续工作的生存环境吗？而艾尔莎，能！她能把一切做得妥妥当当。因此，这个问题不存在更理想的解决方案，爱因斯坦比任何人都清楚，不会有理想的方案，即使他的妻子看起来不够理想，但他还是满意的。

一些教授抱怨说，因为艾尔莎，他们很难接近爱因斯坦。他们说，艾尔莎更乐意爱因斯坦与作家、艺术家和政治家见面，因为她更能理解这些人，觉得这些人更有价值。事实是，爱因斯坦在选择同伴的问题上，不会轻易被人左右，他喜欢和各色各样的人打交道，而不仅限定在学术圈。原本是爱因斯坦不想见的访客，也借此指责是艾尔莎的错。他们不想承认，是自己让爱因斯坦觉得无聊而被拒绝这样的事实。

　　还有些人批评艾尔莎，说她太在乎虚名，而不够珍视她丈夫内在的伟大。当然，伟人的妻子很容易理解名人的活动对公众舆论带来的影响，而艾尔莎很享受这样的活动。其实，任何一个女人，只要是在艾尔莎这样的位置，都会做出与艾尔莎相似的行为。唯一的不同就是，公众对爱因斯坦生活上的好奇比对其他任何科学家都要强烈。因此，艾尔莎遭受众人指责，其实这都是司空见惯的事情。无论夫妻二人如何经营，伟人的婚姻生活总是个难题。尼采曾说："说到底，已婚的哲学家就是个可笑的人物。"

　　爱因斯坦尽量让自己不受外界侵扰，也不把自己内心生活的全部告诉任何人，因此免去了许多麻烦。他深刻地意识到，任何幸福都有它的阴暗面，他完全接受现实。

　　1932 年，爱因斯坦要去美国，一些妇女俱乐部坚决反对。理由是，爱因斯坦传播了颠覆性的学说，比如反战主义。爱因斯坦打趣地跟一位美联社代表说："如果一个人反对所有的战争，却无法避免与妻子的争吵之战，该怎样看待他？"还有一次，凭借多年的婚姻经验，爱因斯坦说："女人在家会依恋家具。她整天围着这些家具转，体贴入微。在人生旅途中，我就是她唯一的家具，她整天围绕着我转，让我更好。"

　　爱因斯坦对生活中的幸福没有太多幻想，这也让他不会犯多数男人都会犯的错。很多男人认为，生活的瑕疵就是妻子的瑕疵，因而对妻子态度严苛。其实他们忘了，妻子的优缺点都是人性不可或缺的部分。

　　这段时间，爱因斯坦的第一任妻子和两个儿子还生活在瑞士。这让爱因斯坦财政吃紧，从德国汇款到瑞士很难，汇率极高。随着战争持续发展，状况更是如此。但米列娃·玛丽切奇不愿来德国生活，她从学生时代就和瑞士结下难解难分的情愫了。

● 第六章 ●
广义相对论

万有引力的新理论

尽管世界大战对科学界也造成了一定的精神层面的影响，爱因斯坦仍然以极大的热忱投入到万有引力理论的研究中。顺着在布拉格和苏黎世的研究思路，爱因斯坦终于在 1916 年发展出一套完全独立的万有引力统一理论。爱因斯坦的科学世界观与牛顿完全不同，理解他的理论需要大量的数学知识储备。本书将尽量避免使用数学公式，仅简单地介绍这些理论的基本思想。这将有助于读者更深刻地理解爱因斯坦的人格以及他的理论对当时社会环境的影响。

阐释爱因斯坦的新理论最困难的地方在于，新理论彻底地打破了牛顿体系的框架，那些人们熟悉的"力""加速度""绝对空间"等概念将彻底消失。牛顿理论中的定理看起来都可以被实际经验或者逻辑推理证实，仅仅改变牛顿理论中的固有概念，即使是当时的物理学工作者们都一时难以接受。然而，为了理解爱因斯坦的理论，必须抛开这些思维的枷锁。

根据牛顿惯性定律，没有外力作用的运动物体将做匀速直线运动，这一定律与物体本身的质量及其他物理性质完全无关。因此，这种运动可以被纯"几何地"描述。而另一方面，根据牛顿第二定律，外力作用在物体上时，其加速度将会与其质量成反比，不同质量的粒子在同样的外力作用下将做不同的运动。因此，为描述有外力作用下的运动，必须加入一个非几何的量，即质量。

我们在第四章的第八节中提到过，爱因斯坦在他1911年提出的引力理论中曾指出，重力与其他的力不一样，它对物体的作用与物体自身的质量无关。并且，引力场中引力的存在不能与实验室加速度导致的惯性力区分开。这说明，除了不受外力作用的运动之外，在匀强引力场作用下的运动也可以用纯几何的方式来描述。

以此为基础，爱因斯坦面临着一个新的问题："在引力场中运动的物体，它的运动路径的纯几何描述是什么样的？"

爱因斯坦尝试基于下面的观念来解答这一问题：有引力场的空间与在旧观念中"没有任何力"的空间，它们的几何规有所不同。这个过于新颖的观点使得习惯了十九世纪物理体系观念的物理学家和数学家们十分困惑。为了便于理解，让我们回想一下科学的实证主义观，尤其是在第二章第九节中庞加莱提出的："数学命题的真实性只有当其中的直线、点等概念被赋予了物理可操作性的意义时才能被常识经验所验证。"我们也必须将布里奇曼提出的"可操作性定义"赋予这些几何概念。例如，我们应当以某种铁杆为标准来定义"直线"，这样只要测量这种铁杆组成的三角形内角，就能验证三角形内角和定理。通过一些别的实验，我们又可以测量这些杆子是否是真正符合几何定义的直线。例如，可以测量这条杆的长度，观察它是不是两个端点之间的最短距离。当然为了能够实施这样的测量，我们又要定义一种测量曲线长度的手段。设想一个三角形的三条边都是通过"两点之间最短的连线"所定义的直线段，若这个三角形的内角和不是180度，那么我们将面临一个困境：如果我们承认直线的定义是正确的，那么三角形的内角和定理则是错误的；反过来，如果我们认为三角形的内角和必须是一个平角，则将不能接受直线的定义，即两点之间的最短连线可能不是直线。选择接受哪个定理，这是我们的自由，但是在欧几里得几何学体系下，此时这两个定理不可能都正确。

爱因斯坦理论最基本的假设可以表达为另一种形式：在有物质及其引力作用的空间中，欧几里得几何将不再成立。这种空间中，两点之间最短距离的连线有着特殊的意义，由这样的连线组成的三角形的内角和并不是一个平角。

欧几里得空间和爱因斯坦的"弯曲"空间之间的差别可以类比于平面和曲面之间的差别。所有在平面上的三角形都满足欧式定理，而曲面上的三角形呢？以地球为例，只考虑地球表面上的点（不考虑地球上空或地下的点），这些点之间的连线都不是通常意义上的直线。但是球面上两点之间最短距离的连线在航海学和测地学上也是很有意义的，它被称为测地线（Geodesic line）。对于球面来说，测地线是大圆的圆弧，地球上的所有经线以及赤道都是测地线。考虑一个由测地线围成的三角形，就以地球上由经线和赤道围成的三角形为例，它的顶点可以是南极点和赤道上任意的两点。由于所有经线都与纬线垂直，所以三角形中赤道和经线相交的两个角都是直角，这两个内角之和已经是一个平角，再加上南极点处的内角，这个三角形的三个内角之和一定大于一个平角。这个例子说明，所有曲面上的三角形，它的内角和都不为 180 度，因此反过来说，只要一个表面的测地线所围成的三角形内角和不是一个平角，那么这个表面就是弯曲的。

这种对弯曲表面的定义可以推广到空间中。根据爱因斯坦的理论，物质的存在对空间造成了某种扭曲，一个粒子在引力场中的运动路线是由引力空间的曲率决定的。爱因斯坦发现用弯曲空间（Curved space）的几何学来描述物体运动的路径比用牛顿定律里的直线、力等概念更为简单。另外，爱因斯坦还发现，不仅对物质粒子，光线在引力场中的路径也可以用弯曲空间的测地线这样简单的方式来描述；反过来，空间的曲率则可以通过观察运动物体和光线的路径而测得。

我们稍后将提到，包括一些物理学家在内的很多人都认为任何从光线的路径得到空间曲率的结论是荒谬的。有些人甚至认为"弯曲空间"的说法本身就毫无道理。在他们看来，一个表面或一条线可以在空间中弯曲，但是空间本身不可能弯曲。这种偏见却忽视了几何作为一种表达方式的本质。我们已经说明，"弯曲空间"的含义仅仅是指这种空间中由测地线组成的三角形内角之和不为一个平角。正由于引力空间与欧式空间的关系可类比于平面与曲面之间的关系，所以借鉴了平面和曲面的说法，将引力空间称为"弯曲空间"。试图想象弯曲空间"看起来"什么样，这是徒劳无用的，因为弯曲空间只是通过三角形的内角和测量来定义的一种空间。

四维空间的意义

如果我们想完整地描述某个粒子的运动，那么不仅要给出它的运动轨迹，还要给出它在每个时刻的位置。例如，牛顿第一定律说明没有受外力作用的粒子不只是沿直线运动，而且它运动的速度也是恒定不变的。

对于运动的描述，在轨迹的维度上再加一个时间的维度，这种几何形式就能完整地呈现运动的信息。以最简单的直线运动为例，粒子运动的轨迹是一条直线，粒子的位置信息可以通过测量它离直线上某一个确立点的距离来标定。现在我们在一张纸上画一条直线，线上的刻度代表粒子运动的距离，然后在与第一条线垂直的方向画另一条直线来代表时间，那么纸上的一个点就可以同时表示运动的距离和时间，这些点的连线则完整地呈现了物体的运动。如果物体做匀速运动，那么这条连线也是一条直线。通过该方式，直线运动（或者说一维运动）的完整信息就能在平面上表示出来——二维空间的表示。既然我们生活在三维空间中，日常所见的运动轨迹一般都是三维的。以房间里的小球为例，我们需要三个数字来标定它的位置：离两面相互垂直的墙的距离以及离地板的距离。物体运动的轨迹本身已经是三维的，再加上时间的信息，一共需要用四个维度来完整地表示物体的运动。因此，三维空间中粒子的运动可以被四维空间里的曲线全面确定。

尽管这种四维空间的标记方式很简单，但是它的迷惑性也引起了不少误解。当时，有一些作者坚持认为这些四维空间的曲线"仅仅是为了数学描述的方便"，"并非真正存在"。而"并非真正存在"只是一个纯粹的修辞学手法，因为"真正存在"这一说法只用于形容在日常生活中能看得见摸得着的事物。正相反，很多哲学家和善于思考的物理学家却认为，只有发生在四维空间的事件才是真实的，而三维空间的表象只是对于真实的主观认识。接下来我们将证明，只要用一些语义学的技巧将"真实"一词的含义稍做修改，上述观点就是正确的。

在爱因斯坦的狭义相对论里，当用时钟和测量杆测量机械运动和光学现象时，对于事件的描述取决于测量所在的实验室的运动。同一物理事件的不同描述可以用数学关系串联起来。1908 年，爱因斯坦在苏黎世时的数学老师赫尔曼·闵可夫斯基教授（1864—1909）发现，不同的测量系对同一个事件的描述，可以用简单的数学形式来进行转换。闵可夫斯基是出生于俄国的德国数学家，同样也为犹太人，他创立了四维时空理论。他指出，由四维空间中的曲线所表示的某一运动在三维空间中却有不同的描述，从数学的角度，这些描述即是"四维曲线在不同的三维空间的投影"。因此，闵可夫斯基认为四维空间才是"真实的"，不同的描述仅仅是同一真实事物的不同图景。我们可以联想到三维空间和二维空间之间的关系：

若一个三维世界的房屋是"真实的存在",那么从不同角度拍摄的房屋的照片——三维房屋的二维投影——是绝不能代表真实本身的,而只是从不同角度对真实的描述而已。当然,这里的"真实"与上一段中提到的"真实"含义不同,后者只用来形容看得见摸得到的日常事物。而在闵可夫斯基的演讲中,"真实"意味着"对经验的最简单的理论表述"。在其他意义上,"真实"却是"以最普通、日常的语言对经验的最直接的表达"。

运动是四维空间中的曲线,这一思想是爱因斯坦万有引力理论的出发点。当没有重力和其他任何力时,运动是平直的四维空间中的一条直线。爱因斯坦假设,如果只有重力,而没有其他力的作用,空间将被弯曲,然而物体的运动轨迹仍然是空间中最简单的曲线。弯曲空间中没有直线,其两点之间距离最短的连线——测地线——是弯曲空间里最简单的曲线,这就是物体的运动轨迹。因此,粒子在重力作用下的运动可表示为四维弯曲空间中的测地线,空间的曲率取决于产生引力场的质量分布。

因此,爱因斯坦的广义相对论(General theory of relativity)由两组定理组成:

1. 场方程(The field laws),用来描述质量如何引起空间的弯曲。

2. 运动定律(The laws of motion),描述在曲率已知的弯曲空间中,怎样获得测地线,从而获得物质粒子和光在其中的运动。

爱因斯坦的新理论是恩斯特·马赫设想的实现。通过空间中存在的物质体,人们可以计算出空间的曲率,从而进一步计算物体的运动。牛顿假设物体的惯性是由于在绝对空间中,物体具有保持其运动状态不变的趋势。而根据爱因斯坦的理论,这并不是真相。物体的惯性是由于其周围的质量体的影响,即马赫所提出的固定的星星的影响。

实验检验理论

爱因斯坦的新理论如此疯狂大胆，颠覆了曾久经考验并大获成功的牛顿理论体系。爱因斯坦理论从一开始就是基于逻辑的简单性和普适性而建立的，因此人们自然怀疑能否从新理论中推导出与旧理论不同的结论，并预言新现象，以此来比较并验证这两种理论体系。否则，爱因斯坦理论的意义仅停留在数学—哲学的层面上，尽管它能够激发人们一定的兴趣和愉悦感，但是对解释物理事实将会毫无帮助。爱因斯坦本人也认为，只有当一个新理论能为物理王国开创一片新疆域时，它才能得到认可。

爱因斯坦从数学上证明，在"弱"引力场中，他的理论与牛顿理论预测出的结果一致。两个理论之间除了四维空间概念外的唯一区别便是空间曲率，而我们生活的三维空间曲率很小，可以忽略，所以两个理论预测的结果相当接近。以地球的公转为例，通过爱因斯坦理论计算的结果与牛顿第二定律及万有引力定律计算的结果完全相同。只有当物体的运动速度接近光速时，这两种理论的差别才能被察觉。

为了找到空间曲率影响显著的现象，爱因斯坦从天体的观测数据中找出了一个与牛顿理论计算结果不吻合的例子。一直以来，人们公认水星的运行与牛顿理论的预测有所偏差，而水星又是离太阳最近，受到太阳引力影响最大的行星。根据牛顿理论，所有的行星都应该在以星空为背景的固定的椭圆轨道上运动。但是，水星绕太阳公转的椭圆轨道每一百年旋转43.5″。而爱因斯坦的理论计算预言了水星的轨道的旋进，因此这一矛盾得到满意的解释。这一成果在初期成为支持爱因斯坦理论的有力证据。

空间曲率对光线传播的影响则更令人惊讶。当爱因斯坦还在布拉格时，他曾提出光线经过太阳表面传播时发生偏折的可能性。根据牛顿力学和爱因斯坦自己在1911年建立的引力理论，偏折角度应当为$0.87''$。而根据爱因斯坦的弯曲空间理论，偏折角度则应该是之前计算结果的两倍，即$1.75''$。

爱因斯坦的第三个预言是恒星发光的波长变化。他的计算表明，恒星放射出的光要穿过恒星本身的引力场，因此会有频率的红移（波长变长）。但是这种红移效应很小，即使是太阳发出的光，其波长变化也难以观测。不过，对于致密星系（如小天狼星），这种光凭引力红移的效应就可以被观测到。

重要的是，爱因斯坦理论所预言的这三种现象中，只有水星轨道的旋进是当时已知的现象，另外两种现象都是全新的，之前从未观测到，甚至也从未猜想过。数年之后，这两种现象得到了一定的验证，因此也证明了爱因斯坦理论的正确性。爱因斯坦能够根据崭新的基本规律和简洁的逻辑发展出一套理论，并且用该理论预言了令人惊叹的结果，这无疑是举世瞩目的，也是爱因斯坦的巨大成就。

宇宙难题

早在大多数物理学家们能透彻地理解爱因斯坦理论之前，爱因斯坦本人就清楚地认识到，他的理论还不足以对宇宙整体做出准确的表述。

十九世纪时，关于宇宙形态的普遍理解是，宇宙中除了像银河系一样的大团物质之外，其余都是向无限远处延伸的"空旷"空间。但在十九世纪末，已经有很多科学家对这一观点抱有怀疑。若宇宙真是如此，那么星星会像蒸气一样扩散到周围空旷的空间中去。在无限的时间和空间下，最终整个宇宙将会归于虚空。

从爱因斯坦理论的角度出发，用这种孤岛模型来模拟宇宙还有其他的困难。由于等效性原理，引力质量和惯性质量是等价的。我们记得是恩斯特·马赫首次指出，牛顿力学定义的惯性运动——空旷空间中的直线运动——不会受到其他质量存在的影响，这是牛顿体系的缺点之一。而马赫提出，物体的惯性不是物体自身的属性，而是宇宙中其他物质作用的结果，物体的运动其实是相对宇宙中固定星空的运动。在考虑到引力场及质量的分布对惯性效应的决定性影响时，爱因斯坦将上述观念作为"马赫原理"引入自己的理论中。如果物质体在空旷的宇宙中形成了一座孤岛，那么只有一小部分空间被"弯曲"。弯曲的区域将会被无限的"平直"空间所包围。在这些平直的空间中，物体将不会受到任何力的作用，因此根据牛顿惯性定律将会做直线运动。然而物体的惯性力也不会受到任何质量分布的影响，这与马赫的观念不一致。因此，弯曲空间在无限的平直空间中形成封闭孤岛的模型与马赫原理矛盾。

第二种对宇宙的认知不同于孤岛模型，其主张质量或多或少充满了整个宇宙。然而，如果我们考虑到这些物质之间的相互作用符合牛顿定律，那么就会遇到另一个问题。对于非常遥远的物质，它的作用力是很小的。但是由于宇宙有无限的空间，无限远处的物质总量是无穷大的，因此也会施加无限强的作用力。而观测数据证明宇宙中的星星似乎并没有被这种巨大的作用力影响，否则它们将会在力的作用下达到非常高的运动速度；而事实上，所有天体的速度都远小于光速。

爱因斯坦解决了上一模型中的关键问题。在弯曲空间理论中，物质在整个宇宙中均匀分布，但并不意味着物质的总量无限。由于弯曲空间的效应，宇宙很可能并不是无限延伸的。这也不等于承认宇宙有边界。为了理解这种情况，不妨借鉴之前对于弯曲空间的解释。地球表面就是一个二维的弯曲表面，它既没有边界，又不是无穷尽的。城市在地表近似均匀地分布着，但城市的总数量是确定的。若是沿着测地线（地球上的大圆）一直走下去，最终会回到原点。同样道理，宇宙也可能是类似的有限却没有边界的空间。因此，宇宙中有多少物质、宇宙的"曲率半径"是多少、宇宙的平均密度是多少等这样的问题都是有意义的。

然而还有另外一种可能性。物质可能近似均匀地分布在"无限的"空间中，但整个宇宙不是静止的。宇宙可能在不停地扩张，因此物质密度持续地下降。当时不能确定这两种宇宙模型中哪一种是正确的。（现代宇宙学中最有影响的一种学说为大爆炸宇宙论，即宇宙膨胀说，感兴趣的读者请参阅霍金的《时间简史》等著作——译者注）后来，爱因斯坦还设想过宇宙可能是没有质量的"弯曲"空间，这与马赫原本的假设恰恰相反。

无论如何，现代天文学的发展已经证明宇宙的孤岛模型是错误的。曾指出太阳系其实位于银河系边缘的美国天文学家哈罗·沙普利（1885—1972）和他的同事们通过研究证明，望远镜所能观测到的最远的星空都像我们的银河系一样。因此，整个宇宙是由物质均匀地填充的。沙普利还通过计算我们周围恒星数目及它们离我们的距离，来估测宇宙中物质的平均密度。此外，通过观测遥远的星云远离地球的速度，结合爱因斯坦的运动理论，能够得到诸如宇宙的曲率、体积以及其中的物质总量等信息。

验证理论的远征队

爱因斯坦的引力理论虽然在数学上兼具优美的形式和简单的逻辑，但仅有这些是不够的。天文学观测者们仍然怀疑新理论能否做出正确的预测。牛顿理论已经足以解释天文学观测的数据，而爱因斯坦理论究竟是华而不实的数学空壳，还是比牛顿理论更实用的工具呢？接下来的一场日食将会见证这个问题的答案。爱因斯坦本人常把新理论比喻成一件礼服，美丽的礼服能吸引所有女性的目光，但当一位女士把这件礼服买回家后，她只有穿上它去参加宴会，才能知道礼服是否适合她、能否衬托出她的美丽。爱因斯坦理论就是这样一件华服，而日食实验则是女士身着这件礼服亮相的首场社交宴会。

在世界大战期间，爱因斯坦的论文流传到了英国。虽然他的思想很难被英国人接受，但是不列颠人民还是以令人钦佩的胆识，不惜改变英格兰的骄傲——艾萨克·牛顿所建立的宇宙秩序，第一次筹备了一个详尽的计划以验证爱因斯坦的理论。对于重视实验验证的英国人来说，毫无疑问，很多自然观测中的实验事实可以对爱因斯坦理论的有效性做出结论性的评估。这些观测实验包括爱因斯坦之前提出的太阳表面引力场能够弯折光线的著名预言。通过在日全食中测量恒星位置的移动，可以同时检验爱因斯坦1911年在布拉格提出的理论和1916年在柏林提出的理论。而早在1917年3月，皇家天文学家已指出，1919年3月29日将会发生日全食，届时变暗的太阳位于亮度极高的毕宿星团之间，那将是检验爱因斯坦理论的完美时机。

尽管当时战争还未结束，人们不知道能否在日食时派远征队到地球上合适的位置进行观测，伦敦皇家学会（the Royal Society）和皇家天文学会（the Royal Astronomical Society）还是着手为这场远征做准备。1918年11月11日停战协议签署后，学会立即宣布了将在3月27日进行的科考计划细节。英国天文学家、物理学家、数学家亚瑟·爱丁顿爵士（1882—1944）作为当时少有的能完全理解爱因斯坦理论的天文学家，率领了这次远征科考。他是首位用英语宣讲相对论的科学家，也是一个贵格会教徒、和平主义者，在战争期间他始终没有参军。他认为对于宇宙新理论的探索和建立也是一种巩固宗教信仰，将人们的注意力从个人和民族仇恨中转移出来的途径。

在月球遮挡住太阳时，地球上只有少数几个区域能观测到足够暗的日全食。万一观测地点天气不好，整个计划将付诸东流。因此，为了保险起见，皇家学会派出两支科考队，一支前往巴西北部的索布拉尔，另一支前往非洲西部几内亚湾的普林西比岛。亚瑟·爱丁顿带领前往普林西比的科考队并同时负责领导协调两支队伍。

当远征队到达巴西时，造成了强烈的轰动。英德之间的战争刚刚结束，新闻媒体仍然没有从战争的气氛中走出，大环境下并没有足够的经费投入到科学研究中，而英国竟然花费巨资派出科考队不远万里来验证一个德国人的理论！一家巴西帕拉的新闻社写道："比起验证德国人的理论，远征队的成员更应该为这个国家求雨，因为他们熟悉天象而这里已经干旱很久了。"幸运的是，科考队到达不久，索布拉尔就开始下雨。这些学者们证明了公众对于科学的信心。

但是我们这里将不再赘述巴西科考队的观测，而集中讲一讲普林西比岛远征队的经历。他们在日食的前一个月抵达那里，以忐忑不安的心情进行着日食观测的准备工作。日食即将到来之时，紧张的情绪笼罩了科考队，他们担心是否能够顺利拍摄太阳周围的恒星，因为天空中的乌云可能会遮住恒星的光，使几个月的准备化为乌有。亚瑟·爱丁顿爵士对这一时刻做了如下描写：

> 日食当天天气不好。日全食开始时，月球在太阳投下的阴影被日冕所包围。日冕透过云层发光，就像多云夜晚的月亮仍能被人所见。而星星却不能。我们无能为力，只能按照制订好的计划行事，盼望事情出现转机。一个观测人员忙着换底片，同时另一些人员在曝光并扶

住物镜筒，防止天文望远镜晃动。

> 里里外外，上面，周围，下面，不过是一只走马灯一般，太阳便是灯里的蜡烛，我们便是人影，围绕着团团转。

（欧玛尔·海亚姆《鲁拜集》 梁实秋 译）

我们的注意力全部都在投影面遮盖器上。面对着如此宏伟的自然景观，壮丽的日珥在太阳边缘几万英里的上空升腾，宛如静止的火焰，我们却无暇顾及，完全沉浸于眼前古怪而幽暗的场景中，感受着自然的肃穆，直到观测人员的惊叫和节拍器的拍打声预示着302秒的日全食已经结束，我们才突然惊醒。

我们一共获得16张照片，曝光时间从2~20秒不等。最初拍摄的照片中完全看不到恒星……但是在日全食即将结束的时候，云彩不知为何开始散去，后面几张底片上逐渐拍摄到一些影像。在大多数底片上，会有一颗或者几颗很重要的恒星被遮挡住，使底片作废；但是有一张底片，五颗恒星的像非常清晰，很适合用来测量。

怀着激动紧张的心情，爱丁顿和同事们选取拍摄照片中效果最好的一张，将上面恒星的位置与在伦敦测量的同一些恒星的位置比较。在伦敦观测的恒星发出的光受太阳引力场影响很小，因此没有偏折。而日食中拍下的照片，恒星的位置有一定的偏折角度，这与爱因斯坦1916年理论预言的偏折角很接近。

远征队回到英国之后，花费了数月的时间在实验室中仔细测量恒星的位置，并考虑到种种误差。尽管在天文学家的圈子里，测量误差的问题确实是个困扰，但是公众显然更关心结果。这些观测是证明了"光有重量"，还是证明了"空间的弯曲"？如果后者得到证明，事情将会更有趣，因为没人能够想象出"空间的弯曲"到底是什么。

理论证实

1919 年 11 月 7 日，伦敦正在准备停战周年纪念日，伦敦《泰晤士报》的头条写道："光荣的死亡。停战纪念。国内所有火车停运。"而就在同一天，《泰晤士报》也报道了另一条重磅新闻："科学革命。牛顿理论被推翻。"即指 11 月 6 日皇家学会正式召开会议，发表了日食远征队的观测结果。

伦敦皇家学会和皇家天文学会在 11 月 6 日召开一系列会议，宣布巴西和西非科考队的观测结果证实了光线确实受到太阳引力场的影响而发生偏折。天文观测数据与人类智慧和逻辑的结晶竟能如此吻合，这使会场上出现了一片热烈而美好的气氛。

当时，皇家学会的主席是物理学家 J·J·汤姆逊（1856—1940）。他出生于曼彻斯特，是英国著名的物理学家，以其对电子和同位素的实验著称，是第三任卡文迪许实验室主任，还曾在 1906 年荣获诺贝尔物理学奖。在会议的开幕词中，他评价爱因斯坦的理论是"人类思想史上最伟大的成就之一"，并说："这并不只是在科学之海上发现了一座小岛，而是发现了新科学思想的一整片大洲。这是继牛顿发现万有引力之后的与引力有关的最伟大发现。"

然后，皇家天文学家简单报告了两支科考队的发现。他们测量的偏折角度是 1.64″，非常接近爱因斯坦预言的 1.75″。"因此可以断定，"他简短而平静地宣布，"如爱因斯坦广义相对论所预言，太阳的引力场造成了在其表面传播的光线的偏折。"

英国著名物理学家和作家萨·欧里佛·洛兹（1851—1940），同时也是"超感应"和"超心理"现象的倡导者，一直支持着以太论，并希望这次远征队的结果能否定爱因斯坦理论。然而，在会议结束后他却说："这真是异常戏剧性的胜利。"

皇家学会的科学家们已经做好准备接受爱因斯坦的理论，因为直接的自然观察证实了"弯曲空间"理论和引力场下欧式几何的失效。然而，皇家学会主席却在正式会议上说："我必须承认，仍然没有人可以用清楚的语言将爱因斯坦理论的实质陈述出来。"他断言，很多科学家自己也不得不承认无法简单地表达出爱因斯坦理论的真正意义。他们没有能力抓住理论本身的精髓，只能够理解这一理论对他们自身研究领域的冲击。这种情况进一步造成了公众对爱因斯坦理论的困惑。皇家学会主席的发言预示了爱因斯坦理论被大众接受的坎坷道路。

公众态度

不久之后，具有创新思维的人士意识到了新理论的重要意义。但是，还有一些所谓的"受教育"人群，他们在学校中辛辛苦苦学到的传统理论知识在一夜之间被推翻，因此对新理论充满了敌意。由于这些人本身缺乏天文学、数学和物理学的相关知识，所以他们只能从自以为擅长的哲学和政治学领域对新理论进行攻击。

美国一家小有名气的报社社论作者这样评论英国皇家学会会议："这些先生或许是伟大的天文学家，但他们的逻辑十分可笑。就连外行的批评家也看得出来，如果他们认为空间有尽头，那么他们首先得告诉大家宇宙尽头之外有什么。"

我们想起，"宇宙有限"和"宇宙有尽头"是毫无关系的。"宇宙有限"意味着光线在宇宙中传播时会沿着一条闭合的路径回到最初的出发点，仅此而已。这些社论作家喜欢站在"普通人"的立场提出观点，而"普通人"更深受中世纪传统哲学观的荼毒，不具备进步的科学理念。以普通人的观点看，皇家学会的科学家被一些妄想迷惑，甚至不能理解任何受过中等教育的人都能明白的事实。因此，社论作家们开始思考为什么会有这种事发生。他们很快便找到了一个解释。

著名的伦敦会议过去一周后，一个哥伦比亚大学的天体力学教授写道：

> 这些年过去了，世界的局势和人们的心理状态都处于动荡之中。一种深层的精神骚动导致了战争的崛起，并试图颠覆运行良好的政府机制。同样的精神骚动也入侵了科学界，蛊惑许多人抛弃了久经考验的现代物理学和力学的根基理论，而试图用投机的方法论建立关于宇宙的虚妄之梦。

他指出，这个时期就像法国大革命时期，一种类似的革命而激进的心理疾病以质疑牛顿理论体系的方式宣泄出来。

尽管有些人因新理论触犯了他们多年以来受到的科学教育而恼火，还是有一部分人用更友好的方式接受了新理论。爱因斯坦的星体偏折预言向这些人证实，仅仅通过纯粹的思想方法以及数学上关于宇宙空间的几何推导，就能预测新的物理现象。而那些"邪恶"的经验主义者和唯物主义者的观点，即科学必须依靠经验的观点，已经带来了许多宗教和道德上的冲突。现在，科学发展本身摒弃了这样的观点。在伦敦《泰晤士报》上的一篇关于皇家学会的社论文章中提道："观察的科学实际上倒退为纯粹的主观唯心主义。"而对于一个从学校、教堂甚至《泰晤士报》中受到教育的英国人，"唯心主义"是布尔什维克的"唯物主义"的对立。

在当时的欧洲，大众的心理驱使他们对爱因斯坦理论的兴趣越发浓厚。英国的报纸试图抹去爱因斯坦与德国之间的任何关联，爱因斯坦本人却反对这样的宣传策略。并不是由于爱因斯坦珍惜自己作为德国科学界代表人物的身份，而是由于他痛恨所有放大化的狭隘民族主义思想。他相信他也能利用自己的身份来促进国际关系的和解。当《泰晤士报》请求他为伦敦公众介绍自己的理论成果时，他在 11 月 28 日的报纸上以一种友好、幽默的方式表达了自己的立场：

> 《泰晤士报》上关于我本人情况的介绍体现出作者有趣的想象力。为了使相对论更容易被读者接受，在德国我被称为一个德国的科学家，而在英国我被介绍为一个瑞士的犹太人。如果我是一个讨厌鬼，那这两种介绍将会恰恰相反，对德国人来说我将是瑞士的犹太人，而英国人又会把我看待为德国人。

那时，爱因斯坦还没有想到他的玩笑话将很快成真。《泰晤士报》的编辑对这种带有英国中产阶级偏见的描述方式稍有不快，但也以同样的戏谑口吻回应道："我们宽容了他的小笑话。但是我们注意到，和他的理论一样，爱因斯坦博士也没有提供关于他自己的绝对性的描述。"爱因斯坦并没有一种彻底的民族或国家的归属感，这个事实也让《泰晤士报》稍感不安。

在德国，伦敦皇家学会的会议如星星之火一般，点燃了长久以来被压抑的感情。这是一种双重的满足感。傲慢的胜利国认可了一个科学家的成就，而这个科学家却来自屈辱的战败国。不光如此，他的理论仅仅依靠创新性的想象力，而不是经验的收集和总结，就能"猜中"宇宙的终极秘密。以冷静著称的英国人甚至还亲自通过天文学的观测证实了他的理论。

这种情形还包含着第三重意义。爱因斯坦是犹太人的后裔，而犹太人长期以来受到德国人的侮辱和压迫。他们强迫犹太人相信自己只有在商业上的一点雕虫小技，而在科学上根本没有能取得天才般创新性发现的真正能力，只能重复或验证别人的工作。现在，从这个古老而独特的种族中再次诞生了一位知识世界的引导者，这不仅让犹太人民十分激动，对世界上所有受压迫的民族来说，这都是一种安慰和振奋。从悲惨的现实飞跃到梦想的世界，人们对于爱因斯坦的理论倾注了更大的热忱。在某种程度上，从公众的角度看来，宇宙的一部分真实就是做梦才能发现的。

在苏联，当时人们反对西方社会悲观的"腐朽"观念，正在建立一种新的社会秩序。他们与战败国和战胜国的流行思想都划清界限，宣称放弃了这些理想主义的梦。在物理科学的发展上也是如此。早在 1922 年，投身于物理科学领域的苏联政治哲学家 A·马克西莫夫（1874—1928）就写道：

> 这种理想主义的氛围持续围绕着相对论，因此资本主义知识分子必将欣然接受爱因斯坦的广义相对论。资本家社会对其知识分子的限制和影响也必将导致相对性原则的宗教化，并有形而上学的趋势。

在这里，我们注意到苏联发展出了对爱因斯坦理论的抗拒情绪。然而，不要忘记在德国人们把爱因斯坦的理论看作"物理上的布尔什维克主义"（Bolshevism in physics），这一点与美国科学家类似。即使一些知名的苏维埃人公开反对爱因斯坦理论，也不能改变德国人的看法。并且，由于在当时布尔什维克和犹太教被认为存在某些关联，那么相对论在不久之后被看作会危及德国的"犹太人的邪教"，我们也并不感到惊讶。德国人对爱因斯坦的敌意源于某些歪理邪说，他们把战争的损失归咎于爱因斯坦对德国的"背后的暗箭"，而不是统治阶级的失败。

至于爱因斯坦本人，他对政治和民族主义对其理论发展的干涉感到震惊，甚至不能理解。很长时间内，他根本不在意这些事情，也不把精力投入到任何攻击中。但是，逐渐地，他越来越难以把全部精力集中在宇宙规律的探索中去。人类世界的无政府主义逐渐踏上了历史舞台，这一股不可抗拒的力量或多或少地占据了爱因斯坦的精力和智慧。

● 第七章 ●
公众人物爱因斯坦

爱因斯坦的政治态度

爱因斯坦理论得以证实，这引发公众狂热的兴趣，如今不再仅限于科学家了。如同名满天下的政客、战功显赫的将军、炙手可热的演员一样，爱因斯坦成了一名公众人物。他意识到盛名之下责任尤其重大。如果轻易满足于自己所拥有的赞誉，那就会是一种自负与骄傲的表现，因此他选择继续投身于自己的研究中。他看到这个世界充满了苦难，个中原因他也心中有数。他知道其他人也有明白其中原委的，但都没有得到重视，只因他们不是知名人士。现在全世界都在聆听着他的声音，他觉得自己有责任唤起人们对这些痛楚的关注，想要去消除这些痛苦。然而，他却并没能想出一个确切的计划。在他内心深处，他不觉得自己会成为一名政治、社会或宗教的改革家。他在这方面所了解的并不比其他受过教育的人多多少。他的优势就是能够获得公众的关注。必要时，他也是一个敢于用自己名誉做担保的人。

他很清楚，任何人若是敢于对政治和社会局势发表见解，必定会走出与世隔绝的科学殿堂，进入喧嚣的市井。他必须准备好应付市场交易里那些常见"武器"的攻击。爱因斯坦觉得这种情况不言而喻，市场里讨价还价在所难免。他也明白许多政治对手也将成为他在科学上的对手。

一战结束后的那一年，政治变革者们自然面临着如何预防另一场灾难性战争的问题。而对此显而易见的措施就是促进国际调解、反对经济利益需求、支持裁军，尤其是要反对穷兵黩武的思想。而实现这一理想目标最可信，同时也是最可靠的方法似乎就是个人拒服兵役，或是由大量"拒服兵役者"组成组织来达成这一目标。而对于这一现状，爱因斯坦也好，其他人也罢，大家都清楚。然而，却只有他比别人更有勇气、更有机会倡导这些想法。爱因斯坦并未像其他学者，尤其是德国一些学者那样自满，那种自满让他们早早退隐到了科学的象牙塔中。当时，实现目标的手段对爱因斯坦而言甚为简单明确，这与其他人别无二致，虽然后来证明并非如此。

一战和二战停战的二十年间，如同世界上其他知识分子一样，爱因斯坦从未改变过他的政治立场，也从未加入过任何一个政治党派。虽然政党们一有机会就利用爱因斯坦的权威地位，但是他从来不活跃于任何团体中。从根本上说，他对政治从来都不感兴趣。

只有肤浅的人才会觉得爱因斯坦是一个完全醉心于研究的天才，认为他所有的快乐都来自研究，与外界事物没有任何关系。但是，如上文所述，爱因斯坦一方面有着强烈的社会意识，另一方面又反感和同僚们关系过于亲密，这一巨大的反差造就了他真实的性格与全世界对他的最鲜明印象之间有较大的出入。

爱因斯坦的个性特征首先表现在他对政治集团的态度上。有时他会赞同他们的某些宗旨，选择与他们合作。但总有些时候，他也不得不做一些他并不认同的事、说一些违心话，这些都让他极其为难，特别是那些他曾支持的集团，更是反复出现这样的状况。其次，他不想给自己揽一些特殊的头衔，因此他有时也会做一些实际上并不合心意的事情。出现这样的情况时，他自然也不会对这些说服他加入某个团体的人心存什么好感。因此，他给许多人留下的印象就是一个摇摆不定的支持者。他总是一开始选择支持他认为有价值的东西，但他并不打算让自己被太多党派的成见和口号所左右。这便是他与犹太复国主义者与和平主义者之间合作所秉持的态度。

爱因斯坦心里很清楚，凡事并不是只有一面，人们常常在支持绝对正义事业的同时，帮助一个相对正义的事业。许多本质上伪善的人就是利用了这一点，以"道德上的顾忌"为说辞，拒绝参与任何正义的事业。然而，这并不是爱因斯坦的行事作风。如果事业根本上是正义的，他的支持态度是不会犹犹豫豫，裹足不前的。他是个非常现实且具思辨精神的思想家，他不相信人类发起的任何完成人类目标的运动是完美无缺的。

譬如，他帮助推进犹太复国主义运动，认为这一运动的价值在于，能够为犹太群体创造自尊、为无家可归的犹太人提供避难所。但是，他很清楚，自己偶尔也助长了民族主义和宗教正统观念，这两点是他都不喜欢的。不过，他明白，现阶段除了民族主义以外没有其他东西能够在犹太群体的等级和头衔中创造出自尊的感觉。然而，有些时候爱因斯坦的言论遭到曲解，确实令他十分不悦。发生这样的情形时，他也不会放任不管。

战后德国的反犹太主义

在德国，将军和容克贵族的统治曾被视为是所有偏见的来源。一战后，随着这些人统治的瓦解，很多人以为，歧视犹太人的历史一去不复返了。但实际上权力的丧失反而激起了这一阶级内心深处的愤怒。除非认定一场大灾难是源于自己的无能，否则这个人就无法释怀。因而，他总会试图归咎于别人。于是遭推翻政权的拥护者们扩散这样的说辞：德国战败并不是军事的薄弱，而是国内犹太人叛乱所致。这种观点的传播使得犹太人在德国遭到了极端仇恨。即便是受过教育的阶级也保持着这样完全非理性的情绪，这不免让犹太人的处境更加危险。犹太人对此无力反驳，也不能通过改变自己的行为来躲避敌意。

但是，许多德国的犹太人并不了解个中缘由，他们也生搬硬套，企图把人们的注意力从自己身上引开。他们强调犹太人的分化，指责一部分的"坏分子"群体。长期居住在德国的犹太人将所有的劣根性都归咎于那些从东欧国家移民过来的犹太人。出于观念偏好和临时需求，其中还包含来自波兰、俄罗斯、罗马尼亚、匈牙利甚至是奥地利的犹太人。众所周知，希特勒就来自奥地利。他开始迫害犹太人时，德国一所大学的一位犹太教授说道："我们不能怪希特勒对犹太人的看法。他来自奥地利，就那里的犹太人来说，他真没说错。如果他能够更深入地了解德国犹太人，就绝对不会对我们有这样不堪的看法了。"这种声明代表了一些德国犹太人的偏激看法。东欧的犹太人对此记恨在心，所以希特勒开始迫害德国犹太人时，犹太人的反应不是建立统一战线，结果往往是一个地区的犹太团体将罪过归到另一地区的犹太团体头上。

一些德国犹太人行为中缺乏自尊，爱因斯坦对此感到十分痛心。在那之前，他对犹太人的境况并不感兴趣，也还没有意识到他们的艰难处境。而现在他对他们的立场产生了深切的同情。虽然爱因斯坦有些反感犹太正教，但是他把犹太人看作是一个拥有宝贵传统、高度重视智慧价值的群体。因此，看到犹太团体不仅外部遭受敌对势力攻击，内部又四分五裂不团结，内忧外患令他痛心不已。他发现犹太人愈来愈深陷扭曲的心理泥潭，最终只能导致一种变态的心理。

这一深切的同情激起了他日渐强烈的责任感。随着他名声大振，他让整个犹太群体都确信，他们完全可以培养出一个像他一样有创造力的智者，能构建关于宇宙的理论。全世界都认为那是迄今为止最伟大的成就。这是对于"只有北欧雅利安种族才有创造性智慧"这一说法的有力驳斥。

犹太复国主义运动

一战期间，英国政府宣布将会支持在巴勒斯坦为犹太人兴建避难所。这一做法使得犹太复国主义运动在各个国家都经历了伟大复兴。其目的就是要在犹太人古老的家园上建立一个犹太国家，给全世界的犹太人一个国家和文化中心。犹太人在英国人的承诺里看到了实现这一目标的第一步。他们希望全世界所有的犹太人齐心协力，这样就能摘掉四海为家、异乡为客、饱受屈辱的帽子。

从一开始爱因斯坦就对犹太复国主义的动机存有很大的怀疑，他并不同情强势的犹太民族主义主张，他认为用犹太民族主义取代德国民族主义没有实际意义。他还看到了巴勒斯坦计划中潜在的困难：这个国家太小了，根本无法接纳所有想在避难所定居的犹太移民。他也预见了犹太复国主义和阿拉伯民族主义之间的冲突。犹太复国主义者曾试图尽可能让这类问题的严重性变小，但在爱因斯坦看来，这只是犹太复国主义者们一厢情愿的做法。

但如果抛开这些怀疑和顾虑不看，爱因斯坦还是找到了许多支持犹太复国主义的理由。他觉得要想唤起他耿耿于怀的——犹太人缺失的自尊，那这是唯一一项积极的运动了。虽然他确实不太喜欢通过强调民族主义来将这一教育的过程付诸实践，但他仍觉得犹太人的灵魂，特别是德国犹太人的，呈现出的是一种病态。因此他主张采用一切能够缓解和补救这种状况的教育手段。

因此，1921年的时候，他决定公开支持犹太复国主义。他很清楚自己的这一行为会在德国犹太人中引起轩然大波。几乎所有作为学者、作家活跃于公众面前的德国犹太人都希望以同其他人逐步同化融入德国为奋斗目标，这样他们自然就视犹太复国主义为死敌。爱因斯坦这样一个伟大的享誉世界的德国犹太裔科学家用这样的方式站了出来，让他们的努力付诸东流。他的行为无疑会被许多德国犹太人认为是"在背后捅刀子"。但爱因斯坦并不是个怕事的人。他甚至认为，这种对立恰恰就给他所期望的教育过程开了个头。况且，既然他已言他人所未敢言，那么要继续下去也容易多了，压力也小了。

从那以后，爱因斯坦就被许多人当成是德国犹太裔学者中的害群之马。人们曾用各种各样的原因来解释爱因斯坦的行为，比如说是他不了解德国人的性格、受他的妻子影响、老练记者的宣传所致，甚至还有传闻说他是一个"俄罗斯逃兵"。他们并不知道，爱因斯坦其实是在用自己的科学成就所带来的声誉教育这些犹太人。

但是，爱因斯坦之所以参与犹太复国主义者们的工作，并不仅仅是因为这场运动的初衷，同时也是为了满足自己内心的另一个计划——在耶路撒冷建立一所犹太大学。

每当爱因斯坦看到许许多多的犹太青年想获得高等教育的机会，却因为歧视而无法实现这个梦想时，他都感到十分痛心。大多数东欧的大学都不愿招收大批的犹太学生。同样，在欧洲中部，那些在东欧不得大学门槛而入的犹太学子再次被挡在门外。在爱因斯坦看来，这似乎只是一种特殊形式的残忍，或者说是残忍得没道理：这些人总是对知识的渴求拥有一份特别的尊重与爱，但他们的雄心壮志被无情践踏。尽管犹太学生经常最有学习兴趣，又勤奋有加，然而德国大学招收的每一名东欧学生都像是格外的恩典。因此即使有少数幸运儿能够顺利入学，其他人也不会完全当他们是同学或朋友，他们永远也无法感到舒适自在。许多犹太教师也受到了同样的偏见。为此，爱因斯坦觉得有必要建一所属于犹太人的大学。在这里，老师和学生都不会受到周遭不友善的环境所带来的紧张与焦虑。

爱因斯坦正是通过这个面向大学的计划开始接触哈伊姆·魏茨曼[1]这位公认的犹太复国主义运动领袖。魏茨曼和爱因斯坦一样也是一位科学家，但他对应用科学解决技术难题更感兴趣。他曾是曼彻斯特大学的化学教授。1914—1918 年战争期间，他的研究工作极大地服务了英国政府。因此他才可以和英国有影响力的社交圈拉上关系并得以传播犹太复国主义的计划。爱因斯坦自然是想和魏茨曼领导的这个宗旨明确的政党合作的，在耶路撒冷建大学的计划使得这一合作更为顺理成章。魏茨曼对建大学的目标有着自己高瞻远瞩的描述，爱因斯坦觉得自己与他一拍即合。他说："希伯来大学应该进一步表达自己的立场，成为沟通东西方世界的纽带。"

和平主义者爱因斯坦

不管是街道上行进的士兵还是体育馆学拉丁舞的学生，爱因斯坦自小只要一看到这些被训练得像机器一样的人就会感到十分沮丧。对机械式操练的深恶痛绝和对暴力的深切痛恨在他心里扎了根。透过战争，他看到了他厌恶透顶的东西——机械式的暴行。

爱因斯坦的这种厌恶超出了政治信念的范畴，与任何政治信念无涉。

---

[1] 哈伊姆·魏茨曼：Chaim Azriel Weizmann，1874—1952 年，英国犹太裔化学家、犹太复国运动政治家，曾任世界锡安主义组织会长，第一任以色列总统，魏茨曼科学研究所创建人，犹太复国主义的发起者和倡导者之一。

1920 年的一天，有一群美国人到柏林来拜访他，他对他们说：

> 我所说的和平主义是一种本能的感觉，我觉得杀人是十分可怕的，心里自然会产生这样的感觉。我的态度并不是来自任何的学术理论，而是来自我对每一种残忍和仇恨最深切的反感。我可能会给这种反应找个合理的解释，但那都是"后话"了。

由于爱因斯坦对战争的态度来自一般人的思维，而不是出于某些政治理由，因此要想他和那些为世界和平而奋斗的机构合作还是有一定难度的。1922 年，爱因斯坦得到任命，任职于国际联盟的知识合作委员会。这一机构的宗旨是要让知识分子熟悉国际联盟的目标，并引导他们利用自己的知识与天赋来实现这些目标。这一委员会起初目标也颇为含混不清，后来也未有建树。但是，在一开始的时候，爱因斯坦觉得自己不该拒绝合作，于是他在接受信中写道："虽然我不得不承认，我根本不清楚你们这个委员会所做的工作的性质，但我觉得我有义务服从其安排，因为谁都不该在这个时候拒绝为实现国际合作出一份力。"

但一年之后，爱因斯坦发现这一联盟并没有阻止强国使用武力。他们只是在想方设法让弱国对强国的要求不做抵抗，一味地逆来顺受。因此，他辞去了在委员会的工作，并给出了这样的理由："我坚信这个联盟既没有实力，也没有必要的信誉完成其使命。作为一个坚信和平主义的人，与你们同盟对我来说似乎没什么意义。"

在他给一本和平主义杂志所写的信中，他更是一针见血地说明了此举的缘由：

> 我之所以这么做，是因为国际联盟的所作所为让我坚信，如今这

些政权集团不管有多么残暴的行为，国际联盟都不会提出反对。我退出国际联盟是因为它目前的职能非但没能体现一个国际组织的理想，反而还是在抹黑这一理想。

那一年（1923年）的秋天，希腊与意大利之间爆发了冲突，国际联盟却一味地规劝处于较弱地位的希腊屈服，这一结果恰恰表明了爱因斯坦判断的正确性。那时的意大利人正度着法西斯主义的"蜜月"，国际联盟根本不想得罪意大利。

但是很快爱因斯坦就发现了这件事的另一面。他发现他辞去委员会的职务竟然受到了德国民族主义团体的欢迎。随后，在许多其他场合，他都会说，即使某项运动存在这样那样的错误，但如果其中某项基本原则是正确的，那我们就应该表示支持。于是他在1924年的时候重新加入委员会。适逢1930年国际联盟成立十周年之际，他阐释了自己观点的实质："虽然我不太关心国际联盟做了什么没做什么，但我一直很感激它的存在。"

爱因斯坦一直认为科学家对于推动国际谅解有着特殊的作用。他们的工作性质并不像历史学或经济学一样会受到国界的限制，他们对于功过的判断往往也是十分客观的。因此不同国家的科学家轻轻松松就能找到共同点。爱因斯坦曾说：

> 受到了相关学科普遍性特征和国际组织合作必要性的影响，自然科学的代表们会更愿意保持一种赞成和平主义目标的心态……这种将科学作为文化素养推动力的传统会为我们开拓更全面的视野，并且由于它面向全世界，这也会为漫无目的的民族主义之路指明方向。你逃不开民族主义，除非你能找到东西替代。科学赋予了这大千世界一些我们人类所能紧紧抓住的东西。

爱因斯坦也指明了犹太人民的使命。数世纪以来，犹太人在哪里都只是形成了一个小小的少数民族，一直无法通过自己的力量来抵御来自周遭的攻击。他们展示的是在面对暴力时如何通过智慧的力量来求得生存。1929 年在柏林召开的一次犹太会议上，爱因斯坦发表了演说：

> 犹太人民证明了智慧是历史长河中最好的武器。在遭受暴力压迫的时候，犹太人民已经通过反战嘲弄了敌人，同时宣扬了和平……我们要让世界知道我们数千年的伤痛历史，要忠于我们先辈的伦理传统，要成为为和平而战的战士，要团结所有文化和宗教界的可以团结的力量，这是我们犹太人的职责。

要了解爱因斯坦的政治立场，就必须要记住他对和平主义的态度。社会重建的问题越来越复杂，哪个团体在实现这一目标方面取得了进展难以厘清，因此爱因斯坦断然拒绝将反战与社会制度联系在一起。

正如爱因斯坦所知，复杂而对立的利益问题必须得有人来协调，所以他早已认识到了民主理想中的矛盾点。要实现自由，只有让大家都信任的人来领导这一体制。民主必然会导致党派的产生，但刻板的党派统治往往压制对立的团体。因此他在 1930 年的时候写了这样一段话：

> 我的政治理想是民主……但是我很清楚，要想实现明确的目标，每个人都有必要进行思考，学会掌控一切并且承担起大部分责任。但那些接受领导的人不应该被牵着鼻子走，他们应该有选择自己领袖的权利。在我看来"社会阶级划分靠卓越品质"的说法是错误的，归根到底还是得靠武力。我相信每一个专制的暴力体制势必会带来退步，

因为暴力必然会带来道德上的下等人。历史已经向我们证明，恶行昭昭的暴君的继承者们还是一群无赖。

爱因斯坦从不认为民主的真谛是去遵守某些规则的条条框框。相反，其要义应该是不存在任何针对特定国家和部门的暴力意图。在德国开始独裁统治之前，爱因斯坦已经意识到独裁的阴暗面，也指出了那时盛行的所谓民主的弊端。爱因斯坦曾经说过：

为此我一直强烈反对意大利如今的这种政体。欧洲民主形式遭到抹黑，问题不是出在有人声称的民主本身的基本理论错误，而恰恰是我们政治领导不够稳定，党的区域组织划分也不够人性化。

同样，在谈到罗斯福的第三个任期时，爱因斯坦并不赞同"总统的任期长短对民主很重要"这一说法，因为他觉得相形之下，总统行使职能所遵循的精神要重要得多。

虽然民主与制度的问题对他来说有些复杂，也没有放之四海而皆准的解决定式，但当时他对待兵役及战争的态度简单明了，因为反战、反兵役不是出于他自己的政治立场。

我们也可能会发现爱因斯坦说过一些"不民主"的言论，听起来倒像是在拥护精英主义。比如他说："在纷繁的生活中，我觉得真正发挥作用的并不是整个民族，而应该是富有创见、感觉敏锐的个人。群体思维僵化、感觉迟钝，而这些人则思维敏捷、志向高远。"而且他讨厌所有的军事机构，正是这些机构催生和助长了群体奴性意识。

爱因斯坦反对独裁统治并不是因为它承认精英主义的存在，而是因为它设法教化出大部分人民一种群体奴性思想。

废止战争和战时服役的愿望听起来十分诱人，他觉得如果真的以此为目标的话，那么最原始、最激进的方法也是最有效的。那就是一些诸如容克贵族或者耶和华见证人之类的宗教团体用过的方法——个人拒绝服兵役。1929 年，有人问他：万一爆发新的战争，他该如何应对。他在一本杂志上做出了回应："不论战争的起因是什么，我会无条件地直接或间接拒绝服兵役，并且我会试着说服我的朋友们和我站在同一阵线。"1931 年，他完全将自己的名声托付给了反战者国际，与之通力合作，并发出了呼吁：

> 我呼吁所有的男男女女，无论是声名显赫抑或默默无闻，都能宣布拒绝为战争和战备提供任何协助。我呼吁他们以书面形式告知政府并写信告诉我他们做到了……我已经授权设立了"爱因斯坦反战者国际基金"。

我在参观伦敦贵格会总部"朋友之家"的时候，在局长办公室看到并排挂着三张男人像：甘地①、阿尔贝特·施韦泽②和爱因斯坦。他们仨摆一起令我百思不得其解，我就问局长这三个人有什么共同点。局长在惊讶于我的无知之余对我说："他们三个都是和平主义者呀。"

---

① 莫罕达斯·卡拉姆昌德·甘地：1869 年 10 月 2 日—1948 年 1 月 30 日，尊称圣雄甘地，印度民族解放运动的领导人和印度国家大会党领袖。

② 阿尔贝特·施韦泽：Albert Schweitzer，1875—1965 年，二十世纪人道精神划时代伟人，著名学者，人道主义者。

反爱因斯坦运动

德国的知识分子们盲目地跟着军事统治阶级走上了一战的战场，但当战败的结果打破了他们对军事统治阶级的信任后，一个个都傻了眼。停战后的几年内，这些教授们感觉就像是没有牧羊人带领的羊群。爱因斯坦涉足了一些支持犹太复国主义与和平主义的公共事务，由此他进到了这一混乱的环境中。这时候反对爱因斯坦的呼声开始甚嚣尘上。

对于狂热的民族主义分子来说，犹太人与和平主义者是他们战争失败的替罪羔羊。他们认为好像是因为那帮人在背后捅了一刀而导致他们战场落败，而那帮人的运动的任何支持者都成了他们迁怒的对象。面对敌对情绪，爱因斯坦言语直率，就连赞同他想法的人也对此感到十分震惊。慢慢地，他开始被当成是一个标新立异的人。爱因斯坦玩不来政治，对这些政治阴谋也不感兴趣，所以他的言论或被视为幼稚或愤世嫉俗。就在他的理论赢得了英国远征考察队的赞誉并渐渐声名鹊起的时候，反对者们也开始大肆诋毁他的成就。

一时间出现了一个专门攻击爱因斯坦及其理论的组织。领头的是某个生平不详的叫保罗·韦兰德的家伙。这个组织有大量活动经费支持，但这些钱的来源无从知晓。只要有人写文章抨击爱因斯坦或是在会议上反驳他，就会得到一大笔酬劳。他们张贴大幅海报来组织会议，就像过去用来宣传艺术大师一样。

代表这一运动并为其摇旗呐喊的有三类人。第一类人是"右派革命"的政治代理人。他们其实对爱因斯坦和他的理论一无所知，只知道他是个犹太人，是个"和平主义者"，他在英国饱受赞誉，还有他似乎想要掌控德国民意。这些人说话最大声，脸皮也最厚。他们学着专业传道士的样子，指责爱因斯坦和他的支持者们散布了太多谣言。他们不介入任何实质性的探讨，一味拐弯抹角地暗指爱因斯坦的理论之所以大行其道，是因为有群人在一旁推波助澜，而这群人正是德国战败的罪魁祸首。既然这是这群人思维模式的特点，那我就想从德国民族主义圈享誉较高的一本文学月刊上引述一段文章。从文章的标题《布尔什维克物理》来看，爱因斯坦的理论和政治局势是休戚相关的。在许多人看来，根据当时的军事形势，德国原本不必缔结停战协定，但伍德罗·威尔逊①总统承诺让德国人民在正义之下实现和平，因此才导致了德国战败。这篇文章是这么说的：

> 惊恐的德国人并不知道，每当一项新的专业成就作为科学研究的顶峰出现在热情忘我的德国人面前时，他们其实只是被威尔逊教授的高明政治手段蒙在鼓里，被专业的光环耍得团团转罢了。甚至是受过良好教育的人也不幸深陷其中，从爱因斯坦教授、所谓的新哥白尼分子到威尔逊崇拜者中的许多大学老师更是如此。然而，我们正在讨论一桩臭名昭著的科学丑闻，这桩丑闻与所有政治时期大多数悲剧所呈现出来的画面都十分契合，描述这桩丑闻不需要任何矫揉造作的言辞。归根结底，如果说德国的教授们被爱因斯坦所误导的话，那么我们怎么能怪工人们被激进思想所欺骗呢？

第二类人直接把枪口对准爱因斯坦。这一组的成员是几位物理学家，他们凭借一些精密的实验在专业领域也获得了一定的名望。他们惊讶于居

---

① 托马斯·伍德罗·威尔逊：Thomas Woodrow Wilson，1856 年 12 月 28 日—1924 年 2 月 3 日，美国第 28 任总统。

然有人仅凭构建创造性想象而闻名于世。他们无法通过宏观的视角认识到爱因斯坦所归纳的理论的深远意义。他们只会看到诚实勤勉的物理学家遭人轻视，而只会奇技淫巧的轻浮发明家却广受褒奖。看到这里我们就会发现，忠实观察自然的能力是"北欧"人种的一大特点，而这点是爱因斯坦所缺乏的。

第三类人由一些哲学家组成，声称"相对论与某些哲学体系相悖"。准确地说，他们不懂相对论确切的物理学含义。于是他们穿凿附会，凭空添加了相对论根本不具有的形而上的一套说辞。然后，他们对自己发明的"哲学靶子"开始抨击。我们也据此对不同哲学家路数有个基本的概念：北欧雅利安哲学家喜欢对事物的本质做深入探讨，而其他种族的哲学家则长于多角度探讨事物本质。

但是因为物理学家和哲学家往往都很天真，或者说得更直白一点，都不太懂个体心理学和政治心理学，所以后两组甚至根本不知道他们其实是在进行着某些特定的政治宣传。

保罗·韦兰德在柏林爱乐大厅组织第一次会议时，他甚至还大费周章确保发言的人都是犹太裔，目的就是要抛出一个"烟幕弹"。在这第一次会议上，韦兰德的讲话政治意味要比科学性强得多。在他之后发言的是出色的柏林实验物理学家恩斯特·格尔克，他抨击了爱因斯坦的理论。不过虽说格尔克的实验做得无可挑剔，但可惜短于敏锐的理解，缺乏从个别案例跃升提炼的超凡想象力。这样的人通常都只愿意接受老套的假设，习惯成自然，从而忘记它们都不是事实。他们喜欢给新理论贴上"荒谬"和"违背实证科学精神"的标签。会议原本还邀请了一位哲学代表，他将要证明爱因斯坦的理论不是"真理"，而只是一部"小说"。他是犹太后裔，他的出现将会使会议达到高潮。他对这次会议的政治斗争一无所知，收到了多封加急电报的催促，好在有朋友向他解释了会议的真实目的，他还是在最后一刻谢绝了大会的邀请。结果，虽然对爱因斯坦的第一次讨伐还是发生了，但没有哲学方面的助力。

爱因斯坦以一个旁观者的身份出席了这次会议，他甚至还以友善的态度为攻击他的人鼓掌。他总是喜欢以一种剧院观众观看节目的心态看待发生在他周围世界的一切。对他来说，这个小组讨论和布拉格大学教师研讨还有普鲁士科学院会议一样有趣。

他们还召开了其他会议，那一年的"爱因斯坦案"成了新闻界持续热议的主题。大家都要求爱因斯坦公开表达自己对这些抨击的看法，这搞得爱因斯坦应接不暇。他十分反感这种假装像是在进行科学讨论的做法。他并不想公开讨论这些问题，一来大多数人根本就搞不懂，二来整场会议中讨论这个一点用也没有。最后，为了了结整件事，他在柏林的一份报纸上发文称，用科学的态度回应这些没有科学价值的争论是毫无意义的。公众判断不了孰是孰非。因此，他只是说："不论带不带纳粹标记，如果我是一个德国民族主义者，而不是一个思想开明、放眼全球的犹太人，那么……大家也许都更好理解，科学的争议本来是什么样子的。"现在，爱因斯坦的对手们比之前闹得更凶了，他们坚称爱因斯坦是想把一场科学大讨论转变成政治事件。实际上，他再一次成了一个"标新立异"的人，他还原了一切事实以真相。他的很多朋友都宁愿他装作好像不明白反对者们动机的样子。

这个时候，他开始感到在柏林好像待不住了，他要离开德国的说法一时间传得沸沸扬扬。另外，他还在荷兰莱顿大学得到了一个教授的职位。当被问及他是否真的想要离开柏林时，他说："这个决定有那么令人期待吗？我现在的情况就像是一个人躺在床上，床是华丽的，就是臭虫叮咬吃不消。不过，我们还是再等等，看看事情会如何发展吧！"

一个大家公认的某领域的杰出科学家跳将出来的时候，这场针对爱因斯坦的运动似乎变得体面多了。我之前多次谈到了菲利普·莱纳德①。1905 年,爱因斯坦在莱纳德观察结果的基础上提出了新的光学概念。凭借着这些和其他一些具有伟大独创性的实验,莱纳德获得了诺贝尔奖。但是,他不太擅长将观察的结果推导为一般规律。每当他尝试着推导时,都会把自己绕进说不清的假设中,因此他当不成一个理论物理学家。

一战期间有许多的物理学家都是极端民族主义者,是英国所憎恨的敌人,莱纳德便是其中之一。战败无论是对他还是对其他持有相同政治观的人来说都是意料之外的。他把战败看成是国际势力(和平主义者)的作祟。包括他在内有许多人开始谴责犹太人是实际的幕后操纵者。莱纳德不久便加入了希特勒集团,他是纳粹党的一名老党员了。

对于爱因斯坦战后所获得的如此巨大的成功,莱纳德感到十分惊讶。首先,爱因斯坦不是个实验物理学家;其次,他提出了违背机械物理常识的"荒谬"理论;最后,抛开其他不谈,他还是一个犹太人,是一个和平主义者。对于莱纳德来说,这点是他完全不能忍的。他把自己作为一名物理学家的声誉和威望全都用来服务于爱因斯坦的对手们了。他身上汇集了三类人的所有反对爱因斯坦的动机:"右派革命"的代理人、纯"经验主义者"以及某种哲学倡导者。

很多事件都揭示了莱纳德狂热的民族主义倾向。战后有一次,俄罗斯著名物理学家约非旅行经过德国,他想与德国的同事恢复联系,便去了海德堡拜访莱纳德,想和他讨论一下他的科学课题。他让研究所的看门人向莱纳德通报一下。看门人回来后对约非说:"莱纳德想让我和您说,他没空和祖国的敌人交谈,他还有更重要的事要做。"

---

① 菲利普·莱纳德:Philipp Eduard Anton von Lénárd,1862 年 6 月 7 日—1947 年 5 月 20 日,德国物理学家,在研究阴极射线时曾获得卓越成果并获诺贝尔奖,狭隘民族主义者,曾为希特勒的物理学顾问。

众所周知，电流强度的单位叫作安培，它是以法国物理学家、数学家安德烈·玛丽·安培①的名字命名的。但是，莱纳德规定在他的实验室里，电流的单位不准用其法国名称，而应该换成德国物理学家韦伯的名字。为此，海德堡实验室的所有实验仪器标注都进行了更改。

每年九月都会召开一个由德语科学家和科学老师参加的会议。通常都会有数千人齐聚一堂。1920 年的这次会议在著名的温泉圣地巴德瑙海姆举行。几篇与相对论有关的论文也在此次会议之列。莱纳德决定借此机会当着济济一堂的科学家们的面抨击一下爱因斯坦的理论并指出其荒谬之处。

这一消息迅速传开，像在等着激烈的决定性议会会议一样，大家对这次会议翘首以盼。马克斯·普朗克是此次会议的主持人。这位伟大而杰出的科学家不喜欢闹腾。他努力地掌控着会议的全程，为的是让此次的辩论始终围绕在科学家通常会讨论的事项之上，防止有人将与科学无关的观点带到会议上来。他把一切都安排得井井有条，大部分时间都是用来讨论一些纯粹的数学和技术性的论文。而留给莱纳德抨击爱因斯坦和进行下一步辩论的时间所剩无几。整个安排都是为了防止出现任何意外。

这些满是数学公式的长篇报告并没有涉及任何原则问题。接着轮到莱纳德进行简短的发言，他抨击了爱因斯坦的理论，但没有代入任何的感情色彩。他的论据既不是说爱因斯坦的理论不符合实验结果，也不是说该理论存在逻辑矛盾，而只是说它与普遍"常识"所构建理论的方式不相符。从根本上说，他这是批评爱因斯坦的理论表述有问题，认为那不是机械物理该有的语言。

爱因斯坦简短地进行了回应，接着另外两个人也简要地表达了对爱因

---

① 安德烈·玛丽·安培：André-Marie Ampère，1775 年 1 月 20 日—1836 年 6 月 10 日，里昂人，法国物理学家、化学家和数学家。

斯坦的支持与反对。这届会议渐渐接近尾声。会议终于圆满结束了，没有出大的岔子，普朗克终于可以长舒一口气了。镇守在大楼附近全副武装的警察也都撤离了。普朗克十分幽默地用一个物理学家之间很流行的小笑话结束了此次会议："很遗憾，因为相对论还不能延长会议的绝对时间间隔，所以我们这次的会议必须得结束了。"

从一定程度来说，许多专业物理学家不了解爱因斯坦理论的哲学意义，这会阻碍一场真正能够向善意的对手们解释这一理论奥义的大辩论。但最后的结果是，人们所看到的爱因斯坦的理论除了可能会对数学家有点意义外，从哲学的思维出发，它仍然存在诸多荒谬之处。

而莱纳德自己所看到的是人们并没有足够重视他的论点，而且大批的物理学家和数学家还没有机会参加一场真正重要的大规模讨论。此刻，物理学家们可能会松一口气，因为没有发生什么更糟糕的事。然而，机会还没向许多科学家和受过教育的人打声招呼，就已经溜走了。

莱纳德和他的支持者们因为某个事实，无法再反对爱因斯坦的理论了：尽管人们将这一理论的基础定性为"荒谬"和"糊涂"，但是不可否认的是这个"荒谬"的理论能得出许多推论，每一位科学家都不得不承认这一理论的实用性和重要性。即使是爱因斯坦最强劲的对手，只要他是物理学家或化学家，他就必须得用到一个表示质量和能量之间关系的公式。如果放出一些能量 E，那么损失的质量即为 E/c^2，其中 c 是光的速度（详见第三章）。即使是最狂热的"右派革命"拥护者想要穿透原子核的话也必须得用到 $E=mc^2$ 这个公式。因此，莱纳德和他的团队就想方设法要把这条法则从爱因斯坦的理论中分离出来。他们要证明早在爱因斯坦之前，就已经有一位种族和观点都为大家所认可的物理学家提出了这一法则。

有人撰写论文时不惜一切代价要避免出现爱因斯坦的名字，因此我们会发现质量转化为能量定律经常被写成"哈泽内尔准则"。为了对爱因斯坦研究工作的整个氛围有所了解，也许将故意隐去他的名字不提这件事情拿来说道说道还颇耐人寻味。

我们早就知道光离子一旦被抛到了物体表面，就会对这一表面产生压力。1904 年，奥地利物理学家哈泽内尔从这一现象中归纳出一个理论：如果将光辐射装进一个容器，那么它就会对容器壁施加压力。即使容器本身没有任何质量，但由于封闭其中的辐射所产生的压力，在力的冲击下它也会表现得像一个有质量的物体。而这个"表观"质量就与封闭的能量成正比。根据 $E=mc^2$，当容器放射出能量 E 时，"表观"质量 m 将会减小。

这一法则显然是爱因斯坦定律的一个特例。如果物体本身已经包含了辐射，则放出辐射时其质量就会减小。但是爱因斯坦的定律更具有普适性。他说：不论物体的性质如何，无论其以何种方式释放出能量，其质量都会减小。

但是莱纳德和他的团队却在寻求"爱因斯坦"这个名字的替代品。赞成使用哈泽内尔这个名称的外因有几点。在一战期间，哈泽内尔曾在奥地利参军，也就是说他站在德国这边，并且在四十岁的时候战死沙场。因而在爱因斯坦反对者的眼中他是一个理想人选，是德国青年的英雄和楷模，完全不同于爱因斯坦这个"鼓吹"国际和平主义的彻底的投机分子。其实，哈泽内尔是一位诚恳能干的科学家，是爱因斯坦真诚的崇拜者。

这一传奇故事竟然出自莱纳德的《科学巨人》一书。莱纳德发表了一系列的伟人传记，其中有伽利略、开普勒、牛顿和法拉第①等，当然还有哈泽内尔。为了把他和前面那些英雄联系起来，他这样评价哈泽内尔："他热爱音乐和小提琴，就像伽利略热爱他的鲁特琴一样；他热爱家庭，

———————————

① 迈克尔·法拉第：Michael Faraday，1791 年 9 月 22 日—1867 年 8 月 25 日，英国物理学家、化学家，电学之父。

为人谦和如同开普勒一般。"他对哈泽内尔做了总结陈述："今天，尽管这一想法的应用已经取得了长足的进步，虽然几乎总是冠以他人之名。"这里的"他人"显然指的就是爱因斯坦。

第八章

爱因斯坦的欧洲、美国和亚洲之旅

荷兰之旅

对爱因斯坦的恶毒攻击唤起了全世界不同阶层人们对其理论的兴趣。这些理论对民众意义不大，而且几乎可以说高深难懂，却成了政治论战的中心。那时政治理想被战争摧毁，人们追求新的哲学思潮和政治体系，爱因斯坦的科学著作与政治之间的关联令人捉摸不透，有着神秘的吸引力。哲学家在《日报》上发表文章声称爱因斯坦的理论也许在物理学领域有着重要意义，但是在哲学上肯定不是真实的，这更加激发了民众的兴趣。

大家好奇这个爱因斯坦究竟是一个什么样的人，同时，他们也想亲自接触这位著名的科学家。爱因斯坦开始收到来自世界各国的演讲邀请函。他很惊讶，但十分乐意遵循人们的意愿接受邀请，这样可以远离同行的狭窄社交圈。他开始结识新的人，享受着这一切。对他来说，离开柏林和德国，离开这个充满折磨和痛苦的地方前往他国也是一种前所未有的体验。

然而，这些旅行和公众场合的露面成了爱因斯坦受到攻击的另一个原因。一些德国科学家对此十分愤怒，一位勤奋的实验室观察员写了一本名为《给相对论的批量建议》的手册。在这本手册中，他对爱因斯坦世界之旅给予了自己的解读。他写道："只要相对论的错误特征在科学圈中明显可见，那么爱因斯坦就会转向大众，尽可能公开地展示他自己以及他的理论。"

第一例，这一"不科学的"公众宣传是爱因斯坦在历史悠久的著名的荷兰莱顿大学所做的演讲。在这里，他给来自这一著名自然科学中心的1400名学生介绍了"以太和相对理论"。这次演讲导致了很多误解。爱因斯坦曾提议"以太"这一术语应该被淘汰，以防人们误解是在与一种媒介物质打交道。他提出了另外一个建议，比如，"以太"可以用于太空引力场的"弯曲空间"，或者同类东西。

爱因斯坦的新提议激怒了一些物理学家，也取悦了一些人。相当一部分人不能区分用语言写的建议和用物理事实做的认定。他们说："长时间的努力使我们相信这一耸人听闻的事实——以太已经被淘汰，如今，爱因斯坦又重新使用这个词；这个人的话不要当真，他时常自我矛盾。"

爱因斯坦喜欢待在安静舒适的莱顿市，和好朋友们在一起，远离柏林的纷争。他喜欢和本市的物理学家保罗·埃伦费斯特互相切磋。保罗，维也纳人，娶了一位俄罗斯物理学家。这对夫妇经常与爱因斯坦探讨有关物理学命题逻辑关系的最细微的问题。

爱因斯坦被莱顿大学聘任为教授，一年内只需上几周课。他很开心，盼望每年这个时候来这里放松。在柏林，人们总是推测爱因斯坦可能要永久移居荷兰。他的对手们千方百计让他在柏林不受欢迎。很多德国人认为，他们应该感激爱因斯坦，因为爱因斯坦在国外的知名度，让战败后的德国国际威望有所提升。他的敌人发起反对他的运动，说他在国外只是为自己的名声做宣传，而并非是为了德国。

普鲁士教育部部长哈尼施，也是位社会民主党员，他深感焦虑，给爱因斯坦写了一封信，信中他恳求爱因斯坦不要被这些攻击击垮，希望他继续留在德国。德国共和国政府很清楚，爱因斯坦对德国文化以及德国国际威望的价值。德国科学家的新理论一直由英国天文学家来研究和证实，这原本应该属于德国人的名誉就这样错失了，对此德国政府深表遗憾。部长请求爱因斯坦充分发挥德国观察员的协助作用，并承诺政府会提供帮助。

爱因斯坦很认同柏林作为科研中心的重要性，也非常清楚，目前对所有进步思想分子来说，重要的是尽一切可能提升德国共和国的威望。他在给部长的信件中写道："柏林的人文和科学紧密联系，这深深地吸引我。"他承诺，只要有可能就会留在柏林，甚至申请德国公民身份，这是他之前不愿意接受的身份。最后，他成为一名德国公民。然而，这一身份给他带来了无穷后患。

捷克斯洛伐克之旅

布拉格现在是新捷克共和国的首都。一个乌拉尼亚社团曾组织一场向德语观众做的演讲，目的是让他们对新德国共和国的名人有所熟悉。乌拉尼亚的总统富兰克博士力邀爱因斯坦来布拉格发表演说。爱因斯坦在布拉格工作时，度过很平静的日子，借此机会能重温过去，重访任教的大学，拜访老朋友，这也很好。此外，他也想了解这个在马萨里克总统带领下，在哈布斯皇权废墟上新成立的新民主国家。身处布拉格和捷克斯洛伐克的德国少数民族之中，他们的心理状态就好比战败的德意志人在欧洲所经历的状况一样。爱因斯坦的到访提升了捷克斯洛伐克德国人的自尊心，也就是后来所谓的"苏台德的德意志人"，这些人在引发第二次世界大战中起了决定性作用。爱因斯坦到访的消息一发布，这一少数民族的一份报纸上就写道："全世界将见证一个民族产生了爱因斯坦这样的一位伟人，这就是苏台德的德意志民族，我们将永远不会被超越。"这就是民族主义思维模式的特征。一方面，他们竭尽全力让整个民族远离一切异质；另一方面，需要某个人时，纵然他在这个民族生活不足两年，也能被看作是其一员。

1921 年年初，爱因斯坦回到布拉格。当时，我还以他的继任者身份在大学授课。已经好多年没有见到他了。在我记忆里，这位伟大物理学家，富有艺术气息，幽默风趣。几年过去，他已成为国际名人，报纸上到处都是他的照片，记者竞相报道他的政治和艺术见解，收藏家都想收藏他的手稿。总之，他的生活已经不再完全属于他自己，他已不再是独立的个人，而是万众瞩目的标志和旗帜。

因此，对这次的见面我充满好奇，又有点担忧，怎样才能让他在布拉格有一个相对安静的环境，不受其名人身份所累。我在车站见到他的时候，他几乎没有任何改变。看起来还像一个巡回演出的小提琴大师，孩子气的坦率和自信吸引着人们向他靠近，但有时也让他们感到不适。我结婚不久，战后很难找到一所公寓，所以我和妻子居住在物理实验室的办公室里，这里也是爱因斯坦之前的办公室，大窗户遥对着精神病院的花园。如果当时他下榻酒店，肯定会被猎奇者知晓，因此我提议他可以在房间内的沙发上度过一晚。也许此提议对这样一位名人来讲并不是很合适，但和他生活热衷和热衷打破社会惯例的喜好相吻合。这一安排，我们没有告知任何人，包括记者都不知道爱因斯坦到底住哪。我和妻子在另外一个房间就寝。第二天早上，我问他昨晚睡得怎么样。他说："我感觉自己在一个教堂里，在如此安静的房间醒来感觉太棒了。"

我们先去了警察总局，新来的人都要来这里报到。接着，我们参观了捷克大学的物理实验室。那个在墙上相框里的人，如今现身于他们面前，着实让教授们惊喜。这次访问，爱因斯坦想对捷克斯洛伐克共和国以及马萨里克政权的民主政策表达同情。

　　和之前所有从属奥匈帝国统治的城市一样，布拉格大部分社交活动发生在咖啡馆。人们在那读书看报，约朋会友，商讨业务，探讨科学、艺术或政治上的问题。新的政党，文坛圈或大商务公司的成立都始于咖啡馆。通常，人们独自坐在那里研读或写作。很多学生来这备考，因为房间太冷、太暗或太沉闷。爱因斯坦想去看看这样的咖啡馆，他对我说："我们应该去几个咖啡馆，看看吸引不同社会阶层人士的咖啡馆到底是个什么样子。"于是我们快速地参观了一些咖啡馆。我们在不同的咖啡馆里分别看到了捷克民族主义者、德国民族主义者、犹太教徒、演员、大学教授等。

　　返回的路上爱因斯坦对我说："我们需要买些午餐食材，这样你的妻子就不会那么麻烦了。"那时妻子和我是用煤气灯炉烧饭的，也就是所谓的本生灯，常用在化学或物理实验室的实验中。烧饭的地点就在我们居住的大房间，也是爱因斯坦睡过的房间。我们带着采购的小牛肝回家了。妻子在煤气灯炉上开始烹饪小牛肝。我和爱因斯坦则坐在一边谈天说地。突然，爱因斯坦担心地看着小牛肝，跳到我妻子面前说："你在做什么？你在水中煮小牛肝吗？你一定知道水的沸点太低不能煮熟小牛肝。要用较高沸点的黄油或肥油来煎。"那时我的妻子还只是一名大学生，对于烹饪懂得很少。爱因斯坦的建议拯救了我们的午餐。这也为我们婚后生活增添了娱乐，因为不论什么时候提到"爱因斯坦的理论"，我的妻子都会记得他的煎小牛肝理论。

　　那天晚上，给乌拉尼亚协会做的演讲是我听过的爱因斯坦的第一个广受欢迎的演讲。会堂里极其拥挤，因为每个人都想亲眼看见这位世界闻名，推翻宇宙规律并证明"空间曲率"的伟人。普通公众实际上并不知道这一理论是个巨大谎言还是一项科学成就。但是不管怎样，它都让人惊叹。我们一走进演讲室，一位在公众生活中极具影响力，为这次演讲集会的组织做出过很多努力的人挤过人群，对我说道："请用一个字快速回答我，爱因斯坦理论是真的呢，还是虚有其表？"爱因斯坦的演讲简单又清晰。但是，公众兴奋过度，并没有很好地理解此次演讲说了什么。比起理解演讲的内容，公众更愿意亲身经历这一振奋人心的活动。

讲座结束后，乌拉尼亚的主席召集一些客人与爱因斯坦共度晚上的时光。他们又做了几场演讲。轮到爱因斯坦时，他说："比起演讲，让我演奏一段小提琴也许更令人愉快，更容易理解。"演奏的方式更容易让他表达自己的情感。他以自己简单、精确、感人的方式演奏莫扎特的奏鸣曲。他的演奏流露出能以简单方式表达宇宙的复杂和精神的喜悦的强烈情感。

为了参加乌拉尼亚公众组织的一个有关他的理论的讨论，爱因斯坦在布拉格又停留了一晚。爱因斯坦的主要反对者是布拉格大学的哲学家克劳斯——一位敏锐的法学哲学思想家。他的科学讨论概念更像是律师审判。他并不尝试探索真理，只想通过找出一些爱因斯坦支持者所写文章中的矛盾之处，来驳斥他的对手。在这一点上，他是成功的。任何人如果想普及一个复杂的事物，一定会简单地加以说明。但是不同的作者都会根据自己的品位和他所认为的读者品位，在不同的地方介绍这一复杂事物。如果他们的每句话都被望文生义，矛盾必然会产生。但这与爱因斯坦理论的正确性毫不相干。

克劳斯教授是以下观点的典型支持者——一个人可以通过简单的"直觉"了解有关机体的很多几何学以及物理学知识。任何与这一直觉相矛盾的理论他都认为是荒谬的。比如，爱因斯坦认为我们在学校里学过的欧几里得几何学也许在严格意义上并不成立。因为在克劳斯看来，每个正常人对普通几何学的真理都是清楚的，让他疑惑的是像爱因斯坦这样的人竟持相反观点。他的妻子提醒我不要向他提及爱因斯坦的理论。她说他经常梦呓爱因斯坦的理论，想到竟然有人"会相信荒谬的理论"就十分激动。这样的事情也能发生，对他来说可能就是一种折磨。

这位哲学家是反对爱因斯坦的主要发言者。我主持此次讨论并努力引导它朝相对平和的方向进行。很多人来参加，想充分利用这次机会，也许是之后不会再有的机会。现在他们直接向著名的爱因斯坦抛出了他们私下的观点；他不得不听他们的想法。结果就发生了一些滑稽的事情。因而，理工学院的一位机械工程教授的发言有谬误，但听起来合情合理。演讲结束后，爱因斯坦对我说："那位劳动者谈吐幼稚，但并不完全愚蠢可笑。"当我回答说他并不是一个劳动者而是一位工程教授时，他说道："如果是这样的话，那也太幼稚了。"

第二天，爱因斯坦即将离开。但是一大早，爱因斯坦住在物理实验室的消息就传开了，于是，很多人为了和他说上一句话，匆忙地赶到这里。安排他安静地离开极其困难。比如，一位年轻人带来了一本大型手稿。根据爱因斯坦方程式 $E=mc^2$，这位年轻人想要利用原子中蕴含的能量生产可怕的炸药，而且他也发明了一种可运行的机器。他告诉我为这一刻他已经等很久了，无论如何他今天一定要亲自和爱因斯坦交谈。我最终说服爱因斯坦接待他。时间不多了，爱因斯坦对他说："冷静一下吧。即使我没有和你详细地讨论你的发现，你也不会失去什么。我一眼就发现你的研究很愚蠢，长谈也没有用。"爱因斯坦已经看过差不多一百份这样的"发明"。但是在 1945 年，也就是二十五年后，原子弹"真家伙"在日本广岛市爆炸了。

奥地利之旅

离开布拉格，爱因斯坦去了维也纳。他在那要做一个演讲。战后的维也纳和 1913 年爱因斯坦参观时完全不一样。如今，它仅是一个小共和国的首都，已不再是那个伟大帝国的首都。

朋友们的变化也很显著。他的朋友弗里德里希·阿德勒已成为一位公众人物。战争期间，因为奥地利政府拒绝召集议会，拒绝把行动方案提交人民代表审议，弗里德里希·阿德勒义愤填膺地干了他认为是正义的事，在一个时尚酒店的晚宴上他射杀了政府首脑。

阿德勒随后被逮捕并判处死刑，结果奥地利皇帝却将其刑罚减至无期徒刑。原因有说是因为阿德勒的父亲，他是社会主义政党的领袖，在政界有地位。还有一种说法，说是他行刺时，头脑不正常。这个说辞让减刑变得更容易，但是关于他精神状态的调查比较引人注目。待在监狱里的日子，阿德勒写了一本关于爱因斯坦相对论的著作。他认为自己有很强的论据驳斥它。这份手稿经由法庭送到了精神病专家和物理学家手中。他们通过这份手稿来判断作者是不是精神紊乱。于是，我也收到了该手稿的副本。专家们，尤其是物理学家们陷入艰难处境。阿德勒的父亲和家人想要这本作品成为阿德勒神经错乱的依据。但是，此做法必然会对他产生一种极大的侮辱，因为他认为自己已经完成了一部优秀的科学著作。另外，客观地来说，除了他的论据不当，这本书没有什么异常。我想，他最后获得减刑的原因是因为他父亲的威望和皇室的妥协，并非是因为他驳斥相对论的疯狂言论。

在维也纳，爱因斯坦和著名的物理学家弗利克斯·埃伦哈夫特住在一起。埃伦哈夫特的整个工作模式与爱因斯坦截然不同。也正是因为这个原因，他偶然间发现，彼此之间意气相投。爱因斯坦对从一些基本原则中得出多少结论总是很感兴趣。自然现象在多大程度上能匹配一个简单模式，爱因斯坦对此也很有兴趣。然而，埃伦哈夫特是一个钟情于直接实验的人，他只相信自己看到的，并且不断地发现，一些孤立的现象不能与大道理相匹配。为此，他常遭受鄙视，那些将普遍原理视为信条的人更加鄙视他。像爱因斯坦这样提出了这些基本原则的人，每每听说有例外时，总是被神秘地吸引着。尽管他不相信例外的存在，但是他仍猜想在这些观察中，也许有新知识的萌芽。

埃伦哈夫特的妻子在维也纳妇女中是一个非同一般的人物。她自己是一位物理学家，同时也是一位杰出的奥地利女子教育组织者。当她看到爱因斯坦来的时候，随身只携带了一件白色衣领很是吃惊。她问道："你是不是有东西落在家里了？"他回答道："没有，除此之外我不要别的。"作为一个贤惠的家庭主妇，她把爱因斯坦带来的两条裤子中的一条送到裁缝店熨烫。但使她惊愕的是，她注意到爱因斯坦演讲时穿的是未熨烫的裤子。同样，埃伦哈夫特太太以为，他把卧室拖鞋也遗忘在家里，于是给他买了一双。早餐前，当她在大厅遇到爱因斯坦时，她发现他是光着脚的。于是，她上前询问他是否看到房间内的拖鞋。他的回答是："它们是完全不必要的重物。"他一点都不喜欢穿鞋，所以在家里的时候，他真心想要解放双脚。他经常被看到穿着长袜在室内，即使有时家里来了不是很正式的拜访者，他也是这样。

在他逗留期间，爱因斯坦开始接触维也纳的两大思潮。这两大思潮对那个时代的知识分子生活产生了极大的影响：西格蒙德·弗洛伊德的精神分析学和恩斯特·马赫的实证主义传统。爱因斯坦拜访了约瑟夫·布洛伊尔，他是医生，曾和弗洛伊德一起发布了第一篇有关癔症麻痹心理原因的文章。他也拜访了工程师和作家波普尔·林叩斯——恩斯特·马赫最亲近的朋友。马赫说波普尔·林叩斯是唯一能理解他思想的人。这时的波普尔·林叩斯已经八十岁了，离不开沙发，但思维仍然很敏锐，总是渴望遇到新的有趣的人。通过采用一种普遍性劳动服务，他制定出一个项目来帮助德国摆脱经济困境。这个计划后来被阿道夫·希特勒扭曲地付诸实践。见到爱因斯坦，马赫思想在物理学领域的真正继承人，对波普尔来说是一个伟大的时刻。

爱因斯坦的演讲是在一个大型音乐厅举行，观众数量达到 3000 余人。在他所做过的演讲中，这种规模的演讲是第一次。公众处于一种极其兴奋的状态，其兴奋度甚至超过布拉格的观众。处在这种精神状态下，能否听懂讲座已经不再重要，只要身边有奇迹发生就足够了。

美国相邀

爱因斯坦回到柏林后，比以往任何时候更成为公众关注的中心。就像德国教授忘记带雨伞，猎人在肉店买兔子，老女人找男人这类常出现在德国漫画中约定俗成的情节一样，如今，爱因斯坦的名字成了一个代名词，指代那些写出令人费解的东西并因此备受尊敬的人。尤其是，"相对的"这个单词让大家尽情地开着无关痛痒的玩笑。在某种程度上，他们是恶意的，试图从某些方面把爱因斯坦的理论与法国胜利的努力联系在一起，以最大限度地从德国获得战争赔款。德国政府总是试图表现得很贫穷，然而法国人对此表示怀疑。因此，一个德国漫画期刊描绘了爱因斯坦与法国总统米勒兰的对话，米勒兰是"让德国赔偿"政策的有力倡导者。他对爱因斯坦说道："你难道不能劝说头脑简单的德国人，告诉他们即使有着 67 亿马克的绝对赤字，他们依然相对富有吗？"

然而，爱因斯坦尽量不去关注这些政治及个人苦恼，他宁愿竭尽全力驱除人们对自己理论的科学和哲学的误解。爱因斯坦理论认为欧几里得几何在引力场内是无效的，空间是弯曲的，也许甚至是有限的，在很多人看来极其荒谬。这是因为学校告诉每个人几何学假说是绝对正确的，因为它们不基于不可靠的经验，而是基于绝对正确的纯粹思想，或者更加可靠的

"直观知觉"。

1921 年 1 月，爱因斯坦在普鲁士科学院所做的演讲阐明了"几何学和经验"的关系。他说道："如果说几何学是确定的，那么它无关乎真实世界，如果它多少关乎我们的经验，那么它则是不确定的。"他做出了一个明显的区分：一方面是数学几何学，仅涉及直接从某些假设中总结出来的结论，而不会对假设的真实性进行讨论。数学几何学里一切都是确定的。另一方面是物理几何学，爱因斯坦把其应用于万有引力。物理几何学涉及物质形体的测量结果，就像力学一样，是物理学的一部分。它就像数学几何学一样具有不确定性或确定性。通过清晰的公式化表述，这一演讲对之前常存疑惑的领域，并且在某些情况下，对数学家们和物理学家们仍持有疑惑的领域进行了明确的梳理。从此爱因斯坦的公式被认为是最清晰、最好的，甚至哲学家们也这样认为。

然而，爱因斯坦忙于演讲时，另一种想法出现在他的脑海里。不久之前，他收到了来自魏茨曼的邀请。这位犹太复国主义运动的领导人将会陪伴他进行美国之旅。

那时，只有一些德国科学家和为数不多的德国犹太人得知纳粹变革的到来，很明显，对于爱因斯坦来说，那里的事态发展不是很乐观。他觉察到表象之下有股团体势力正在发展壮大，也就是后来当权的纳粹政党。事实上，爱因斯坦是最早感受到这个运动影响的人之一。当他在布拉格做演讲的时候，就已经向我说起过这些担忧。那时他以为自己不会在德国再次逗留十年以上。那是 1921 年。他的预估只保守了两年。

魏茨曼原本计划此次旅行目的是在美国范围内获取帮助以便在巴勒斯坦建立犹太民族之家，尤其是在那里建立希伯来大学。因为美国犹太人被视为世界上最有钱的群体，只要他们能提供财政支持，这些目标就会实现。魏茨曼极其重视这次的团队合作。他希望爱因斯坦的科学名声能鼓励美国犹太人为这一崇高事业做贡献。这些目的在爱因斯坦看来对犹太人有很重要的教育意义。爱因斯坦现在的处境是把自己的声誉押给了犹太复国主义运动。在仅仅考虑这件事情几天后，爱因斯坦便接受了此邀请。

驱动他的主要原因不仅仅是作为纯粹科学家的积极热心，还有要为那些遭受迫害的人类谋福利做点贡献。同时，他也想自己亲眼看看美国，了解这个新世界的生活。他感觉也许很值得去了解大西洋另一边这个强大的国家。

美国人的款待

爱因斯坦和他的妻子到达纽约港时，受到了热烈欢迎。这是之前任何一位科学家到访可能都没有享受到的热情接待，尤其他们不会对一个研究领域是数学物理学的科学家表现出过多热情。大量的记者和摄影师冲上甲板给他拍照或向他提问。

这些考验中，面对镜头是最容易的事情。拍照结束后，爱因斯坦说道："我感觉自己像个大牌人物。"对于记者提出的问题，他的回应也带有绝佳幽默感。事实上，他习惯了这些奇怪的问题，并且已经习得了一定的技巧来回应这些不能理性应答的问题。在这种情况下，他的回答总是不直接针对这些问题，却很有趣，这样当他的回应被印刷出来时，传递给读者的是一种合理的想法，或者至少提供给他们一些笑料。爱因斯坦不是一个扫兴的人。

提问者主要对三个方面感兴趣。第一个问题是难度最大的："怎么用几句话来解释相对论的内容？"回答这个问题几乎不可能，但是爱因斯坦遇到这个问题好多次了，所以他已经提前准备好了答案。他说："如果你不过分地看重答案，只把它看作一个笑话，那么我的解释如下：之前认为如果所有的物质消失在宇宙中，时间和空间还将存在。然而，根据相对论，时间和空间将会和物质一起消失。"

第二个问题很"迫切"："全世界只有12个人理解相对论，这是真的吗?"

爱因斯坦否认他这么说过。他认为任何一个研究过此理论的物理学家都能很好地理解它，他在柏林的学生也都能理解。然而，爱因斯坦的后一个断言的确太乐观了。

第三个问题却非常微妙：记者们要求爱因斯坦解释人们为何会对一个难以理解的抽象理论有这么大的热情。爱因斯坦以玩笑作答。他认为这个问题应该通过精神病态调查来检测为什么对科学问题本无兴趣的人们会突然对相对论有疯狂般的热情，并且在爱因斯坦到访的时候还想要和他打招呼。一个记者问他是不是因为这个理论与宇宙有着某种联系，宇宙与宗教又有着联系。爱因斯坦回答说极有可能。但是，就面向大众的相对论的普遍意义，他试图努力不言过其实，他说："但是这不会改变路人的观念。"他解释道，这一理论的唯一意义是它源于简单的原理，某些自然现象之前都是源于复杂的原理。当然这对于哲学家来讲重要，但是对于路人来讲无足轻重。

在相对抽象的讨论之后，人们提问不再那么踊跃，于是，爱因斯坦就能发表结束语了："好了，先生们，我希望我已经通过了考试。"接着，为了增加点人情味，爱因斯坦太太被询问她是否理解该理论。"哦，不，"她以一种友好但略带惊讶的语气回答，"尽管他向我解释了很多次，但是这个理论并不是我快乐的必需品。"

终于，爱因斯坦和他的妻子上了岸。爱因斯坦穿过极其拥挤的人群，一只手拿着石楠木烟斗，另一只手提着小提琴盒。现在，在人群中他已不是一个神秘宇宙新体系的先驱者，也不是那个空间和时间的变革者，而是一位友好的音乐家，吸着他的烟斗，为了纽约的一场音乐会而来。

公众对爱因斯坦到访纽约所表现出的热情是二十世纪文化历史上的一大事件。这一现象的发生有三个原因：首先，人们对相对论有着普遍兴趣，相对论自身有着一些令人深感奇异的特征。第二个原因是两年前，爱因斯坦在英国所接受的认可，对日食的观察证实了他的理论。最后，他当前的旅行有着浪漫因素。他不仅是以一位科学家的身份来到这里，也是为了完成一项政治任务，这项政治任务不仅是普通的政治事件，并且被浪漫光环环绕。他的美国之旅是对这一运动的贡献，其目的是让游走于世界各地两千年之久的犹太人重返自己的家园。对于犹太人来说无论走到哪里，他们对于这个世界或多或少都是陌生人。犹太复国主义运动于他们来讲，是好消息，在美国的每个犹太人都回忆起圣地和永世流浪犹太人的传奇，因此，在很多基督徒中，产生了强烈的共鸣和深远的同情。

爱因斯坦很冷静地看待整个事件。然而，他对于人们为什么会对他的所思所想感兴趣而感到惊异，毕竟他的思想比较小众。爱因斯坦的敌人总是声称这种热情是受媒体操纵。然而，这种断言漏洞百出，不值一提。新闻报纸持续宣传各种事情，他们在足球比赛和电影明星方面成功赢得大众的热情。但是之前没有新闻媒体会对一个数学物理学家产生如此大的热情，即使是先前被报道过的各种科学家。这一到访成功的原因在于所处的形势，在于不同寻常的巧合——爱因斯坦的成就、人品，以及当时那个年代对知识的需求。我曾问爱因斯坦面对公众这般爱戴自己内心的感受是什么，他说："这不会太令人振奋，大众对获胜的拳击手报以更大的热情。"

他自己总是倾向于把这一现象归因于公众的心理而不是他自身。因此，他有时候玩笑性地谈论道："纽约的女士们都想每年换一个新风格——今年流行相对论。"

不过，如果一个人现实冷静地考虑这件事情，他一定会惊奇地问：一个数学物理学家怎么可能像一个拳击手那么受欢迎？客观来说，这确实是纽约大众口味的一个很好的指向。也许这仅仅是一种感觉上的渴望，但若是这样，为什么大众的兴趣只集中在爱因斯坦身上？

有些人认为这是美国人民高文化水平的体现。以下是当时最流行的科学杂志编辑的观点："欧洲大众将不会以这般热情欢迎一位著名的科学家。美国也没有有闲阶级对科学和哲学领域产生常规性的兴趣。但是阅读和教育方面的统计数字说明爱因斯坦理应把大众对他的尊敬看成是大众对该领域非常感兴趣的证据，爱因斯坦在此领域出类拔萃。"

对于一些人来说这也许很奇怪，但事实上，关于这一公众兴趣，爱因斯坦从来不忧虑其原因。他对自己周围世界的态度一定程度上就像旁观者对待演出一样。他习惯性地认为很多事情是不可思议的，人类的行为并不是他最感兴趣的方面。作为一个正常的自然人，他对于自己被友好、好意地接待很开心，但不会过多询问人们友好的原因。他从来不会过高地看待公众的好意或对其做出任何让步。他的言辞从来不会刻意准备以博得廉价的掌声。在随后的几年里，他很清楚地知道公众对他所说的一切关注越来越多，这也是达到教育目的的重要机会。为此，在接受报界人士采访时，他总是说起对于这些报纸的读者而言不是很愉快或不是很好理解的事情。他认为当一个机会呈现于面前时，好的种子应该被播种，总归在一些地方，一些种子会发芽。

爱因斯坦已把自己交给犹太复国主义领导人，听从他们的安排，因为他的出现可以帮助他们宣传犹太国家基金，尤其是帮助耶路撒冷的大学筹集资助。在美国很多地方，会议的组织就是为了这些目的，他坐在魏茨曼边上，基本沉默不语，有时会说几句以表示支持。为了犹太人的重生，他真诚地渴望成为此次运动中的一员。在一次会议上，他在魏茨曼之后发言，就好像是普通成员一样不求个人辉煌，只求为事业服务。他说："你们的领袖魏茨曼博士已经做了演讲，而且他已经很好地在为我们代言。紧随他，你们会做得很好。这就是所有我要说的。"这听起来好像是秉着领导原则的精神。在某些方面，对爱因斯坦来说可能是一种解脱，他总是自我感觉是这一扎根于群众的流行运动中的一员。但是这种感觉总是短暂的。不可避免地，他对所有把他和一个政党捆绑在一起的厌恶感不久便会重新出现，即使在某些方面，这个政党和他气味相投。

爱因斯坦和魏茨曼均被美国所有政府人物看作是犹太人的权威代表，相应地受到了欢迎。总统哈丁在一次魏茨曼和爱因斯坦都要发言的会议的来函中写道："作为两个不同领域的先驱代表，他们的到访提醒人们想起犹太人对人类所做的伟大贡献。"

同样地，纽约市长海兰在市政厅迎接他们，并称呼他们为本国人民的代表，他说道："我可以说，对于犹太人在世界大战中所表现出来的勇气和忠诚，我们纽约人感到自豪。"

美国的犹太人自身把爱因斯坦的到访看作是一位精神领袖的到访，深感自豪和兴奋。犹太人感觉他们在同胞中的威望大幅提升，多亏了这么一位被公众认可的科学巨匠公开承认是犹太复国运动的一员，并为他们谋利益。爱因斯坦和魏茨曼一起到达克利夫兰时，所有的犹太商人都歇业参加游行，陪伴爱因斯坦从车站去到市政厅。爱因斯坦和魏茨曼在犹太复国主义者会议上致辞时，就好像是犹太人的精神和政治领袖同时出现。

出席组织的活动表现了他的科学理论演讲中多少透露出政治和文化意图。有时他会出席非正式场合。比如，他去听哥伦比亚大学卡斯纳教授讲课，卡斯纳正向学生解释相对论。他对卡斯纳教授能把理论讲得明白表示祝贺，接着他自己给学生讲了约 20 分钟。

后来，他向哥伦比亚大学的全体教员和学生致辞，并接受了来自杰出物理学家迈克尔·普平教授的问候。这位卓越的男士，曾是塞尔维亚牧师，现已成为世界著名发明家和科学家，通过他对电力现象的理解，第一个横跨大西洋的电话电缆才得以实现。他用实验室工作者的冷静态度看待所有理论。但是，不像其他很多人那样，他不认为爱因斯坦的发现是荒谬和耸人听闻的，在他看来，"爱因斯坦的理论发现是动力科学的发展而非变革"。

当时爱因斯坦总是用德语演讲，因为他还没有完全掌握英语。5月9日，他接受了美国普林斯顿大学的荣誉学位。奚本校长以德语致辞称赞他："我们向科学界的哥伦布致敬，他独自航穿奇异的思想之海。"之后，爱因斯坦在普林斯顿大学做了几次演讲，全面地介绍相对论。

但是，爱因斯坦不仅仅被看作是犹太人的代表。因为他放下柏林科学院的工作来到美国，又因为他一直说德语，他也被认为是德国科学的代表。时值战后不久，这在某些方面也引起了敌对反应。

有时候，当政治攻击直接针对他时，没有人知道他是作为一个犹太人还是德国人被攻击，这时就会出现半滑稽性事件。这类的小插曲发生在当菲奥雷洛·亨利·拉瓜迪亚——纽约市的埃德曼局董事长提议应该给爱因斯坦"纽约市的自由"。所有的市政官都赞同这项决议，除了一个声称"直到昨天，他才知道有爱因斯坦这个人"的官员。他提出想了解相对论，但是没有人愿意解释给他听。然而，犹太人和德国人并不相信爱因斯坦反对者的天真。他被指控有部分反犹太人和反德国人的嫌疑。他以爱国为理由为自己辩护，他只想保护自己深爱的家乡以免成为科学上的全国笑柄。他在会议上说道："在1909年，城市之匙交给了假装发现了北极的库克博士。"他表明，也许爱因斯坦并没有真正地发现相对论。此外，他继续道："我一直确信爱因斯坦教授出生在德国，后来被带到瑞士，但是在战争前又回到了德国。他一直都是德国公民，一个敌国的公民，也许可以看作是一个敌对的外国人。"

每个人都对爱因斯坦的理论和它的含义感兴趣，纽约的国会议员金德里德请求众议院的议长允许在《国会议事录》上发表有关相对论的一个科普介绍。马萨诸塞州的代表大卫·沃尔什对允许任何与国会活动无关的东西出现在《国会议事录》上持有怀疑，况且这理论似乎又很难理解。

"好吧，议长先生，"沃尔什代表说道，"通常我们把出现在《国会议事录》中的事项限制为普通智力水平可理解的内容。难道这位从纽约来的绅士可以做到让我们理解相对论?"金德里德回答："我认真地看了三个星期的相对论，开始有所了解。"于是，沃尔什代表问他："它涉及哪项法规?"对于这个问题金德里德只能回应道："也许涉及和宇宙普遍联系有关的未来法规。"

爱因斯坦在美国的时候，伟大的发明家托马斯·爱迪生曾发过一次声明，在整个国家引起了骚动。爱迪生否认大学教育的价值并声称教育应该直接指向学习相关事实。他制作了一份调查问卷，里面包括了他所认为的与实用人才有关的问题，并建议应该做些测试，通过这些测试可以看到大多数大学生没有能力回答这些问题。

当时爱因斯坦住在波士顿的科普利广场酒店，他收到了一份来自爱迪生的问卷副本以检验他是否知晓这些问题的答案。一看到问题："声速是多少?"他便说道："我不知道。我不会去背可以轻易在任何书本上找到的资料。"他也不同意爱迪生关于大学无用的观点。他说："学习知识对一个人来说并非如此重要。学习知识不一定要上大学，他可以从书上学到。在文科院校接受教育的价值不是学习知识而是思维的训练，思考一些无法从书本上获得的东西。"所以，根据爱因斯坦的言论，即使在我们的年代也不能质疑大学通识教育的价值。

爱因斯坦总是和爱迪生相提并论，二者都是物理科学领域的杰出代表。爱迪生致力于物理学的技术应用，而爱因斯坦则致力于物理学的理论支撑。

爱因斯坦也参观了美国历史最悠久的大学——哈佛大学的物理实验室。以光学研究闻名的西奥多·莱曼教授告知爱因斯坦在这里完成的研究工作。莱曼感觉到，爱因斯坦参加了多次把他当作是政治宣传手段的会议后，即使他是完全怀着同情的目的，但是现在再次身处物理实验室氛围内，他可以自由呼吸，可以让自己沉浸在自然问题中。大多数实验室参观者快速走过实验安排，漫不经心地听着学生们的解释。然而，爱因斯坦并不满足于敷衍一下"这很有趣"，或一些类似的礼貌用语；相反，他让几个学生详细解释他们正在努力解决的问题。而且，他真正思考了这些问题，并且部分学生从他那里获得了对其研究有帮助的建议。在紧张的旅途中，只有同时拥有以下两种品质的人才能如此全神贯注：第一，能快速适应陌生环境的不同寻常的能力；第二，享受帮助他人从事科学研究的能力。

毫无疑问，爱因斯坦的首次美国之旅不仅仅是为了服务科学和未来的耶路撒冷大学，也是因为他对了解这种全新的新大陆的生活有着独特的兴趣。然而，第一次旅行并没有真正实现这一目的。整个行程以旋风般的速度进行，他没有时间安静思考。因此，爱因斯坦对美国的第一印象只能是那种表层的，第一眼就打动人的东西。首先是美国的年轻人。他们充满生机，精力充沛，渴望获取知识，渴望做研究。他曾说："美国青年值得期待，就像一个还未被使用的烟斗，年轻又新鲜。"接着是不同种族的人们在美国定居。尽管他们有着不同的血统但是可以在一个宽容和民主的政体下和平共处。他就纽约做了特别说明："我喜欢这里的餐厅有着民族特色。每个餐厅有自己的氛围。就像是一个不同民族的动物园，你可以参观一处又一处。"他也惊讶于美国生活中女性的角色，那里的女性比欧洲的女性在生活中发挥更大的作用。

有人想请爱因斯坦支持限制烟草和周日娱乐的活动。在这些事件上，爱因斯坦并不赞同任何过多的个人自由限制。他是一个太过于自然的人，认识到每日单纯快乐的重要性。他不相信通过清晰和枯燥的体系指定人们什么是工作，什么是娱乐能使人幸福。关于之前有个人询问他对周日休息日的看法，他回应道："是的，人必须要休息。但是，什么是休息呢？你无法制定一条法律规定人们怎么休息。有些人的休息就是躺下来睡觉，有些人的休息就是保持绝对清醒和亢奋，还有些人的休息是工作、写作或参加娱乐活动。如果通过一条法令告诉人们如何休息，那就意味着每个人都一样。但事实是每个人都不一样。"

爱因斯坦把自己的一生贡献给物理法则的发现，这些法则可以从一些普遍原理中演绎出来，但不是说生活可以被一些抽象原理所控制。他总是更倾向于依赖自然本能。作为一位铁杆烟瘾者，他总是谈及以下情景："如果你把烟草以及其他所有东西拿走，你还剩下什么？我仍会坚守我的烟斗。"

保持安静对他来说太困难，他纯真的喜悦存在于简单的享受中，比如吸烟，一定程度上可以帮助他保持镇静。禁欲的本能和他无关。

英国之旅

1919 年伦敦皇家学会有关英国天文学家的报道为爱因斯坦闻名于世奠定了基础。但爱因斯坦尚未来过伦敦。那时战后的空气中弥漫着对德国的敌意，承认德国人的理论确实是可能的，要敬重一个德国人却很难。霍尔丹勋爵（Lord Haldane）一直为促进英德关系工作，在爱因斯坦到访之前，他曾在柏林短暂地逗留，但是受到德国皇帝的冷淡接待。然而，德国战败后不久，霍尔丹重新开始与德国建立新的文化关系。对他来说，爱因斯坦就像楔子尖利的末端能穿透大块的敌意和偏见。很多有利的因素显而易见，爱因斯坦有关日食探险结果的预测获得了很大的社会反响。因此，给英国的科学提供了成就的机会；最后，有利的条件是爱因斯坦不属于这种令人憎恨的德国人，事实上，如有需要，他可以被当作非德籍人。因此，就好像爱因斯坦是被专门创造以充当中间人。另外，对于霍尔丹勋爵来说，有一个很重要的个人因素。他是众多英国政治家中对科学与哲学思维结合感兴趣的一员。由于战后时期的失望，尽管怀疑主义在宗教、伦理、政治，甚至科学中盛行，霍尔丹向自己提问一个人怎么能一直保持客观的真理概念。他的书《相对论的时代》（*The Reign of Relativity*）于 1921 年发表，书中指出怀疑论者不同的观点实际上只是同一真理的不同方面，以及因此单一客观真理是存在的。或者，用霍尔丹自己的话：

> 真理必定要以一种更全面的形式，充分进行检验。这种形式不仅关注平衡或规则的测量结果，也关注价值观，这种价值观不能测量，而依赖于思维的其他顺序。从一个立场来看是真理，但从另外一个立场来看可能不是。根据标准的使用，相对论可能以不同的形式呈现出来……因此，我们可以概括地说若一个观点充分，则是真实的，并且只有涉及的每个点真实，它才是完全充分。每种形式可适用的检验必须满足绝对充分的概念；否则我们拥有的只能是与特定立场相关的真理。

在对抗政治的教条主义以及培养对同胞的宽容性上，这种哲学观有着用武之地。在爱因斯坦的理论中，霍尔丹找到了一个与自己哲学观点相关的特殊例子。他认为相对论的物理理论将会给他的相对论哲学增加更多的确定性和亮点。因此，霍尔丹便试图说服爱因斯坦从美国回来后在英格兰多待几日，举办几场讲座，同时亲自会见科学家们以及其他公众人物。

那时不仅存在私人交往方面的政治困难，而且英国物理学家们的心态还不至于让他们对相对论如此着迷。英国科学总是过多地关注实验和理论的直接联系。存在于爱因斯坦的理论中一长串的思维的联系在英国物理学家看来是一种哲学幻想——太多理论，太少事实。英格兰的哲学家、天文学家、数学家，甚至神学家和政治家都对这个理论有着浓厚的兴趣，但是物理学家仍对把"相对论"看作是一个基本概念持冷淡态度。

霍尔丹勋爵在剑桥大学国王学院主持了爱因斯坦的演讲。他介绍道，爱因斯坦把花圈放到威斯敏斯特教堂牛顿的墓碑上时，令他极其感动。霍尔丹告诉听众们，"因为十八世纪是牛顿的时代，二十世纪是爱因斯坦的年代"。

在霍尔丹的住所，也是爱因斯坦暂居的地方，爱因斯坦接见了很多著名的英国人士——劳合·乔治、萧伯纳和数学家兼哲学家阿尔弗雷德·诺思·怀海德，他们清晰地感受到在皇家学会上公布的日食结果的历史意义。怀海德与爱因斯坦进行了很长时间的讨论，并试图说服爱因斯坦：在没有空间弯曲假说的情况下，立足形而上学也要能有进展。拿不出逻辑上的或实证的原因，爱因斯坦不会放弃一个理论。霍尔丹的形而上学在他看来似乎行不通。

英国国教的负责人坎特伯雷的大主教尤其渴望见到爱因斯坦。霍尔丹勋爵唤起各处对相对论哲学意义的关注，告诉大主教这一理论同样对神学有重要的影响，作为英国国教的负责人，了解这一理论是他的职责。不久之后，大主教在雅典娜俱乐部见到了物理学家和皇家协会主席约瑟夫·汤姆生，并请求他帮助自己做一件重要的事情。"尽责的大主教已经拿到了几本关于相对论的书籍，并试图读懂它们。这些书，不过分地说，让他对自己的智力感到绝望。我自己也读了其中的几本书，并把我觉得可能会对他有帮助的东西备录下来。"

汤姆生对理解困难感到吃惊，并说他不认为相对论和宗教有如此紧密的联系以至于大主教需要懂它。然而，认真的教会负责人并不满意，当爱因斯坦到达伦敦的时候，霍尔丹安排了晚宴，大主教也要参加。他坐在爱因斯坦旁边，可以聆听霍尔丹关于相对论对神学重要性的断言是否正确，或是如汤姆生所怀疑的那样。在晚宴上，大主教直白地问道："相对论会对宗教产生什么影响？"爱因斯坦言简意赅地回答道："一点影响也没有。相对论是纯粹性的科学事件，和宗教没有任何关系。"

爱因斯坦塔和拉特瑙谋杀

1921 年，爱因斯坦在到访美国和英国后回到了柏林。他在国外所获的荣誉在德国产生了影响。那些对爱因斯坦理论并不感兴趣的善意的人们在不耗费心智的前提下，尝试了各种方式来学习爱因斯坦理论。结果就是有些人利用这次风靡时机，通过让别人相信他们可以教授相对论来获利。例如，一个所谓的"爱因斯坦电影"在电影院上映，想不费力地教授相对论。电影的一开始是讲一个学生正在听一位无聊教授的枯燥讲课，他叹息道："这个演讲还要持续多久啊？还要 15 分钟？"接着又是另外一个画面，还是这位学生，此时正和一位漂亮的女孩子坐在花园长椅上，抱怨道："我最多只能待 15 分钟。"这意在教授公众"时间相对论"。如我们所见，这和爱因斯坦的理论没有任何关系。这样的普及扭曲了这个理论并使它变得微不足道。相比对他的攻击，这种现象更让他恼怒。

在柏林，人们也从英格兰的逸事中自娱自乐。比如，发生在爱因斯坦和萧伯纳之间的一个虚构对话，持怀疑态度的作家问道："告诉我，亲爱的爱因斯坦，你真的理解自己所写的理论吗？"于是，爱因斯坦面带微笑地回应道："就像你理解自己所创作的作品一样，亲爱的萧伯纳。"

当时为了获取一个简短易懂的相对论介绍，一位居住在巴黎的美国人由于对伦敦有关日食探索的报道印象深刻，他曾出资 5000 美元作为奖励以征得一篇有关爱因斯坦理论的最好文章，这篇文章字数须在 3000 字内。被三个字五美元的薪酬所吸引，很多人参加了这次比赛，其实，寻找评委相对困难，因为每个熟悉这个理论的人都想加入这次比赛。爱因斯坦开玩笑地说："我是朋友圈中唯一一个没有参加的人。我不认为自己有能力完成这项任务。"在 1921 年 6 月 21 日，三百份提交的文章中，奖项被颁发给一位 61 岁的爱尔兰都柏林本地人。和爱因斯坦一样，很早之前他就被伦敦的一家专利局雇用。他是一个业余的物理学爱好者。很难说他的文章比其他竞争者的好，也很难说它对传播相对论的理解上有什么进一步影响。人们只记得有人通过这篇文章赢得 5000 美元的事实，因而就总结说这篇文章一定值得学习研究。

1921 年秋季，一个重要的举措被采取以调查爱因斯坦理论的另外一个天文学结论。博施医生是德国最大的化学品公司——法本公司的董事，法本公司以生产合成染料、药物、爆炸物闻名。他曾为波茨坦一所和天文物理观测台有联系的学院的建立捐赠大量的资金。这个天文观测台可以非常精确地研究太阳光中色彩的成分。我们能够记起，在爱因斯坦重力理论中，他曾预言从星球到达我们眼前的光线的颜色取决于光线所穿过的重力场强度。这个预测后来被精确的观察所证实。

天文学家欧文·芬利·弗里德里希被任命为这所学院的主任。实验室以塔的形式被建造，建筑的设计是当时柏林摩登特色风格，呈现在普通公民眼前的是一个纽约摩天大楼和埃及金字塔之间的交叉建筑。这个实验塔通常被称为"爱因斯坦塔"。单独它的外形就足够引起民族主义组织的愤怒，他们更喜欢德国中世纪模型的怀旧风格或者至少是经典的古物风格。

经过一连串奇异的境遇，爱因斯坦后来辗转到了弗里德里希·威廉·鲁登道夫的手中，他是著名鲁登道夫将军的弟弟，鲁登道夫将军曾和阿道夫·希特勒合作过很长一段时间。那时，天文学家鲁登道夫仍允许基于爱因斯坦理论的太阳光线研究。他通过努力证明哥白尼是一个德国人而不是波兰人来满足自己的民族主义情怀，即使哥白尼的纪念碑站立在华沙。

1922 年 6 月 24 日，当时的外交部部长沃尔特·拉特瑙被几个狂热的学生谋杀。这场谋杀揭露了右翼势力为革命所做的准备。即使是那些有意识或无意识忽视此次犯罪背景的人也不得不严肃地对待此次事件。这次事件对爱因斯坦造成的影响比普通大众更大，因为根据他的见识和直觉洞察力，他清晰地意识到对德国共和国真诚的效忠只局限于一个小团体内，在小团体下是张开大口充满恨意的深渊。

爱因斯坦认识拉特瑙并且欣赏这位在众多德国政治家中有着罕见宽阔视野的人。拉特瑙是柏林一个富有犹太家族的后代，曾是战争时期德国计划经济背后的原动力。在共和国宣告成立后，拉特瑙作为政府的经济顾问发挥着重要作用，借助自己的国际名声，他能够行使多种服务以援助本国的外交政策。在钱塞勒·沃思执政期间，拉特瑙接受了外交部部长的职位，通过结束《拉巴洛条约》开启与苏联的友好关系，此外，作为一个犹太人他在君主主义和"右翼势力变革"支持者中极其不受欢迎。

共和政府下令把拉特瑙葬礼的这一天定为哀悼日，并下令所有学校和剧院停业一天。大学的讲座被取消了，但是菲利普·莱纳德这位之前提到过的反对爱因斯坦的海德堡物理学家，他拒绝听从命令。当工人在市内游行，并组织针对杀人犯以及反动派支持者的抗议集会时，莱纳德则一如既往地开展了自己的常规讲座。许多同情暗杀者的学生热情地来听莱纳德的演讲。一群路过此地的工人看到正在进行中的演讲，便把这一演讲视为是对杀人犯的支持，于是他们就进去把莱纳德拖了出来。经过内卡河，他们中的一些人试图要把莱纳德扔进水中，但是被温和派制止了，并把莱纳德送到了警局，警局立马释放了他。

在所有德国人眼中，这些事件把反对爱因斯坦理论和反对共和政权联系了起来。谣言开始传播说在搜索杀害拉特瑙的凶手过程中，发现了一张谋杀名单，据说名单上还有爱因斯坦的名字。警方否认了此谣言，但是对爱因斯坦的人身担忧开始蔓延。爱因斯坦他自己仍坚信宇宙中有些事情是无法避免的，无意做出迷信的预想和担忧，因此并不受影响。但这些与他有关的反应愈演愈烈。

每年德国科学家和内科医生年度会议都会在九月召开。由于今年是百年会议，所以计划了一场特殊的庆典。将会在莱比锡举行。因为在过去的几年里，爱因斯坦为德国科学在国际的威望做出了很大贡献，所以他以一位重要讲话人的身份被邀请来凸显这次会议的特殊性。他本来很乐意接受此次邀请，但是由于拉特瑙被谋杀后空气中所弥漫的这种混乱令人不安的气息，他并不想做任何公众演讲，于是便婉拒参加。然而，这个协会的执行委员会坚持让其他科学家就爱因斯坦理论的意义做出演讲，一个是物理学家马克斯·冯·劳厄，另一个是哲学家摩里兹·石里克。

由于暴力倾向情绪的传播以及他自己的冒险精神，莱纳德感觉自己有必要去抗议在莱比锡举办的德国科学家会议。在他看来，德国科学界通过准备与爱因斯坦著作相关的演讲对右翼势力革命进行政治反对宣传，他们代表着"公正地"被谋杀者拉特瑙所属的团体。莱纳德召集一群人起草了一份针对德国科学家会议的抗议书，他们把这份抗议书发布在所有报纸上，然后又在莱比锡各个演讲厅的门前分发这份抗议书。

然而，莱纳德并没有成功地劝说任何一个具有创造力的德国科学家在这份抗议书上签名。再一次，只有相同的三类参加过柏林爱乐乐团会议的人签署了这份抗议书。

法国之旅

爱因斯坦的旅行在某种程度上对改善德国科学家和美国、英国科学家的关系有所贡献。对于德国共和国政府和德国科学家们来说，这是令人愉悦的，但是对那些认为在西欧德国人被看作是劣等民族的群体来说，这令人非常愤怒。爱因斯坦受到友好接待的报告削弱了这种"暴行政治宣传"的影响。关于爱因斯坦如今是否有足够的勇气到访巴黎经过了很长时间的讨论，这是德国"死敌"的首都。有谣传说法国的科学界一直试图劝说爱因斯坦到访法国，这样他们可以亲自和爱因斯坦探讨新理论。他的理论在法国也得到了极大的尊敬，但是很多人发现理解很困难。例如，法国数学家保罗·潘勒韦，在战争期间，他是军事部部长，后来被任命为总理和法国下议院主席，他在法国政界扮演着领导角色，他对爱因斯坦的研究很感兴趣，但在很多方面曲解其意，也正是因为这种误解导致他攻击这一研究。后来他收回自己所有的反对。伟大的法国物理学家保罗·郎之万很快领会到了爱因斯坦理论的含义，有次他对我说："潘勒韦在研究爱因斯坦著作，但很不幸直到他写相关文章后，才开始非常仔细地研究。也许这是他习以为常的政治研究顺序。"

郎之万不仅是一个睿智的科学家，同时积极参与每项能促进国际调解事业的活动。在法国最高科学院法国大学，他做出了邀请爱因斯坦来巴黎的决定。他提议使用学院本来用于邀请其他杰出国外科学家做演讲的捐赠基金。这项决定得到了潘勒韦的热烈支持。但也有些反对者。民族主义者不想让对爱因斯坦的接待造成一种假象，即他们对其敌意减弱。他们企图用各种威胁方式诱导郎之万和他的朋友放弃对爱因斯坦的邀请，就像德国的类似组织试图迫使爱因斯坦放弃接受这次邀请。然而，当时这两个组织都不够强大到达成自己的目的。爱因斯坦接受了来自法国大学的邀请，并在 1922 年 3 月末启程前往巴黎。

物理学家郎之万和天文学家查尔斯·诺德曼一起前往比利时边境的热蒙与爱因斯坦会合并和他一起回巴黎。在旅途中，他们讨论了与这次到访有关的科学和政治问题。对话交流中，他们询问爱因斯坦对于左派在德国政治和文化生活中的目的与影响的看法。爱因斯坦回答说："好吧，所谓的左派实际上就是一个多维结构。"爱因斯坦已经感觉到不论是当时的右派道路还是左派道路都有可能通向同样的结局。

这个旅途中，郎之万相当担忧。在他离开巴黎之前，谣传说"爱国者"的成员和其他民族主义团体将会在车站聚集，准备给爱因斯坦一个不友好的接待。郎之万和法国官员都不想让任何这种扰乱破坏爱因斯坦的到访。在路上的时候，他询问了巴黎的有关情况。他接到了一份来自巴黎警局的电报，电报上说成群兴奋的年轻人正聚集在巴黎北站，这是从比利时发来的火车到站的地点，并认为这群年轻人就是所谓的"爱国者"，郎之万被建议带着爱因斯坦从没有人聚集的地方下车。他们照做了，能够不受记者和摄影者干扰，直接从火车站通往街道的一个边道溜走，在不被人发现的情况下乘坐地铁到酒店，爱因斯坦对此很是开心。

但是，在郎之万儿子带领下的这群聚集在巴黎北站的学生们本来是要给爱因斯坦一个热烈的接待，并已准备好阻止潜在"爱国者"不友好的示威行为，却没有等到他的到来。他们是爱因斯坦的爱慕者却被警方视为不友好的群体，导致爱因斯坦偷偷逃离。

3 月 31 日，爱因斯坦在法国大学做了他的第一个演讲。只有持票者才能入内，门票只发给那些对这个话题真正感兴趣，而不单单是为了组织示威的人。前总理潘勒韦亲自站在门口监督，只有被邀者才准入内。

爱因斯坦演讲的大厅也是伟大的哲学家如恩斯特·勒南和亨利·伯格森曾在广大观众面前演讲的地方。在这里演讲，对他来说比在英国和美国演讲更容易与观众沟通交流，因为他法语说得流利且自信，尽管有点慢，法国人感觉有点不习惯，但夹杂着他轻微的外国口音反而增加了演讲的魅力和吸引力——沉思魅力带着一丝神秘。与这一丝神秘截然相反的是，他竭力想要把一切都表达得尽可能有逻辑和清晰，尽可能少地使用专业术语，尽可能多地使用隐喻比较。很多享有国际名望的学者和公众生活中的人参加了这次讲座，他们中有镭的发现者居里夫人、伟大的哲学家亨利·伯格森、波拿巴王子和其他很多人。

除了这次公众讲座外，在有些科学家们开展的与哲学和数学界相关的详细讨论会议上，很多人都提出自己的问题和异议。爱因斯坦全面地回答了每个问题，于是很多误解也随之得到澄清。

奇怪的是尽管法国物理学家协会的很多成员都顺理成章地见到了爱因斯坦，但是协会没有官方参与这些安排事项。这一态度主要是由民族主义的倾向造成的，这种民族主义倾向似乎在物理学家与技术员中比在思维更加抽象的数学家、天文学家与科学哲学家中更强烈。

和在德国一样，存在于"纯粹的"实验物理学家中的某种抵制也许已经显现。在法国也有"纯粹的经验主义者"，关于这类物理学家，爱因斯坦经常说："他们在 18 岁以下学到的都是经验，之后接触的则是理论和推测。"

著名的科学院被当作是各种偏见的中心，在法国文学界中它已经被攻击，嘲笑了好几年，爱因斯坦的到访也证实了它名不虚传。关于爱因斯坦是否应该被邀请来做演讲，该学院进行了很长一段时期的讨论。有人认为这不可能，因为德国不是国际联盟的会员。相反，另外一些人认为爱因斯坦的到访会引发棘手的礼节问题。鉴于爱因斯坦并不是该学院的成员，所以他不能和成员们坐在一起，他需要坐在观众席那里。这么一位有声望的人不能被安排到不受重视的观众席那里。最后，学院的三十位成员不带任何委婉措辞，直白地说到如果爱因斯坦走进这间屋子，他们便会立即离开。为了让他的法国朋友免于不快与烦恼，爱因斯坦自己拒绝参加该学院的会议。

值此之际，巴黎的一家报社嘲弄式地询问道："如果一个德国人发现了可以治愈癌症或肺结核的药方，这三十位院士还要等德国加入国际联盟后才肯使用这个药方吗？"

在巴黎的接待表明，科学家中不同民族和不同个人的思维模式以及工作方法都需要被理解，如果存在一些勇敢的人，那么这种理解就很容易实现。同时它也表明世界各地的极端势力只是在等待一个时机浮出水面。为了准确地判断这些事件，不能忽视一种情况，即正是这群因为爱因斯坦是德国人便极力抗议接待他的人，后来在纳粹党人执政后成了与之"合作"的政策最狂热的拥护者。这些法国"爱国者"促成了 1940 年的法国战败和德国在欧亚大陆的霸权。

在法国，就像在德国一样，人们对爱因斯坦的态度绝大程度上取决于他们的政治同情，因为他们中的大多数并没有付出过多努力以形成自己对爱因斯坦理论的看法。如索邦大学一位有名的历史学家所说："我并不理解爱因斯坦的方程式。我只知道德雷福斯的追随者说他是一个天才，然而德雷福斯的反对者说他是一个蠢蛋。"德雷福斯是法国军队的队长，在1894 年被反犹太宣传者指控为叛国罪。事态演变成了共和国和它的敌人之间的斗争，整个国家被分成了两大阵营，即德雷福斯的拥护者以及其反对者。这位历史学家又说道："值得注意的是尽管德雷福斯事件已经被遗忘很久，但是这两个组织仍旧对彼此有着轻微的挑衅。"

德国共和政府受到攻击是因为它允许爱因斯坦前往巴黎，并向法国人"示好"。法国数学家以及哲学家受到攻击是因为他们想听爱因斯坦的演讲，而"这个人来自杀害过他们子民的国家"。因此，爱因斯坦回到柏林参加普鲁士科学院的第一次会议时，他四周的座位很多都是空的。

中国、日本、巴勒斯坦和西班牙之旅

英国和法国的行程结束后，接下来的远东国家之旅让他如释重负，毕竟之前他所到之处都和政治紧张局势有联系，此时他可以体验人们对他不一样的看法，可以像玩耍中的孩子一样享受这个多样的世界，而不需一直考虑民族情感在国内外是否会受到冒犯。

爱因斯坦在 1922 年 11 月 15 日到达中国上海，11 月 20 日到达日本神户。他在日本逗留至 2 月，然后启程返回欧洲。

他不仅是作为一名科学家闻名于世，同时也是德国的代表。在上海的码头，他受到了德国学校老师和学生们的问候与接待。在日本，之前在法国与爱因斯坦有过交流的女皇后亲自接待他。

有一次，我问爱因斯坦在这些具有异域风情的国家中，他是否有些新奇的体验，他回答说："我只在我的国家经历过奇怪的事情——比如，在普鲁士科学院的会议上。"

东方人——印度人、中国人、日本人，以他们的冷静、沉思以及优雅深深吸引着爱因斯坦。在爱因斯坦经历过自己国家以及邻国那种夸张的赞颂及憎恨后，东方人对中庸和美的偏好让他感到放松。

因为爱因斯坦喜欢莫扎特、巴赫和早期意大利大师的音乐，所以东方音乐似乎对他来说必然很陌生。他无法发现其中的乐趣。然而，他却对日本家庭对艺术的喜好印象深刻，他们会花费相当多的时间在剧院欣赏音乐，为了不中场离开他们还自备了食物。

从某种意义上说，数百名日本人认真地听爱因斯坦演讲时，表现出类似的认真态度。他们甚至听不懂爱因斯坦演讲时用的语言，更不用说演讲内容了。有次爱因斯坦注意到，他的演讲，包括日本翻译持续超过了四个小时。对此他表示很震惊，因为他很同情这些人听了这么久，这么认真，但是他们中的大多数听不懂。于是他第二次演讲时把演讲时间缩短至两个半小时。在前往下个城市的途中，他注意到与他同行的日本人正窃窃私语，看着他，然后又在对方耳边私语。爱因斯坦开始感到不安，因为这种行为从日本的礼仪角度看是不同寻常的。最后，爱因斯坦向其中一个同伴询问："请告诉我实话，是不是有什么问题？"于是，这位礼貌的日本同伴尴尬地回答道："我们不敢给你说这件事，但是安排第二次演讲的人感到被羞辱了，因为讲座没有像第一次持续四个小时。他们觉得这是一种怠慢。"

在归途中，爱因斯坦去了巴勒斯坦。对他来说，这是一个不同于中国或日本的地方。在这里他无法只把自己当作一个不参与的观察者，不能把欣赏不同的风景当作工作外的一种放松，他要经历愉快和不愉快的紧张气氛，因为他自己本身已经为犹太民族之家在巴勒斯坦的发展进行了宣传，一定程度上他感觉自己要对此负责。然而，很多事情并没有像他所预想的那样。结果就是很多人让他对那些他自己都不存同情的事情负责。爱因斯坦在巴勒斯坦的发展中所起的协作作用仅仅是为了推进其主要目标，他认为这是可取的。至于发展的具体细节，只有极少数可以归因于他的建议。因此他很好奇，那时的渺茫梦想实现了会是怎样。

作为最突出的犹太定居点的拥护者以及世界范围内杰出犹太人之一，

爱因斯坦在巴勒斯坦比在之前任何一个国家更被当作公众人物对待。他被巴勒斯坦高级专员邀请住在家里。这位高级专员就是赫伯特·塞缪尔爵士，在英国国内政界享有盛誉。他自己也是一名犹太人，事实上英国政府明显地考虑过以合适的方式表达其对犹太族之家发展的友好态度。然而，实际上，事情的发展并不尽如人意。面对犹太人和阿拉伯人越来越多的矛盾，身为犹太人的高级专员处境极其困难。每日塞缪尔爵士都不得不证明英国政府在冲突中的绝对中立态度。由于他自己是一位犹太人，人们自然而然地认为他偏向犹太人，因此，他不得不通过向阿拉伯人靠拢进行弥补，最后的结果就是他被说成是歧视犹太人。他无可奈何落得不受欢迎。

和霍尔丹勋爵一样，赫伯特·塞缪尔爵士也是这些热衷于科学，尤其是科学哲学的英国政治家之一。和霍尔丹一样，他对相对论也有着浓厚的兴趣。关于它的哲学解读，赫伯特·塞缪尔的观点与爱因斯坦的相反，他的观点更多是顺沿着传统哲学。

在这片或多或少被认为是殖民区的土地上，为了让"土著者"（犹太人和阿拉伯人）继续保持顺从和敬意，一位英国高级专员必须摆威风。离开自己富丽堂皇的居所时，要放炮，穿城而过时，骑兵部队伴他左右。他住宅处的礼节仪式让人回想起英国法院的仪式。有必要唤起"土著人"面对国王直接代表者的敬畏感。爱因斯坦并没有过多地关注这些。他表现得与在其他地方一样从容自然。而他的妻子感觉相当不自在。她后来说道："我是一个简单的德国家庭主妇；我喜欢舒适自然的环境，在这种正式的氛围中我觉得不开心。对我丈夫来说却大不同，他是个名人。当他有失礼节时，人们说因为他是天才所以才这样做。但当同样的事情发生在我身上时，人们说是因为我没有文化。"有时候，为了避免烦琐礼节和仪式的折磨，她选择去睡觉。

爱因斯坦带着极大的兴趣着手研究犹太人建立独立国家生活的成果。

他看到了特拉维夫这座新犹太城市。在欧洲，犹太人通常只是属于特殊阶层的人口；他们常常遭到其他阶层的迫害，这些人认为犹太人所做的研究极其容易或极其可憎。然而，特拉维夫这座城市完全是由犹太人建造的。在这里，他们不会觉得作为一个民族和经济团体而占据了不正常的地位。

然而，爱因斯坦也看到了犹太人的困境——尤其是他们与阿拉伯人不如意的关系。他还无法像民族党派一样做他们所做的事情，即单纯地责备阿拉伯人的忘恩负义和英国对犹太人支持的不足。他要求犹太方理解阿拉伯文化生活并且与他们建立友好关系。

就此，并不是所有犹太复国主义团体都欢迎爱因斯坦的到访。极端民族主义者只把他看作和正统犹太教信仰追随者一样肤浅。后者认为爱因斯坦不重视传统的礼节仪式，甚至有时就此开玩笑，这种行为是不恰当的。

1923 年 3 月爱因斯坦乘船离开巴勒斯坦前往马赛。从那里他去了西班牙，这里的风景和艺术一直是他快乐的源泉。就像他已经和日本皇后交谈过一样，爱因斯坦同样也和西班牙国王阿方索十三世有过谈话。因此他不仅欣赏了这片奇异陆地，也对这个科学家们所不了解的阶层有了亲身体会。爱因斯坦总是保留着几分聪明孩子所有的好奇心，总是从这些经历中汇集新力量用于自己的创作。一切对他就像一场梦，有时他会对妻子说："在我们醒来之前，让我们享受这一切吧！"

诺贝尔奖和俄罗斯之旅

1922 年 11 月 10 日，当爱因斯坦还在前往东方国度的旅程中时，瑞典皇家科学院委员会授予他诺贝尔物理学奖。尽管很早之前他就被公认为他那个年代最伟大的物理学家之一，但是委员会花了相当长的时间才决定授予他这个奖项。成立此奖项时，阿尔弗雷德·诺贝尔规定这个奖项应该颁给对人类大有用处的最新物理学发现。但没有人可以肯定爱因斯坦的相对论是一个"发现"。起初，它并没有宣称发现新现象，只不过是一个基于很多事实的原理，相比之前的推断，更简单而已。在爱因斯坦的理论成为众矢之的，且与政治矛盾联系在一起后，瑞典皇家科学院认为这件事要谨慎对待，暂时不能授予爱因斯坦此奖项。在 1945 年原子弹爆炸后，皇家科学院明显地意识到爱因斯坦相对论对人类的重大作用，很快把诺贝尔化学奖颁给铀裂变的发现者奥托·哈恩。

然而，至 1922 年年末，瑞典皇家科学院想了一个机智的权宜之计，这样不以爱因斯坦相对论的名义也可以授予其此奖项。它以爱因斯坦"量子论"研究为由颁发此奖项（见第三章和第四章）。量子论并不像相对论那样引起激烈的争议。但是在量子论中"事实被发现"，即论断来源于可从少量结论中推断而来的观察现象。相对论的推理时间更长些。然而，这细微的区别让皇家科学家可以从光电学和光化学定律角度说它是一个"被发现的事实"，而不是相对理论。通过这种方式，瑞典皇家科学院成功地避免了有关相对论争议的任何看法。颁奖词很笼统："这个奖项授予爱因斯坦，感谢他在光电定律和理论物理学领域的研究贡献。"

爱因斯坦的反对者一得知此消息，就开始比以往任何时候都激烈地声称这整件事情都有点古怪。他们声称爱因斯坦的这一发现不足以配得上此奖项。1923 年早期，老对手莱纳德致信给瑞典皇家科学院，信中他把整个事件冠名为皇家科学院试图"在不损害自己名声的前提下重建爱因斯坦已丧失的威望"。

1923 年 7 月，爱因斯坦接受这个奖项并在哥特堡的斯堪的纳维亚科学家会议上做了演讲，当时瑞典国王也参加了此次活动。

作为一个公众人物，尤其是在德国，爱因斯坦所做的每件事情都会伴随各种声音。有些是热情，有些是怀疑和憎恨。随后在 9 月 15 日《德意志汇报》（针对受过良好教育和富有的民族主义团体的报纸）上报道的文章让公众情绪高涨，在部分人中甚至是愤恨和恼怒。

当时从莫斯科我们了解到爱因斯坦教授将会在 9 月底到达。他会在那里做有关相对论的演讲。俄罗斯的科学家对此次演讲有着极大兴趣和期待。1920 年，爱因斯坦的著作由飞机带到俄罗斯，立即被翻译成俄语译本，并出现在布尔什维克国家出版社第一批著作中。

必须牢牢谨记的是：在德国，爱因斯坦的相对论已经被看作是"物理学的布尔什维克主义"，很多人认为爱因斯坦与拉特瑙都参与了一个犹太人的阴谋，因为最后拉特瑙与苏联签订了友好条约。那时，与苏联的联盟并不被德国民族主义看作是服务于德国国家利益外交政策中一个极其精明的举动，而是被看作是对德国人的背叛。因此，很多人把爱因斯坦的旅行报道看作是他参与一个布尔什维克党对抗德国阴谋的迹象，并就此传出各种谣言。

10 月 6 日，民主党的《柏林日报》报道："爱因斯坦教授已经动身前往莫斯科…… 在莫斯科，人们已经做好准备给这位著名的德国科学家一个盛大欢迎式。"

10 月 27 日，民族主义报纸《柏林证券报》报道："苏联新闻称爱因斯坦将于 10 月 28 日抵达彼得堡，会针对受过训练的科学工作团体做一个有关相对论的演讲。"

11 月 2 日，《基勒日报》报道："爱因斯坦将会在彼得堡待三天。"

11 月中旬，公众认为爱因斯坦已经从俄罗斯回到德国时，他收到了很多威胁信件，信中民族主义狂热分子威胁爱因斯坦，如果他继续与布尔什维克勾结会和拉特瑙一样被"枪决"。然而，在所有这些事件中值得注意的是不论之后还是他生命中的其他任何时候，爱因斯坦从来没有去过俄罗斯。他的法国和英国之旅经常被误解，也给他在德国带来了很多不愉快。很明显，一旦他成为充满仇恨的煽动者的目标时，就无法避免这些不受欢迎的旅程。

1923 年年末，爱因斯坦结束了世界之旅。这次旅行中他不仅是一名促进国际间相互理解的使者，也是一名对宇宙本质一般问题有着普遍兴趣的代表人物。1925 年，他访问了南美，这次旅行之后，爱因斯坦接下来的几年一直待在柏林。

第九章

原子物理的发展

爱因斯坦执教柏林

1924 年，爱因斯坦再次回到柏林。在周游各国时，爱因斯坦用各种语言向不同受教育程度的人群传播自己的理论思想，所以在柏林安顿后他并不能很快适应普通的物理教学。爱因斯坦更偏爱两种类型的演讲，一种是向毫无专业基础的门外汉以最简单清晰的方式解释他的理论，将科学的前沿发展生动形象地传授给大众；另一种是向专业水平很高的学生做高技术含量的报告，并和听众一起讨论自己当前关心的科研问题。

当时，爱因斯坦的名声吸引了许多外国游客，他们将爱因斯坦列为到柏林必看的"景点"之一，甚至连他是物理学家、数学家、哲学家还是梦想家都不清楚，只想一睹爱因斯坦的风采。有时候来听报告的游客太多，爱因斯坦就会在演讲时说："现在稍微休息一下，对我报告的内容不感兴趣的人可以自行离开了。"通常，只有八九个学生会留下来，这样，爱因斯坦就不用再面对一张张茫然的脸，而能够高兴地和知己般的听众谈论自己心灵最深处的问题。

但是即使对于立志成为物理学家的学生，这样的报告也很难理解。再有天赋的学生也希望爱因斯坦能以更容易让人接受的方式教授他的理论。

然而爱因斯坦并不愿意花过多精力在自己已经结束的课题上。他总是在寻找新的问题，探求新的答案。然而，愿意并且有能力自己思考这些新问题的学生凤毛麟角。

我之前曾经提到过，一开始，爱因斯坦对高等数学技巧在物理理论发展中的应用持怀疑态度。1908 年，当闵科夫斯基用简单的四维几何形式来表述狭义相对论时，爱因斯坦认为这种形式太烦琐复杂，妨碍了人们抓住理论中的物理精髓。当马克斯·冯·劳厄（1879—1960）在第一本相对论教材中以优美的数学形式展现相对论时，爱因斯坦开玩笑说："我自己几乎看不懂劳厄的书。"

当时，哥廷根大学是德国的数学教学科研中心。闵科夫斯基曾在那里执教，相对论的数学表达也在那里发源。爱因斯坦有一次又戏谑地说："哥廷根那儿的人把我镇住了，有时候我觉得他们不是在为物理理论建立更清晰的表达形式，而是为了展现他们数学家比我们物理学家聪明多了。"但是，哥廷根最伟大的数学家，被称为"数学界无冕之王"的戴维·希尔伯特（1862—1943）却意识到尽管爱因斯坦不关心表面的数学问题，但是他知道在什么时候应该怎样运用数学工具。希尔伯特曾经说："在我们哥廷根的大街上随便找一个人，他对四维空间的理解都强过爱因斯坦。然而发现相对论的人是爱因斯坦，而不是我们数学家。"有一次，他还对一群数学家说："你们知道为什么我们这代人中，爱因斯坦提出了空间和时间的最具开创性、意义重大的理论？这是因为他不了解任何时空的哲学和数学理论。"

在广义相对论中，爱因斯坦不得不借助于高等数学的一个分支，即"张量分析"（Tensor analysis），来完整地描述四维非欧式空间中的物理现象。由于理论计算的复杂性，爱因斯坦发现自己需要一个数学功底扎实的助手。他更倾向于选择那些具有科学素养和雄心壮志，但又由于某些条件未能在公共机构找到工作的年轻人作为自己的助手。因此，他在柏林的第一批助手中有一个因麻风病导致身体缺陷而找不到工作的俄罗斯犹太人。不久之后，那个年轻人当然更希望能找到独立的教职。尽管他寄希望于爱因斯坦，但是由于自己可怕的外表，仍然没有学校愿意聘任他。他却迁怒于爱因斯坦，责怪爱因斯坦不尽心尽力帮助他找工作，最终和爱因斯坦闹翻。

那时爱因斯坦想找一个合适的助手并不容易。对于投身物理研究的年轻学生们来说，与爱因斯坦这样伟大的物理学家合作是一个再好不过的机会。不仅如此，爱因斯坦还富有人格魅力，是一个友好风趣并且很擅长聊天的人。但是，大学里的学生们课业繁重，为了顺利毕业疲于考试和争取学分，学生们更愿意到给他们代课、出考试题的老师那儿学习，跟着这样的教授做毕业论文。而爱因斯坦并不是常规的执教老师，因此只有很少的学生与爱因斯坦有私人的联系。所以，爱因斯坦只好请从其他国家来德国学习的留学生们做他的助手，因为这些留学生没有获得学分和毕业的压力，只为了跟着普朗克、能斯特①和爱因斯坦这样的德国杰出科学家学习。因此，爱因斯坦曾先后与前面提到的俄国人、匈牙利人科尼利厄斯·兰索士（1893—1974）、澳大利亚人沃尔瑟·迈尔（1887—1948）合作。后两位为爱因斯坦提供了很多帮助，并且对广义相对论的出版做出了宝贵的贡献。他们后来在美国的学校教书。

---

① 德国卓越的物理学家、物理化学家和化学史家，热力学第三定律创始人，1920年诺贝尔化学奖获得者。

原子结构

在相当长一段时间内，世界都公认爱因斯坦的相对论是物理学上最奇特、最根本的变革。实际上，当时正在孕育着关于物质本性的更让人难以置信的颠覆性理论。

1905 年，当爱因斯坦还在伯尔尼的时候，他就对光的构成做出了杰出的贡献（见第三章第十小节）。从那之后，他转向了相对论和万有引力的研究，以恒星、行星这样大尺度的宏观物体为对象，而不再研究构成自然界的最基本的粒子——原子。尽管他曾经研究过引力场中的光线，但并不涉及光线的本质是波还是粒子流。

爱因斯坦自己意识到，1905 年他提出的光量子（光子）的概念只是一个临时的假设，因为光学中还有无数问题没法解决。光子理论在热辐射和光电效应上的应用获得了意外的成功，但是无法解释光的干涉、衍射等一系列现象。另一方面，光的波动理论可以应用于后者，却对光子理论能解释的那些现象无能为力。

在某次交谈中，爱因斯坦这样描述光的二重性质："光子就像豌豆粒一样，隐藏在连续性的光波的某处。"光波的振幅决定在某个空间位置有多少粒"豌豆"，但是这个数量只是统计学上的平均。人们永远无法确定一粒"豌豆"会在什么时刻出现在哪个位置。一开始，爱因斯坦觉得这不可能是终极的真相，因为他"永远不可能相信上帝在掷骰子"。然而，"上帝的骰子"渗透到了物理学的多个问题中，例如，在放射性元素的衰变过程里，人们只知道每秒钟发生衰变的原子占总原子的百分比，而不能确切预测下一秒哪一个具体的原子会发生衰变。

但是，早期爱因斯坦提出的"每束光中的光子（光量子，Light quanta）"这一思想在肥沃的土壤上生根发芽。这个"启蒙式观点"最终促进了真正的物理学发现。1913 年，丹麦物理学家、哥本哈根学派的创始人尼尔斯·玻尔（1885—1962）尝试把原子结构与原子发出的光联系在一起。英国物理学家、原子核物理之父卢瑟福（1871—1937）在 1911 年曾证明，原子是由中心带有正电荷的原子核与周围一定数量的带负电的电子组成的。而且，人们早就发现，与日常的发光物体不同，原子不能发出频率连续的各种颜色的光，只能发出一系列具有特定频率的光，这些光构成了原子的特征光谱。玻尔发现，若用牛顿定律解释行星绕太阳运动的方式来建立电子绕原子核旋转的模型，这将完全不能解释原子光谱的特征。因此，他转向另一种假设，用普朗克描述热辐射的方式修改了牛顿定律。玻尔假设围绕原子核运动的电子轨道的半径只能是某些分立的数值（定态，Preferred orbital）。不同轨道上的电子具有不同的能量，当电子从一个能量更高的轨道跃迁到能量较低的轨道时，其能量的差别会以一个光子的形式放射出来。这种发射光子的过程也可以被看作一种爱因斯坦光电效应的逆过程，因为在光电效应中，光子被吸收而电子能量被提高。但是就像原子衰变一样，这种物理现象也是大量原子的统计平均，而不是可预测的特定原子的行为。开始人们也没有觉得这种理论有什么不妥，因为可以联想到保险公司的运作中能够统计人类群体的平均寿命，却不可能知道每个人的寿命。但是，人类个体的死亡都有确定的原因，物理学家也相信单个原子的行为是可以预测的，只不过他们还没有找到这样的方法和规律。

原子力学

在爱因斯坦回到柏林定居后，"上帝不会掷骰子"的观念开始动摇。1924 年，法国巴黎的一个年轻的研究生路易·德布罗意王子（1892—1987）向他的导师郎之万教授（1872—1946）提交了他的毕业论文，提出了一个比爱因斯坦相对论更匪夷所思的观点。郎之万身为反法西斯知识分子警觉委员会的创始人之一，是一个政治激进分子。但是他也被德布罗意理论的大胆性所震惊。虽然郎之万认为德布罗意的工作相当荒唐，但是考虑到玻尔的"定态"轨道理论乍看也很古怪可笑，他认为他学生的文章里或许揭示了某些真实的规律。

德布罗意注意到在爱因斯坦的光学"启蒙式观点"中，把物质粒子的一些性质（例如能量、动量等）赋予光子，将会有利于物理现象的解释。受此启发，德布罗意也在力学中引入了类似的"启蒙式观点"。为了解决在研究亚原子微粒（组成原子的粒子）运动时遇到的困难，他提出可以把波的性质赋予粒子。他假设，如同光子的运动是由形成光的电磁波所决定的，粒子的运动也是由一种他起名为"物质波"①的新型波所引导或"操纵"的。根据这一观点，玻尔理论中"定态"轨道是不同德布罗意波之间干涉作用形成的驻波，其他轨道由于干涉相消作用而无法存在。这种现象与光的小孔干涉现象原理相同。当光线通过小孔时，会形成的明暗相间的图样，某一位置是亮的还是暗的，这取决于不同方向传来的光波在那一点相遇时，振幅是相互叠加增强，还是相互抵消的。德布罗意波的波长与粒

① Matter wave，其他科学家称为"德布罗意波"。

子的动量成反比，而且只有在粒子质量极其小的情况下才可以被观测到，因此亚原子微粒则是体现波动性的好例子。对于一些日常物体，如台球等，它的德波罗意波长太小，因此其波动性很难被观测到。

两年之后，奥地利物理学家、量子力学奠基人埃尔温·薛定谔（1887—1961）在德布罗意思想的基础上发展了一套崭新的原子理论，可以描述原子尺度的微观粒子在任何力场下的运动。在玻尔的原子物理理论中，为了能够圆满地解释物理现象，牛顿定律和新的假设（定态轨道）混杂在一起。而薛定谔理论自成一体，对于微观粒子的现象同样能给出满意的解释。

起初，德布罗意和薛定谔都假设粒子和决定粒子运动的"操纵"波之间的关系是严格的因果关联。但是在 1926 年，德国犹太裔理论物理学家、同位量子力学奠基人马克斯·玻恩（1882—1970）和数学物理学家 P·约当①（1902—1980）将德布罗意波的强度解读为单位空间内粒子的平均数量。如此，物质波强度和粒子数之间的关系与光强和光子数量之间的关系完全一致。

由德布罗意、薛定谔和玻恩发展的这一套理论不能计算出原子尺度下粒子的准确位置，只能计算出它们的平均位置；这一理论更注重物质粒子的波动性，因此被人称为波动力学。这个理论也不能精确预测出确定的未来可观测事件，只能计算出事件发生的概率。例如，我们无法预测实验中一个粒子或光子会击打在接收屏的哪个点，只能知道屏幕的每一点接收到的粒子数将占入射粒子流的百分之几。如果科学理论的预测仅限于此，那么正如爱因斯坦所说，"上帝确实会掷骰子"。

---

① 发展了量子力学和量子场论，为线性代数和矩阵理论的发展做出了巨大的贡献。

在 1927 年，物质的波动性得到了证实，实验结果令人瞠目结舌。美国物理学家克林顿·J·戴维森（1881—1958）和他的助手 L·H·革末（1896—1971）发现，电子束穿过金属晶格时会发生衍射现象，这与光的光栅衍射以及 X 射线的晶体衍射现象完全一致。衍射向来被看作一种波特有的现象，在戴维森—革末实验证实了德布罗意物质波的存在之前，人们实在难以想象电子这样的物质粒子也能发生衍射，甚至根据电子的衍射图样计算出的电子波长与德布罗意的理论预言也完全吻合。

同时期，一个年轻的德国人，后来被奉为量子力学的主要创始人和哥本哈根学派的代表人物沃纳·海森堡（1901—1976）用另外一种方式揭示了微观粒子和辐射之间的相互作用。他彻底打破了牛顿力学中"粒子位置的变化必须是连续可追踪的"这一基本观念。

爱因斯坦的广义相对论以"马赫的要求"（"Mach's requirement"）为出发点，即一个物理理论最终应该给出可测量量之间的关系，因此"绝对运动"被"相对于物质体"的运动所取代。海森堡也基于类似的出发点，既然在自然规律下不可能通过实验测量出电子的运动路径，我们也无须关心电子在原子中的准确位置应该如何计算。原子唯一的可测量性质是其辐射的电磁波强度和频率。因此，海森堡建议发展一套以辐射振幅和频率为基本量来描述亚原子尺度现象的理论。这意味着描述微观粒子运动时彻底摒弃了以"位置和速度"为基本概念的机械力学。如果我们采取海森堡的做法，亚原子粒子（如电子和光子）将不再是牛顿体系中的"完备粒子"，因为它们的行为无法用牛顿力学预测。它们只是具有部分粒子特性的物理对象。

这种描述方法后来被称为量子力学（Quantum mechanics）。海森堡到哥本哈根之后，他与尼尔斯·玻尔合作，改进了这套方法，使其在逻辑上更自洽。

玻尔的互补性原理

玻尔认为，在研究微观粒子的现象时，不应该以完全舍弃对运动的描述为代价，而应该提出具有一定适用范围的特殊"运动粒子"的概念，在此基础上取代海森堡提出的仅通过可观测的波动特性来描述微观粒子的表述方式。当然，海森堡证明了微观粒子的运动不能被牛顿体系描述，这是毋庸置疑的。这是因为，在牛顿力学中只要知道了粒子的初始位置、动量以及受到的力，就可以无限精确地计算出未来任意时刻粒子的位置和速度；而对于微观粒子来说，这是无法实现的。确实微观粒子的运动也满足一定的规律，当它们质量非常小时（亚原子粒子），如果已知其某一时刻的位置和动量的大致数值范围，那么也能够预测未来某一时刻粒子的位置会落在哪个范围中。然而，即使已知的初始条件范围再窄，我们也无法像牛顿定律那样，预测出同样精确的末态。换句话说，如果试图用微观粒子击中靶心，那么即使枪口瞄得再准，微观粒子也未必能落入靶心。在海森堡的理论中，位置测量的不确定度和动量的不确定度之间有某种关系：它们的乘积等于一个确定的量，即普朗克常数 h。这一关系就是著名的"测不准原理"（Heisenberg's relation of indeterminacy）。

不久，玻尔就对这种微观粒子的奇怪行为做出了更完善的阐释。他指出，就像光子的粒子性和波动性一样，"位置"和"动量"是一个微观粒子的两个不同方面。把粒子的位置限制在空间确定区域内，正如将光的能量集中在一个光子上；而粒子的动量则与光的波动性对应。物质粒子和光都具有波粒二象性（Wave-particle duality），但波动性和粒子性之间既不矛盾，又非毫无关系。玻尔又一次强调了"马赫的要求"，即物理的陈述应当可以被确定的物理实验观测所验证。所以，特定的实验测量仪器决定了光或者电子表现出波动性还是粒子性。波动性和粒子性是同一物理对象的两种"互补"的性质。我们观测到的结果取决于我们用什么样的实验仪器去测量微观粒子。这一概念被称为玻尔的互补原理（Bohr's theory of complementarity）。

因此，玻尔的理论与牛顿力学的决裂之彻底，更甚于相对论与牛顿力学之间的差异。玻尔的理论不能定义什么事件才是"真正"发生的。"太阳发出的光照射在地球上"这一说法是不准确的，我们只能说明太阳发出的光被地球某处的仪器接收到。更精确地说，不应该以描述粒子运动路径的方式来描述"物理真实"，我们能且只能叙述不同时空点中不同物理仪器测量的结果。然后，物理定律负责将这些不同的测量结果（而不是粒子的路径或位置）联系起来。这种观点与实证主义哲学观一致，即科学不能发现世界上真正发生的事，只能描述并将不同的观测结果结合在一起。

科学到底是对观察结果的描述和归类，还是对真实世界的研究？自二十世纪初以来，这两种观点之间的冲突便愈演愈烈。在欧洲中部的科学家中，这种分歧和矛盾尤其尖锐。马克斯·普朗克作为后者（他称为"形而上学"观点）的代言人，极其激烈地反对支持前者的激进派科学家。他尤其攻击与玻尔理论一致的马赫实证主义科学观。在这时，维也纳和布拉格开始了实证主义的变革。新的运动与"马赫的要求"紧密关联，这一运动以维也纳学派（Wiener kreis）、摩里兹·石里克（1882—1936）、德裔美籍哲学家鲁道夫·卡尔纳普（1891—1970）、奥地利科学家奥图·纽拉特（1882—1945）等人为中心，被称为逻辑实证主义（Logical positivism），并与当时蔚然成风的实用主义、操作主义（Operationism）趋势等有一定的关联。在英国，哲学家、数理逻辑学家、历史学家，二十世纪西方最著名、影响最大的学者和和平主义社会活动家伯特兰·罗素（1872—1970）也引导了一场类似的运动。

爱因斯坦的科学哲学观

爱因斯坦在相对论和原子物理领域做出的先驱性工作激发了实证主义物理观念的建立，因此很多人把他看作实证主义的守护神。对于实证主义者，爱因斯坦带来了科学的福音；而对于实证主义的反对者，他则是邪恶精神的代表。实际上，爱因斯坦对于实证主义和形而上学的态度并不是那么简单分明的。他性格中矛盾的一面不仅体现在他作为教师的行为和对待政治问题的态度上，也同样充分地体现于他的哲学思想中。

尽管爱因斯坦毫无保留地接受了玻尔原子理论的成功，但是站在哲学的角度，他仍然不愿承认物理学不以描述物理事实为目标而只是观察的总结。虽然，他意识到微观粒子不符合牛顿定律，不能从初始条件预测出未来的运动，但是，爱因斯坦期望着，或许有某种还未被发现的新理论，能够解释所有的物理事件。最终一组普适的场方程将会被发现，它包含了以光子为特例的一切粒子的运动定律。

我必须承认，在相当长的时间里，自己都误解爱因斯坦为玻尔理论实证主义解释的拥护者。1929 年在布拉格召开的德国物理学家的集会上，我攻击了他们形而上学的立场并为马赫的实证理论辩护。在提到一个著名德国物理学家的观点之后，我说："我坚持的观点与这个时代最伟大的物理学家、哲学家爱因斯坦一致。"当时，我以为提到爱因斯坦的名字，反对者们将会有所顾忌，但是我错了。当时有人提出，爱因斯坦并不接受马赫的实证理论，他认为物理定律不仅仅是观察的结合。他还补充道，实际上爱因斯坦完全支持普朗克的观点，即物理定律应该描述时空中与我们自身无关的客观真实。

当时，得知爱因斯坦的立场后我完全无言以对。不过，我马上意识到爱因斯坦对实证主义的抗拒很大程度上源自他对玻尔原子物理观念的态度。爱因斯坦的合作者兰索士曾在一篇文章里说，爱因斯坦的广义相对论是科学形而上学观的典范，而玻尔的理论则包含了激进的实证主义观。对我来说相对论是马赫思想的实现，兰索士竟然以这样的方式概括相对论，这让我十分震惊。

不久之后，记得大概在1932年，我去柏林拜访爱因斯坦。因为我已经很长时间没有与他进行私下的交流，所以对于他未公开发表过的对某些问题上的看法无从得知。我们讨论了玻尔的新物理学派，爱因斯坦又诙谐地说："现在物理学兴起了一个新潮流。通过建立一些天才的理论实验，某些物理量被证明是无法测量的，或者更准确地说，根据自然定律，研究对象的行为干扰了人们的测量，使人们得不到任何结果。因此，在物理学中这些物理量也没有被保留的必要，它们只有形而上学的意义。"在这段话里，"物理量"显然是指微观粒子的"位置"和"动量"等。

爱因斯坦的话让我想起了他的相对论曾经引起的讨论。当时，相对论的反对者也声称，即使诸如"两个事件的绝对时间间隔"这种量没法测量，那么人们也不能宣称时间间隔或"绝对同时"只是毫无意义的词语堆砌。当时爱因斯坦是这样回应的：只有可以通过实验测量的量才是有物理意义的。P·W.布里奇曼也将相对论中的同时性理论作为用以说明"操作性定义"的典范。因此，我对爱因斯坦说："这种物理新潮流不是你在1905年发明的吗？"爱因斯坦又幽默地回应："一个好的笑话不应该重复太多次。"而后，他更严肃地解释道，相对论里并没有任何形而上学的描述，但是他认为电磁场或引力场和质量一样，都是物理真实。相对论告诉我们关于同一个物理真实的不同描述之间的关系。

实际上，爱因斯坦曾是一个实证主义和经验主义者，因为他从来不接受任何物理学长期建立起来的框架的限制。他认为，为了物理学的进步，人们可以随意发明新的公式和定律，只要它们能与新的观测结果相符合。更早的实证主义观认为物理的一般规律是个体观察的总结，而爱因斯坦则认为其基础应该是想象力的自由创造。发明者的产物只被两个原则限制：一是经验主义的原则（Empirical principle），即理论推导的结论必须被经验证实；二是半逻辑半美学的原则（Half-logical，Half-aesthetic principle），即物理定律应该在逻辑自洽的基础上越简洁越好。这一观念与"逻辑实证主义"几乎没有差别。

在二十世纪以来，尤其是爱因斯坦创建狭义相对论和广义相对论后，人们发现物理定律越来越难从观察结果中简单直接地总结出来，而且理论的基本原则与观察结果之间的关联更是前所未有的复杂。自十八世纪，物理学的发展也伴随着哲学的发展。普适规律再也不是对观察的总结，而是先由想象力创造，再被观察所验证。马赫的实证主义被逻辑实证主义所取代。

1933 年夏，就在爱因斯坦永远离开欧洲前不久，他在牛津大学赫伯特·斯宾塞演讲上，就自己对物理理论本质的理解做了最详细的阐释。他首次谈论到十八世纪和十九世纪的机械论物理，说道：

> 那个时期的科学家们大部分都确信物理定律和基本观念不是人脑逻辑的自由创造，而是通过抽象法，对实验结果进行逻辑的处理后得到的。而广义相对论的出现证明这一观点是错误的。

就在爱因斯坦强调基础的物理观念是想象发明的产物之后，他说：

这一观念中，物理的基本原则具有纯粹的虚构性特征，而在十八、十九世纪这种观念并不流行。现在，由于物理的基本定律和实验可验证的结果之间差距越来越大，所以此观念的依据越来越清晰。这是因为，逻辑上越统一，逻辑独立的物理概念则越少，物理观念与实验观测之间的鸿沟就越深。

除了爱因斯坦的人生经历和思想等方面，我们发现他对科学实证主义观的态度上也具有内在的冲突。一方面，他认为必须尽快在物理学上达成一种前所未有的逻辑清晰性，以极度的激进主义要求从物理假设推导出与观察实验一致的结果，不愿意接受任何不能被观察结果检验的定律。另一方面，他却觉得即使逻辑实证主义也不能赋予科学中的想象力以足够的重视，无法将隐藏在某处的"确定性理论"证伪，而人们只要把这个理论找出来即可。因此，爱因斯坦的科学哲学观经常给不了解他的人一种"形而上学"的印象。实际上爱因斯坦坚持只有可观测事实才能"验证"物理理论的实证主义要求。

统一场理论

在广义相对论中，爱因斯坦将重力归结于引力场的作用。物质产生了引力场，引力场反过来又作用于物质体，使物体受力。爱因斯坦将引力作为弯曲空间的一部分。带电粒子的情况也是类似的。它们之间的力是电荷产生的电场造成的，电场又对其他的带电体施加电场力。因此，质量和引力场的关系可以完全类比于电荷和电场的关系。最终，爱因斯坦希望能建立一个"统一场"（Unified field）理论，将自己的引力理论和电磁场现象统一起来。他也认为这个理论对轻量子（光子）现象的描述或许能比玻尔的理论更好，从而可以推导出描述"物理真实"的定律，而不仅仅是对观察结果的总结。高等几何在广义相对论中有极其成功的应用，这启发爱因斯坦在四维空间的基础上发展他的新理论。在这种情况下，除了空间曲率，必然还有其他与引力场效应相关的特征。

1929 年在爱因斯坦即将五十岁时，他正在建立统一场理论的消息传遍了各地。对大众来说，如果爱因斯坦能在他五十岁生日的那天发现一个可以解开一切自然谜题的魔法公式，那将会多么富有戏剧性。爱因斯坦收到了来自世界各地的报社和出版商的询问，请求他向他们简单介绍新理论的内容，成千上万的记者来到他家附近随时等待消息。爱因斯坦不无惊愕地对追踪他的记者说："我真的不需要任何宣传。"但是所有人都期待着爱因斯坦能再次震撼世界。他们知道文章将发表在普鲁士科学院议事录上，但想尽办法取得小样，都未能成功。一家美国报社只好安排在文章发表时立刻拍照传真过去。

这篇文章只有几页，但大部分都是公众无法理解的数学公式，对外行的大众来说，这篇论文看起来就像用楔形文字写的一样。要读懂这篇论文，必须具有相当深厚的几何数学功底。实际上，文章揭示了从四维空间几何结构相关的假设出发，推导出统一场普适理论的可能性。这些大统一的理论包含了已知的电磁场理论和引力场理论等特例，然而却没有得到任何可以被实验验证的结果。因此对于公众来说，这个新理论比爱因斯坦之前的理论更难以理解。而对于专业人士来说，这个理论是既富有逻辑性，又具有美感的集大成者。

● 第十章 ●

德国的政治动荡

爱因斯坦五十岁生辰

1929 年的 3 月快到了，爱因斯坦和家人担心各大报纸为了追求轰动效应，大肆报道爱因斯坦的五十岁生日。如果真如此，这只会让他感觉不愉快。许多报社绞尽脑汁要弄到爱因斯坦的言论并公之于世。此外，还有一些真正的崇拜者和朋友频繁来访、道贺的行为，这些都让爱因斯坦决定出去暂避几天。接着就谣言四起：有的说爱因斯坦去了法国，有的说去了荷兰，有的说去了英国，还有的甚至说他去了美国。这些说法太过夸张。事实上，他就在柏林附近的一座田庄中安闲度日。这里的主人是一位鞋油制造商，他有时会把花园里的一座亭子借给爱因斯坦享用，旁边就是一个晶莹剔透的湖泊。在那里，爱因斯坦可以弹弹风琴，或是在湖上划划船。

艾尔莎从柏林的公寓带来了她准备的饭菜。爱因斯坦的直系亲属——妻子、两个女儿和两个女婿都来了。此时的爱因斯坦舒适惬意，轻松随性。他身着一条旧裤子，一件毛衣，没穿外套，甚至经常连鞋和袜子都不穿。这身衣服是他在乡下穿过的，有时在城里没有陌生人在的情况下也会穿。艾尔莎一同带来的还有成堆的祝贺信和礼物。

爱因斯坦喜欢参与各种活动，因此给他写信和送生日礼物的人也是各式各样的，有物理学家、哲学家，和平主义者、犹太复国主义者，甚至还有平民百姓。他们只是爱因斯坦的崇拜者，以此来表达仰慕之情。有一个礼物是一名失业男士送的，里面有一小包烟丝，附了一张卡片。爱因斯坦烟不离嘴，为了顺便提提相对论和统一场论，这个男子在卡片上写道："烟草'相对'少，可产烟草的'场地'却很好。"

几位好友一起买了一艘崭新的时尚帆船给爱因斯坦做生日礼物。他喜欢在柏林周边的湖泊和河流迎风扬帆，乘风破浪，坐在帆船里做着美梦。操控风帆很有乐趣，这是对力学规则最简单的应用。把物理定律直接运用于切身体验上，这些定律不再虚无缥缈，抽象难懂，这给爱因斯坦带来了极大的欢乐。他写了一篇科普文章，从一条物理定律的视角解释了帆船迎风行驶的原理。根据这个定律，只要把船帆固定在一个位置，人们就可以朝着一个地方航行，但有时需要曲折行进才能到达目的地。

美国的一群犹太复国主义者的生日礼物很特别。他们在巴勒斯坦买下了一块地，并在爱因斯坦生日当天在那种下一片小树苗，并决定，未来任何时间在那里长出的树木，都必须叫作爱因斯坦树丛。

让人心动的礼物来自柏林的市政管理部门。爱因斯坦从 1913 年就开始在柏林生活，他的一举一动都能让这个城市充满魅力，吸引国外游客。爱因斯坦喜欢在哈弗尔河以及附近湖泊中驾驶帆船。于是，柏林的市政管理部门决定送他一栋郊区住宅做生日礼物。房子坐落在哈弗尔河岸边，靠近万湖入口处。房子所处的位置属于柏林市。市议会的这个决定受到了全体市民的欢迎，这些市民热爱科学，尊敬这位喜爱水上运动和扬帆行船的杰出市民。所有的画报都刊登了这座田园般的"爱因斯坦宅邸"的照片。

但是，当艾尔莎去验收房子时，惊讶地发现，里边已经有人居住。住户同样惊讶，竟然有人想把他们的房子据为己有，而这个人还是大名鼎鼎的爱因斯坦。原来，柏林当局在取得房子的所有权时，跟这家住户签订了长期租约，因此，他们可以继续住在里面。市议会把这座房子送给爱因斯坦时，似乎忘了这件事。这样的事情竟然会在柏林出现，柏林可是以秩序井然闻名于世的普鲁士首都呀！

一开始，人们以为是地产注册方面出了问题。市议会的领导听闻这个失误，马上着手补救。"爱因斯坦宅邸"所在的这个公园面积巨大，种满了漂亮的树木，就是再盖几间房子，这地方也有足够的空间。因此，市议会选取了公园靠水的一个区域，当作礼物送给爱因斯坦。然而，盖房子的钱需要他自己出。爱因斯坦和艾尔莎听到这个消息，十分高兴，同意了这样的安排。但是进一步调查后获悉，这个安排也是不可能实现的。"爱因斯坦宅邸"的住户拿到了居住权外，还得到了政府的承诺，保证公园里不建造其他房子，因为这样会影响他们欣赏自然、观赏湖景。

这事让爱因斯坦和市议会都不太高兴。看来送礼也不一定让人快乐。在这座著名的模范城市柏林到底发生了什么依然是个谜。

不过事还没完。思考良久后，市议会偶然想到了第三个在水边建房的方案。这块地不临水，更不用说在水上了。就临水问题，邻居们表示可以在这块地上修一条水道。这个生日礼物看上去越来越不像样了，因为最后发现，市议会根本没有权利动用这块土地。整个柏林都放声大笑起来。市政管理部门招致嘲笑是合乎情理的，但爱因斯坦卷入其中，着实冤屈，其实他什么过错也没有。

现在，市议会终于明白了，沿河的土地，没有一块是他们有权支配的。整个德国都知道，市政管理部门要向爱因斯坦送礼的事。这件事情如此失败，让议会的成员颜面尽失。一位代表对爱因斯坦说："为了确保我们要送给您的土地的确是属于我们管辖范畴，请您选一块喜欢的并正在出售的土地，我们会把它送给您。"爱因斯坦同意了。但他不想自己去选土地，于是让妻子出去看看。最终，艾尔莎相中了波茨坦附近卡普斯村的一块土地。市议会同意了这个选择，并在下届会议中提出了购买这块土地的提议。最后，整件事情演化成一种政治争议事件。民族主义政党代表开始讨论爱因斯坦是否配得上这样的礼物，购买土地一事又推到了下届会议。

爱因斯坦终于失去了耐心。这件代表所有市民心意的生日礼物，已经成为政治纷争的目标，在有利可图的情况下，还会刺激政治上的讨价还价。爱因斯坦给柏林市长写信，这位市长后来受到了公众的唾弃。因为有人用皮毛大衣贿赂他的妻子后，在市政厅谋得一份工作。信的内容大致如下："亲爱的市长：人生苦短，而市政当局工作进度又太慢。我的生命太短，就不劳您费心了，谢谢您的好意。但是，我的生日已经过去，这份礼物我不要了。"

这件事情的结果是，房子是爱因斯坦出钱盖的，土地也是爱因斯坦出钱买的。后来，在柏林，艾尔莎对我说："临水的树林里，我们有了自己的漂亮房子。这也花费了我们大量的积蓄，现在我们没有钱，但我们有土地和房产，这两样东西让人更有安全感。"

艾尔莎的这种感觉后来证明是错误的。因为还不到三年时间，爱因斯坦和妻子就离开了这片土地和美丽的房子，当然这是私事。更有意思的是，这出闹剧为什么会在柏林这个秩序森严的城市上演？这个问题同时也是整个德意志共和国的问题。表面上，柏林市的领导代表文化人，他想通过礼待爱因斯坦来凸显自己的地位。但是真正有权力的人，是那些摧毁这些明面上的统治者工作的蓄意破坏分子。柏林的官员因执行市议会的命令，才造成了尴尬的局面，也让共和国管理部门脸上无光。

德意志共和国一直都处在这样的境地中，总理和政府赞赏艺术和科学，但即使在这个时候，真正的权力也还掌握在蓄意破坏分子手中。

帕萨迪纳客座教授

在接下来的一年，也就是 1930 年，爱因斯坦受邀在冬天到加利福尼亚州帕萨迪纳市的加州理工学院做客座教授。那年十二月，他乘船前往美国。当时，他所有的政治兴趣都集中在反战主义上，他认为，这也是去美国的重大任务。在船上，他向美国广播了一条消息：

> 向美国问候。阔别十年，我将再次踏上美国的土地。今天一早，在我脑海中萦绕的是：这个国家历经千辛万苦，才取得了在当今独占鳌头的世界地位。朋友们，你们的国家蕴含着这样一种潜藏的力量，它能摧毁军国主义这只怪物，只有在这里，这种力量才更清晰明了。今天，你们的政治经济条件可以彻底铲除军事暴力传统。现在，这就是你们的任务。

爱因斯坦并不觉得美国能靠孤立政策完成这个任务。1931 年 3 月 29 日，他写道："在这个国家，人们必须意识到，在国际政治领域，他们担负着重大的责任。做一个被动的旁观者，并不可取。"此外，他一直认为，美国对国际政治的干预是为和平着想。他引用本杰明·富兰克林的名言："从来就不存在好的战争，也不存在坏的和平。"

在美国加州的这段时间，爱因斯坦没有被要求在美国上下奔走，而是受邀参加加州理工大学和威尔逊山天文台的科学研究。这两个机构都位于洛杉矶近郊的帕萨迪纳——一个安静的城市。罗伯特·安德鲁·密立根的努力让加州理工大学成了物理研究的中心。密立根是位诺贝尔奖得主，是迈克尔逊的学生。密立根在实验过程中对爱因斯坦的研究有了解。他不仅有很强的科研能力，还有很强的管理能力，也是个现实主义者。爱因斯坦笃信反战主义，而密立根认为，这并不符合当今世界的情形。没过多久，他的这个观点就得到了证实。不过，密立根与爱因斯坦在一个问题上是观点一致的。他们都坚信，宗教团体在人类合作的发展中起着重要的作用，但他们都反对宗教教条对科学指手画脚。

1931 年春，爱因斯坦重回柏林。同年秋，他又回到帕萨迪纳，并在那里度过了整个冬天。1932 年春，他再次回到柏林，正好目睹了德意志共和国将亡之时的垂死挣扎。

总统选举在 1932 年的 3 月举行。德意志帝国的元帅、年过耄耋的兴登堡是民主党和社会党的候选人。他的主要竞争对手是阿道夫·希特勒——一位激进革命分子的领袖。由于德国总理布吕宁的大肆宣传，兴登堡赢得了选举。共和党人和民主党人欢呼雀跃。但其实独揽大权的兴登堡信奉的是德国之前的专制统治。受周围环境的影响，他用手中权力推翻了德意志共和国。

5 月，兴登堡上台后的第一件事就是，迫使布吕宁放弃总理职务。布吕宁是他忠实的拥护者。也是因为他，兴登堡才获胜。随后，兴登堡任命巴本为总理，此人笃信铁腕统治，发誓铲除共和主义和民主主义的余孽。他向德意志帝国议会宣布，"实利主义"的时代已经过去，一个"全新的政权"正在冉冉升起。他动用国防军，解散了普鲁士政府。

许多科学家很高兴看到这些变化。他们认为，现在这个国家的实权落在了军方手里。从俾斯麦时代开始，他们就相信，德国由"教授"治国，则有百害而无一利，"知识分子和民主党人"的垮台，会让德国变得强大。

我现在还清楚地记得 1932 年夏与爱因斯坦的一次对话。那次是在卡普斯，他乡下的房子里，房子是木质的，由坚固的梁木搭建。透过敞亮的窗户，可以看到风景如画的林中景色。当时，一位在场的教授表示，这样的军事政权可以遏制纳粹。爱因斯坦当时就说："我相信，一个军事政权并不能阻止即将发生的纳粹主义革命。军事独裁会压制民意，而人民会从右翼激进革命中寻求保护，以此反对容克①和官员的统治。"

有人问及爱因斯坦对即将掌权的"社交将军"施莱谢尔的看法。爱因斯坦说："他的统治与现在的军事独裁统治结局都一样。"

夏天，美国著名教育学家亚伯拉罕·弗莱克斯纳前往卡普斯拜访爱因斯坦，向他推荐普林斯顿大学新成立的研究机构。爱因斯坦说："目前，我还得回帕萨迪纳过冬，之后我可以和你共事。"

1932 年秋，爱因斯坦偕夫人离开诗意般的卡普斯，告别他们居住过的漂亮别墅，前往加利福尼亚。爱因斯坦对妻子说："临行前，再好好看看我们的家吧。"

她问："为什么?"

爱因斯坦静静地回答说："因为你再也见不到它。"妻子原本以为他在犯傻。

同年 12 月，施莱谢尔成为总理。他想以工人阶级为基础组建新政府，但兴登堡总统不同意。因为施莱谢尔只是过渡阶段的一个总理。1933 年 1 月末，当爱因斯坦在阳光明媚的加利福尼亚，与威尔逊山天文台的天文学家探讨太空物质分布和宇宙物质分布等问题时，施莱谢尔在德国辞职，兴登堡总统任命总统选举的竞争对手阿道夫·希特勒为德意志帝国总理。

---

① 容克贵族是德语 JUNKER 的音译。原指无骑士称号的贵族子弟，后泛指普鲁士贵族和大地主。起源于 16 世纪，第二次世界大战后基本消亡。在德国文献中容克被分为作战容克、宫廷容克、议院容克和乡村容克等不同类型。在德国历史上真正起过较大作用的是乡村容克。

德国大学的种族清洗

迄今为止，德国教授们的最高理想就是撇清科学和政治的关系。但是，当政权落入希特勒总理及其政党手中时，这个政党的首要原则就是将政治凌驾于人类生活的各个领域，比如经济、艺术、宗教，还有科学。

如果你记得这个新国家不仅以新政治组织的形象出现，还宣称代表了生活中各个领域的新观点和新方向，那么新政府的立场就可以解释得通了。新的指导方向就是，这个国家所有的行动都要有利于德国人民和日耳曼民族，这是科学和其他一切活动的终极目标。

德国政府的新理念是，大学应当传播一种新的世界观和人生观，这给大学老师带来了很大压力。但是考虑到"科学自由"是教授圈子中最受重视的口号，新政府觉得，在强制推行该政策的同时，应尽量保留原有的表达。所以保留了"自由"这个好字眼，但赋予了新的含义。"自由"这个词在早期德国哲学中的含糊使用，为该词被纳粹主义借用奠定了基础。在第一次世界大战背景下，西班牙裔美国哲学家乔治·桑塔亚纳在其论文"德国的自由"中写道：

德国哲学中所说的自由有其特殊的含义。它不是指选择的可能性或个人的主动性。德国人所说的自由，相当于天堂里的天使，他们可以自由见上帝，却不违反教规。这种自由是对新兴事物的一种深刻理解，而你却无法拥有。你可以盗用、你可以赞美，可以觉得是天赐的一种自我精神的表现形式。当你同情自己的工作、自己的国家甚至整个宇宙，你就被同化了，再也区分不出造物主、国家和你自己。这种自由就变成了强制性的服务。

在此期间，德国教学领导者克里克清楚地呈现了对这种深刻的，形而上学理论的实际应用。他表示：

> 需要被限制的不是科学本身，而是那些科学调查者和老师。只有那些科学天赋极强并宣誓效忠国家、支持世界种族概念、投身德国使命的人，才应该继续在德国的大学里教书、做科研。

这种对自由的解读，为德国大学"清洗"教职员工的行为奠定了哲学基础。

高等学校的老师首当其冲遭遇"清洗"运动的迫害。根据该理论，老师的种族归属决定他们是否能够教育年轻人。这次运动，把不属于日耳曼人或斯堪的纳维亚人的老师称作雅利安人。而既不属于日耳曼也不是雅利安的这群人则叫犹太人。大家普遍认为，因历史和教育的原因，犹太人被视为阻碍新统治者树立权威的人群。"犹太人"这个词并不专指信奉犹太教的人。新政府对犹太教这种宗教形式采取中立态度。纳粹主义者认为，犹太人应当按照种族区分，却没有清晰的标准来界定犹太人。因为界定很难，有时只能靠主观推断。因此小心谨慎的德国教授们认为，不会发生种族"大清洗"这样的事情。因为"犹太人"没有清晰准确的界定，德国政府应该不会有什么大动作。

可惜，教授们还是不熟悉这个新哲学的"实用"精髓。对"犹太人"的界定很快就出台了。该界定没有采纳德国教授的要求，即兼顾人类学、人种学、哲学的精准知识和逻辑的一致性来定义。从一开始，"雅利安人"的界定就不科学，他们将雅利安人界定为说"雅利安语系"的人，这样的界定是不可信的。因为如果这样界定的话，那说意第绪语①的人也属于雅利安人，而这种语言只是德国的一种方言。因此，最初的定义是针对"非雅利安人"下的，并非针对"雅利安人"。非雅利安人指祖父母、外祖父母中至少有一个是非雅利安人。而只要祖父母或外祖父母信奉犹太教，他们就被定义为非雅利安人。根据这个界定标准，从人种学来讲，界定的标准与种族没有任何关系。德国统治阶层理所当然地认为，两代之前有犹太血统的人是不会信奉基督教的。

把血缘和宗教结合起来的定义巧妙地实现了政治目的：驱逐一整群可能影响学生政治和意识形态的人。德国大学的教授需要的并不是没有科学准确性和清晰性的界定，大学政治"大清洗"运动应该以一种科学的，无可厚非的方式进行。

清洗各地犹太人的工作碰到很多困难。根据纳粹上台前的"雅利安人"的定义，还有一种包括犹太人在内的非雅利安人群。匈牙利人和芬兰人初时感觉不快，他们被纳粹主义者贴上非雅利安人的标签。事实上，将匈牙利人称为雅利安人有点牵强。最后裁定，非雅利安人的身份识别根据其祖父母及外祖父母信奉的宗教来界定。可是，即使一个人，比如匈牙利人能证明自己不是非雅利安人，但是这并不能证明他是雅利安人。因此，传统逻辑的根本规律之一——排中律就这样被打破。传统逻辑首先把排中律当作事物的规律，意为任一事物在同一时间里具有某属性或不具有某属性，而没有其他可能。排中律同时也是思维的规律，即一个命题是真的或不是真的，此外没有其他可能。然而，根据官方的界定，匈牙利人既不属于雅利安人，又不属于非雅利安人。

---

① 意第绪语（Yiddish），属于日耳曼语族。全球大约三百万人在使用，大部分的使用者是犹太人。

随着新政权在政治上的成功，既不是雅利安人又不是非雅利安人的这群人的数量激增，日本人很快就荣升为这群人的杰出成员代表。但是，新政权的反英政策致使纳粹主义者向闪米特阿拉伯人靠拢，该族群被认定为非雅利安人。之前，犹太人遭到反对就是因为他们被认定属于闪米特种族。现在犹太人不属于这个崇高的民族，因此，有人断言，犹太人根本不属于任何种族，自成一种混杂的"反种族人群"。

现在仍需一个并非依靠宗教信仰来界定种族的标准。标准最后规定，居住在密集居住区的种族与日耳曼民族有一定联系，而犹太人是散居在各个城市和商业中心的。

千呼万唤始出来的这个界定被证明是成功的。根据这一定义，大学遭到了彻底的大清洗。起初，还有几个例外。首先，由德意志帝国政府任命的教授得以继续任职，因为在大家看来，德意志共和国是亲犹太人的。其次，在第一次世界大战中为德国或其盟军而战的教授，也得以继续任教。之后，再也没有任何例外了，大清洗变得更加疯狂。根据官方的界定，妻子是非雅利安人的所有教授均遭解雇。

与种族清洗同时进行的还有政治清洗，但其标准没有那么明确。被解雇的教授包括曾在社会民主党或共产党中任要职的人、共济会成员和反战组织成员。除此之外，其他原则都是模糊不清。相对于之前的种族清洗，这次的政治清洗更让人莫名其妙。因为，在种族清洗中，人们的结局都是命中注定的，改变不了什么。而在政治清洗中，则可以用良好的行为来抵消之前的政治错误。这样，先前是民主主义者的教授突然表示赞同种族清洗，并认同执政党的口号。之后，他们开始投身于种族理论的应用研究。另外，从前支持民主主义者和君主主义者的人，对新政权的统治者保持缄默，其实很多人是之前大清洗的受害者，因为他们表现了进步的迹象，其地位得到了恢复。

为了使变化更为彻底，对于那些没有种族问题和政治问题的许多老教授，新统治者强行向他们发放养老金，迫使其退休。新政权的统治者认为，这些老教授们无法适应新政权。结果是，新上任的老师都是新政府信得过的老师，他们以一种全新思想进行教学。

仇视爱因斯坦

幸运的是，大清洗发生时，爱因斯坦并不在德国。很明显，新政权的统治者对爱因斯坦的敌意比对一般科学组织的敌意更为强烈。正如对爱因斯坦理论的狂热是科学历史过程中一个有趣的现象一样，对爱因斯坦的迫害同样莫名其妙。

他的反对者或许会说："他是个犹太人，作为新思想的创始人，他享誉世界。这并不符合新统治者们对犹太人的认识。在他们看来，犹太人的智力水平都十分低下。爱因斯坦还是个反战人士，且支持国际合作。"这些不足以证明人们对爱因斯坦敌意的强度。爱因斯坦名气越大，人们的敌意情绪也更强烈。简而言之，仇视在加速，名声在远播，这就如结晶的过程一样。

这个趋势最后发展到，纳粹主义者都认为，爱因斯坦是某个秘密行动的主谋。该行动有时被称作犹太国际运动，有时又叫别的名字，总之，都是反新政府的行为。

事实上，爱因斯坦一直避免在政治运动中过于活跃。但纳粹主义者不仅从学术上攻击爱因斯坦，甚至诬陷他的理论带有布尔什维克的意味和犹太人的思想。

正如我们所见，这些攻击早在 1918 年第一次世界大战结束时就初见端倪。不过，反对爱因斯坦的领袖们觉得现在才是最好的时机。如今，他们可以大肆宣扬自己的观点，而爱因斯坦的维护者们却无法进行回击。1933年5月，爱因斯坦的老对手勒纳在纳粹主义党的喉舌报刊《人民观察家报》上发表了一篇文章。这次，勒纳终于可以肆无忌惮地讲话了：

> 犹太人对于自然科学的研究存在着潜在的危险，爱因斯坦的研究尤为突出。他在数学领域根本站不住脚的理论，是由陈旧的知识及其武断的观点构成的。这一理论现在渐渐化为碎片，就像所有脱离自然的产物一样。尽管有的科学家成绩斐然，他们也难逃责难，因为是他们允许相对论在德国获得立足之地。这些人不愿看清，或无法看清爱因斯坦不是个好的德国人。

两年后，一所新的物理研究所成立，勒纳在他的就职演说中表示：

> 我希望这个研究所成为对抗科学领域中亚洲精神的一面战旗。我们的元首已经在政治和国民经济中根除了这种精神。而自然科学过分强调爱因斯坦，他依旧占领支配地位。我们一定要认识到，德国人成为一个犹太人的信徒是不值得的。自然科学完全是起源于雅利安人的，德国人必须找到自己探知未知事物的方法。希特勒万岁。

人们对"犹太物理"进行了界定，而爱因斯坦物理学包含了"犹太物理"的所有特征，这证明爱因斯坦的研究是具有"犹太"特点。如果一条理论十分"抽象"，人们就认为，它是"犹太式的"。所谓"犹太式的"指的是，理论是由直接的感官观察得来的，由一连串的思绪得来，而且没有发展为及时的技术应用。人们完全忘记了，无数的日耳曼民族学说的追随者早已证明，当雅利安人的灵魂翱翔在思索的天堂，非雅利安人待在物质世界的家里，物质世界才是他们"劣等头脑"唯一能理解的东西。

要求科学尽快转向实用，在新政权中并不少见。不管是因为征服政策，还是因为重建需要，该政权都想迅速开发本国资源。

1934 年，第二位纳粹领袖赫尔曼·戈林说道：

> 我们尊重并敬佩科学，但科学本身绝对不能成为一个终结，也不能成为知识分子的傲慢资本。现在，我们的科学家拥有一片沃土，他们应该研发，如何用国内的原材料来替换从国外进口的原材料。

教育部部长伯恩哈德·鲁斯特言简意赅地说："纳粹主义反对的不是科学，而是理论。"

同时遭到谴责的不只爱因斯坦，还包括整个科学界、理论物理学界。在这个时候，一位被"清洗"的杰出德国科学代表打趣地说："你必须知道，爱因斯坦连累了我们整个科学界。"

几年前，德国物理学家威廉·维恩在与著名英国物理学家欧内斯特·卢瑟福谈话时表示了对德国国家主义的极大支持，他说："你们盎格鲁—撒克逊人永远理解不了相对论。因为，这需要真正的德国人的思辨能力。"法国国家主义物理学家布阿斯表示："法国人习惯拉丁语的那种清晰明了，法国人永远不会理解相对论，这是日耳曼人神秘的思索。"

如前文所述，大清洗开始时，爱因斯坦还在美国。得知这件事，爱因斯坦前往纽约与德国领事馆沟通。依据官方职责，领事馆告诉爱因斯坦他不用担心返回德国，一个"全国性的"政府正在掌权，会公平对待所有人。如果是清白的，就不会平白遭遇迫害。

爱因斯坦决定，只要现有的政权还在，就不回德国。他在领事馆公开这样说。在正式会谈结束以后，副领事私下对爱因斯坦说道："教授先生，你正在做的事情非常正确，这是我的肺腑之言。"

对于最近发生在德国的事，记者们都很想知道爱因斯坦的看法。然而他的回答总是："我不希望生活在一个没有言论自由，并且不宽容对待种族和宗教信仰的国家。"不过，他对此没有进一步做出阐释。

在 1933 年的春天，爱因斯坦乘船前往欧洲，在比利时的海滨度假胜地定居（Le Cocque），此地和奥斯坦德距离不远。爱因斯坦此时知道，自己与普鲁士科学院的渊源必须终止了。目前要做的是，自己主动请辞，还是等着科学院开除自己。当时，普鲁士科学院的院长是马克斯·普朗克，他最先赏识爱因斯坦，并把爱因斯坦喻为二十世纪的哥白尼。在柏林那段时间，除了工作中的争执，普朗克一直支持爱因斯坦。他并不希望爱因斯坦离开普鲁士科学院。但是，爱因斯坦不想让他难做，于是简明扼要地写道：因为当前政府原因，他不想再为普鲁士效力，请批准辞去职务。

普鲁士科学院起初隐约其词，之后进行了多次讨论。一方面，作为公正的科学机构，普鲁士科学院希望维护学院名声，挽留爱因斯坦。另一方面，他们也想遵循政府的意图，同意他请辞。能斯特是一名自由主义者，在一次会议上，他说："为什么普鲁士科学院需要爱因斯坦这位声名显赫的数学家？为什么一定要他留在德国？普鲁士科学院的让·勒朗·达朗贝尔、伏尔泰，都是让我引以为傲的学者，他们可都是法国人。"碰到科学院的学者，能斯特会这样反复强调说："后人会怎样评价普鲁士科学院呢？我们是否会被视为屈服强权的懦夫？"

执政党的报纸满篇都是攻击爱因斯坦的声音，指责他在国外煽动谣言反对自己的国家。迫于无奈，普鲁士科学院最终决定发一份略带伤感的声明，以撇清与爱因斯坦之间的关系："我们没有理由拒绝爱因斯坦的辞职请求。普鲁士科学院对爱因斯坦在海外的鼓动性言论深感震惊。一直以来，普鲁士科学院全体成员对普鲁士国赤胆忠心、披肝沥胆，尽管学院同人远离政治，但忠贞不渝地忠于国家。"

爱因斯坦没有意识到自己一直积极参与了海外的这股煽动风潮，就在4月5日，他在给普鲁士科学院的回信中这样写道：

> 我不知道自己在国外传播了德国所谓"暴行"的事情。这是肺腑之言，我并没有注意到任何关于暴行传播的报道。我所关注到的是，德国新政府一直在重申一个大计划，那就是将德国犹太人覆巢倾卵。……我希望，普鲁士科学院会对其成员和德国民众公开我这封信的内容，我一直受媒体的诋毁，公开我这封信有助于媒体继续诋毁。

普鲁士科学院不再坚持爱因斯坦在海外抹黑和传播德国"暴行"的说法，他们做出妥协，并发表声明：虽然爱因斯坦没有参与海外传播德国"暴行"活动，但他没有尽自己最大的努力阻止流言蜚语，维护祖国声誉。

4月7日，普鲁士科学院给爱因斯坦写了一封信，大致内容如下：

> 我们一直满怀期待您这样的人能成为普鲁士科学院的一员，与我们一道维护祖国的荣誉。在不考虑个人的政治倾向下，抵制并且抨击针对祖国的流言蜚语。最近，德国谣言四起，飞短流长，风言风语相当荒谬。作为鼎鼎大名的学者，您的友善言论在国外一定会产生积极的影响。
>
> 但是，您的言论不但与现在的德国政府为敌，而且与整个德国人民为敌。我们对此非常痛心，也十分失望。即使我们没有收到您的辞呈，我们也不会继续聘用您。

爱因斯坦看过信后，觉得普鲁士科学院不会纠缠此事，因此4月12日他给普鲁士科学院写了一封告别信：

> 你们说如果我发表有利于德国人民的友善言论，那将会在国外产生积极正面的影响。我的回答是，如果我发表那种"友善言论"，那就是对我一生所追求的正义和自由的一种否定。那样的声明，也就是你所说的"友善言论"，我会绝口不提。与之相反，德国人在文明世界中已经拥有令人景仰的地位，那种声明只会破坏了原本的思想和原则。
>
> 此外，如果我发表那样的声明，那我就为道德的野蛮化和文化价值的沦丧做出了贡献，尽管是一种间接的促进。你们的来信所体现出来的唯一价值就是，我的请辞是正确的。

爱因斯坦主动向普鲁士科学院提出辞职，主要是不想马克斯·普朗克难做。迫于政党的压力，将爱因斯坦从普鲁士科学院驱逐出去，这事令马克斯·普朗克苦不堪言、自惭形秽。马克斯·普朗克主张，新统治者追求他们崇高而伟大的目标，我们这些不懂政治的科学家不应该去为难他们。我们的任务是尽最大努力让科学家遭受尽量少的苦难。最为重要的是，我们必须尽一切可能来维护德国科学的高水平状态。至少，不能让国外的人觉得德国科学水平正在每况愈下。

对个人和机构实行的暴力行为只是"人权革命"临时的附带现象。这种观点广泛流传在以普朗克为代表的人群周围。柏林大学一位杰出的科学家找到普朗克并对他说，自己很想立即离开柏林，只身去国外找份工作。他感觉，终有一天他会成为清洗运动的受害者。对此，普朗克说："我亲爱的同事啊！你的想法真是奇怪！如果找不到和现在条件相当的工作，为什么不考虑申请年假呢？借此机会到国外去旅行放松，也可做些研究。回国时，现在的政府所做的这些让人心生厌恶的事可能都烟消云散了。"

身为恺撒威廉研究所所长的普朗克一直竭尽全力地留住非雅利安族裔科学家。他相信，这样做，他所尊重的科学家不仅能免遭苦楚，同时研究所的工作、德国科学界的名声也都不会受到影响。

正因于此，非雅利安族裔的科学家在研究领域以及接下来的教学工作中继续发光发热。在柏林的这次清洗运动中，普朗克成功地留住了研究所里的好几名非雅利安族裔研究人员。但是，清洗运动确实从精神上对他们进行了摧残，他们状态都特别糟糕，以这种状态去国外谋职，对他们来讲，太难了。

普朗克曾亲自尝试劝说希特勒，指出将"非雅利安人"的界定机械地运用到教育和科研机构的做法将产生严重的不良影响。普朗克与希特勒这次的见面，成为后来柏林大学界讨论的主要议题。普朗克很少有机会来发表自己的观点。希特勒跟他的这次谈话，感觉就好像在一场群众大会上散布煽动性的宣传一样，根本不像是在办公室与一名访客谈话。期间，希特勒承诺，只要一些犹太人不是布尔什维克，他会给这些犹太人一些工作机会。普朗克听后惶恐不安，怯生生地说："像哈伯这样的科学家不是布尔什维克。"希特勒则说："相信我。那些没有公开承认自己是布尔什维克的人，都私下拥有这样的身份。"希特勒坚定地说："不要认为我的意志不堪一击，不要以为我会因为小小的顾虑放弃我宏伟的目标。我会将一切进行到底。"

正如我们所看到的，爱因斯坦的主动辞职，免去了普鲁士科学院的尴尬。但是，他还是收到来自巴伐利亚科学院的官方开除他的正式信函。

爱因斯坦在卡普斯的别墅被政法警察搜查了。他们认为，布尔什维克可能将大批武器藏匿在他家。让人不可思议的是，他们指控爱因斯坦是一名反动势力的政治领袖或同谋。据此，爱因斯坦的财产，包括别墅、银行账户都被国家没收了。政法警察对此的公告如下：

很显然，爱因斯坦的这些财产是给布尔什维克提供资金资助。

这幢被没收的别墅，是柏林这座城市赠予爱因斯坦 50 岁的"生日礼物"，曾耗费他大部分财产建造而成，因为它，爱因斯坦的资产所剩无几。非常有讽刺意义的是，作为德国公民，爱因斯坦要倾家荡产；而作为瑞士公民，他的财产可免遭没收。

在柏林国家歌剧院的广场前，爱因斯坦的相对论的相关书籍被公开焚毁，一同烧毁的还有一些被视为淫秽的书籍，以及具有布尔什维克倾向的书籍。有段时间，政府规定，犹太人写的书必须标注"译自希伯来语"的字样，以此来凸显书要用德语写。当时，偶尔还有德国物理学教授借用爱因斯坦的相对论来开涮："如果认为爱因斯坦的相对论是从希伯来语翻译过来的，那就大错特错。"

正如预期一样，爱因斯坦在科学领域的一些对手利用了新政权对爱因斯坦的敌意，尽量阻止在德国大学教授他的理论。这些对手有上文提到的勒纳和另一位赫赫有名的物理学家——"斯塔克效应"的发现者约翰内斯·斯塔克，他是 1919 年诺贝尔奖得主。与勒纳一样，他无法理解并构建一个复杂的理论结构。他提倡在感官观察方面，如果某种理论与德国精神对立，这种理论就不能出现在德国的教育体系之中。斯塔克发现，即使相对论违背了德国精神，还是有很多德国物理学家接受这一理论。其缘由就是，很多物理学家的妻子是犹太人。

利用政权来强迫人们接受一种科学观点的做法，引起了德国物理学家们的极大关注。当时，一位杰出的物理学家对我说道："对我们来说，真是太幸运了，因为勒纳和斯塔克不再年轻了。如果他们二人依旧朝气蓬勃，那又要强制规定物理教学的内容了。”

然而，事情并非都按照爱因斯坦对手所期望的那样发展。国家社会党通过了一项决议，即物理理论不能自称是“真正的纳粹主义”。因此，德国的大学没有杜绝讲授爱因斯坦的理论，当然这完全取决于教师个人的讲授勇气。一些老师讲授时，不提及爱因斯坦的名字；一些甚至连“相对论”几个字都不提；还有一些老师更巧妙，他们只从事实经验来讲解相对论，完全删略了相对论的逻辑联系。事实上，没有哪个物理学家可以无视相对论中的重要逻辑关系，比如质量和能量，或质量和速度之间的关系。

为了躲避勒纳这类政治物理学家对科学研究领域的持续干预，大部分的德国物理学家都技穷才尽。尽管时局紧张，一触即发，一些人还是想到一个整蛊勒纳的方法。他们认为，只有一个办法可撼动勒纳的威望，那就是证明他是非雅利安人。因其父亲在布拉迪斯拉发①做委托销售业务，这个方法貌似可行。布拉迪斯拉发的居民大多是犹太人，而委托销售又是犹太人的常规职业。结合这两个特点，有希望坐实勒纳是非雅利安人。那时，我在捷克斯洛伐克②任教，经常收到一些请求，直接跟我索要勒纳祖父母和外祖父母的信息，这些请求或来自德国杰出的物理学家，或来自布拉迪斯拉发的研究机构。有一点我必须承认，我的兴趣并不在谱系学领域。我把这个调查勒纳家谱的事移交给一位来自布拉迪斯拉发的朋友，但他对此事也无热情。调查范围还包括勒纳的父母，但结果显示，勒纳的父辈和祖辈都不是犹太人。

在那个奇特的年代，德国物理学家们的热情不得不用在了追寻这类问

---

① Bratislava 是斯洛伐克语，中译布拉迪斯拉发；Pressburg 是德语，中译普雷斯堡。

② 当时布拉迪斯拉发属于捷克斯洛伐克。

题上。

欧洲的最后几周

爱因斯坦在欧洲的最后几周是在一幢别墅中度过的。这幢别墅坐落在比利时一个风景如画的海滩度假胜地。别墅周围，矗立着孩子们用沙子建造起的大城堡，女人们穿着迷人的法式泳衣，悠闲地在沙滩上散步。而此时的爱因斯坦却处于一个特殊的境地，他不能回德国。朋友们警告他，千万不要踏入德国一步，否则一定会被捕，甚至被谋杀。

爱因斯坦居住地离德国并不远。许多人担心，德国的狂徒会越过边境来"清算"他。作案后逃回德国，而且他们会因为犯罪动机良好而不必担心法律的制裁。事实上，已经有好几个这样的先例。甚至有传言，高价悬赏爱因斯坦的头颅。不过，要检验谣传的真实性确实很难。

爱因斯坦在比利时有一些无话不谈的好朋友，天主教神父勒梅特就是一位。他发现，爱因斯坦宇宙空间的引力场方程与宇宙间的物质分布是一致的，这种物质分布的平均值并不是恒定不变的。据此，勒梅特假设，宇宙中的星系不断运动，星系与星系之间的距离越来越远。根据这一假设，他创立了宇宙膨胀理论。该理论为十多年后苏联数学家弗里德曼的理论做了铺垫。关注宇宙膨胀理论，勒梅特是第一位，之后，英国天文学家、物理学家、数学家爱丁顿对宇宙膨胀理论也产生浓厚兴趣。最后，天文观测数据证明了宇宙膨胀理论的正确性。由于勒梅特在比利时名满学界，硕果累累，比利时王后因此对爱因斯坦的理论也饶有兴致，在各种场合她都乐于与爱因斯坦交谈。

比利时皇室和政府非常担心刺客来比利时刺杀爱因斯坦，于是安排了两名贴身保镖，日夜保护爱因斯坦。爱因斯坦觉得这事也挺烦人。首先，看着两名保镖如影随形，看着他们这么辛苦，爱因斯坦觉得过意不去。其次，爱因斯坦像波希米亚人一样，喜欢自由，不喜欢被约束，让他终日处在"警察的监督"中，令他很不舒服。但是，比利时政府不想对任何事故负责，所以还是要求两名保镖继续负责爱因斯坦的生命安全。

1933 年夏天，我从伦敦去往欧洲大陆，途经奥斯坦德时，我想起爱因斯坦住在附近，于是我决定去找他。虽然我不知道爱因斯坦家的确切地址，但我想碰碰运气，到达科克（Le Cocque）后，我沿途向当地居民打听。后来我才知道，当局下达了严格命令，当地的居民不许给任何人透露关于爱因斯坦住所的任何信息。由于我对这些当局的防备举措一无所知，我就这么天真地沿途打听着，也及时收到了同样天真的回答——"不知道"。

最后，我走到一幢位于沙丘中的别墅前，看到正坐在阳台里的爱因斯坦夫人，到此时，我意识到我找到了他家。远远望去，两个健壮的男人与爱因斯坦夫人正开心聊天。见此情景，我异常惊讶。因为大家都习惯接受拜访爱因斯坦的人是科学家、作家和艺术家。我走向别墅，两位男士看到我的一瞬间，飞扑过来，牢牢地控制住我。爱因斯坦夫人吓得跳了起来，花容失色，脸色如粉笔一样苍白。后来她认出了我，说道："他们怀疑，你就是传闻中的刺客。"消除了两名保镖心中的疑虑，她领我走进了别墅。

没多久，爱因斯坦下楼来。夫人问我是怎么找到他们家的。我告诉他，附近的居民给我指的路。爱因斯坦夫人说："这不太可能吧，我们的地址都已经保密了，当局严禁当地居民给外地人透露我们的住处。"爱因斯坦听后纵情大笑，并戏谑道，警方对他的保护措施终于失败了。

这时候的爱因斯坦，心中想的都是他与柏林普鲁士科学院之间的来往书信。他给我看了所有的信件和相关评论，并讲了好长时间的马克斯·普朗克。爱因斯坦说："最后，为了摆脱烦恼，我写了几句幽默诗句。"我将所有的信件放进一个文件夹，上方都写着几行诗句，以下面几句开头：

感谢你的来信，
那般温柔，
又这般疼痛①。
这就是典型的德国人，
就像寄信人，
寄来思念，
勾起思绪。

爱因斯坦的天性中蕴含一些艺术的东西，经常自然而然流露。他的这种为消解烦扰而写诗的行为，让人想起歌德的自传。在自传中歌德说，每次为了摆脱内心烦忧，他都会用艺术表现出来。而爱因斯坦为了摆脱苦闷，也经常用小提琴演奏一篇简短而有力的乐章，或创作几首幽默的诗句，尽管这几行诗句没有达到歌德《浮士德》中的经典水平，但具有同样的心理抚慰功效。

这天，爱因斯坦反复强调，摆脱了柏林的环境，他体验到了一种心理解放。这次谈话，爱因斯坦夫人也一直在场。对爱因斯坦的这句话，她不太赞同，说："但是你不应该如此不公平。在柏林你也度过了很多愉快的时光。例如，每次从物理研讨会回来，你总对我说，'当今能聚集这些杰出物理学家的会议除了在德国，再找不到第二个地方了'。"

爱因斯坦说："没错，单纯从科学的观点来看，在柏林生活真的很好。

---

① tender 双关，有温柔、疼痛的意思。

不过，我总感觉有什么事压着我，总有种预感，在柏林的结局一定不会好。"

之后，我们说到 11 年前，也就是他第一次去美国之前，他在布拉格对我说的一句预言。当时他说，一场大灾难马上就要降临到德国头上。事实上，这个大灾难几乎与他预测时同时出现。

爱因斯坦说："你知道吗？我最近做了一个非常了不起的实验。你可能还记得我的朋友和同事——德国著名的化学家弗里茨·哈伯。"弗里茨·哈伯是爱因斯坦在柏林最为亲密的朋友之一。他一直敦促爱因斯坦接受德国民族主义者思想。他自己在这一方面很超前。爱因斯坦继续说："最近我又收到了他的来信。信中说道，他打算去耶路撒冷的希伯来大学申请一个职位。说是如果我在希伯来大学就职，那么整个世界都会乱了。"

我们接着就讲起希伯来大学。爱因斯坦对这所大学的建立做出过巨大贡献。他因此有希望在希伯来大学谋得一个职位，而希伯来大学也殷切希望他能来任职。不过，爱因斯坦不愿意在当前这样的时刻去犹太人的学校任职。他不喜欢希伯来大学的这种做法，即通过邀请有名望的教授来校任职，从而来提高大学的名气。当今许多青年犹太学者的未来十分堪忧，爱因斯坦觉得，希伯来大学应该挑选有能力的年轻学者，去教书育人，进行科学研究。出于这种考虑，爱因斯坦建议，哈伯也不要去耶路撒冷谋求工作。

我们还讲起一些稀奇古怪的事，比如爱因斯坦被说成是德国新统治集团反对者的事情。爱因斯坦夫人也讲述了最近发生的事。他们最近收到德国一名陌生男子的来信。信中他迫切要求爱因斯坦接待他。由于暗杀传闻，陌生人是不可以靠近爱因斯坦的，所以爱因斯坦夫人拒绝了该男子的请求。但是该男子锲而不舍，或许事情真的很重要。最后她决定，当爱因斯坦不在场的情况下，见一见该男子。男子如约而至。原来他曾经是纳粹突击队的成员，如今与执政党闹翻。他掌握了政党所有的秘密，想以五万法郎的价格将这些情报卖给执政党的对手。他想知道，爱因斯坦是否愿意花钱买这些情报。爱因斯坦夫人问："你为什么认为爱因斯坦教授对你前政党的事会感兴趣呢？"这位男子说："哦，爱因斯坦教授是反对当今执政党的核心人物，这是众人皆知的，这桩买卖对他至关重要。"爱因斯坦夫人向他解释说，是他弄错了，不管他提供的情报真实与否，爱因斯坦对此都不会感兴趣。

这事是过去了，却留下一种非常不舒服的感觉。现在可以肯定，国家社会党——当时世界上极具影响力的一个政党，已经将爱因斯坦视为其反对者的领导头目。所有这些不愉快的感觉很快就会变为现实。

爱因斯坦的兵役观点

德国革命的右派分子清楚地告知周边小国，他们要打破《凡尔赛条约》的约束，必要时还将采取武力行动。任何一个熟知历史的人都知道，德国此举不是要停止革命，而是想利用这样的机会获取更多，从而实现德国"生存空间"的妄想。1914—1918 年的那场战争让比利时人知晓，比利时也列入了"生存空间"的范畴。这一点早在 1933 年，也就是爱因斯坦刚到比利时那年，就引发了很多人不安的感觉。

另一方面，当时的比利时，跟其他国家一样，很多人，特别是在年轻人当中，都有着一种根深蒂固的观点，那就是所有战争都是由资产阶级镇压工人阶级而导致的。因此，每个思想开明、积极进步的年轻人应该避免以任何一种方式支持战争。即便如此，很多比利时人还是知道，完全反对每一场战争很容易使国家成为邻国的猎物，鼓吹战争是这些国家最重要的政治手段。这样，激进开明的年轻人就面临了这样的问题：我们是否应该继续宣传提倡反兵役和反军事备战，好战的邻国可是蠢蠢欲动。我们要不要参与卫国战斗，这可是从前剥削者剥削工人常用的战争借口。一群年轻的比利时反战主义者代表向爱因斯坦征求意见，因为爱因斯坦当时是公认的反战和反兵役运动的积极捍卫者。不过，直到1931年的春天，爱因斯坦才欣然接受了由美国神职人员发布的一份宣言。宣言中称，他们不会参加未来任何战争，就算政府宣称那是卫国战斗也不参战。为此，爱因斯坦写下了这些话：

> 54%的美国神职人员在问卷调查时表示，未来不会参与任何战争。这真的是可贺可喜。坚持这样的立场和态度，才能有助于维护世界和平。

不过，当比利时的年轻人问爱因斯坦：如果比利时卷入了侵犯邻国的战争，他们是否应该拒绝参战。对此，爱因斯坦可不迷糊。他很清楚，首先必须鼓励他们参战，因为在当时的情况下这种行动方针是可行的。其次，他也很清楚，作为一个坚守原则的人，在任何情况下都不能抱有支持参战的幻想。他就是这样一个坚守原则的人，尽管这些年轻人最后还是会选择参战，也会导致某些后果，尽管这些都不是他赞成的。爱因斯坦知道，公共和私人生活的原则是，鼓励能产生结果的行动。但是，原则并不是最终的目标。考虑到这些因素，爱因斯坦简洁明了地这样回答了他们的问题：在这种内忧外患的情形之下，每个人都应该尽自己所能为祖国——比利时的自由而战。

爱因斯坦的回答在当时引起轩然大波，许多人甚至怀疑它的真实性。他们说："支持参战的原则肯定不假，因为它会带来令人生厌的结果，比如，纳粹主义会因此而取得胜利。"

爱因斯坦没有考虑任何后果而坚持他自己的原则，他思想中的这些实证主义特征让很多人不能理解。其实，爱因斯坦的政治观点和他的物理思想并无二致。他在处理具体问题时，其思维明显具有实证主义的特征。

爱因斯坦相信，除了得到相应的结果，原则本身没有任何意义，这可以根据我们的经验来验证。有时候，爱因斯坦喜欢琢磨原则措辞所引起的情感效应。结果，他在物理和政治领域的语言便存在一种形而上学的联系。但是，这只是一种颇具诗意的言说方式，这种方式提供了与人类情感关联的一种言说方式。

爱因斯坦的立场很清楚：如果原则引发了他不赞成的后果，他永远不会因为原则的语言优美而支持原则。

正是由于这个原因，抨击爱因斯坦的两类人在某些方面呈现了相似之处。一类是从原则视角反对战争的人。另一类人是爱因斯坦物理学界的对手。这些人说，爱因斯坦在 1905 年的狭义相对论中，提出光速不变原理，即无论在何种惯性参照系中观察，光在真空中的传播速度都是一个常数，不随光源和观察者所在参考系的相对运动而改变。但是，在他的引力理论中，他又摒弃了这个原则。爱因斯坦的反对者指责，爱因斯坦的理论竟然前后不一致，且试图隐藏这种不一致性。这种说法具有某种误导倾向。而实际上，只有在特定条件下——不存在强大的引力场之时，光速不变原理才是千真万确的。通过列举上述"限制条件"的实例，我们知道：有些法则在一定的原则下才是有效的，而不是前后矛盾，只是多了些限制条件，这也增进了我们对这个世界的了解。

不仅是物理科学，爱因斯坦对兵役的态度亦是如此。爱因斯坦来美国后不久，社会对他的攻击愈演愈烈。由美国青年代表大会发起的激进青年运动，起初只是想支持"绝不参战"的原则，特别在民主国家的反法西斯战争，因为这种类型的战争在原则上其实是一场帝国主义的战争。爱因斯坦没有卷入其中。他知道，就像比利时一样，这些"反战人士"的目的只是为了军事胜利。因此这些人会得到与预期截然相反的结果。

爱因斯坦认为，"绝不参战"的原则只有满足这样的条件——"不同政权取得的胜利都会给其民众带来相同的喜悦"，才有其实用意义。1918年后的欧洲，可能大家会说：法国、德国、美国或是英国之中谁来统治国家，这没有什么大区别。但这并不能证明战争的合法性以及正当性。但是，当这些国家的原则与纳粹德国的原则不一样时，这种说法就不再成立。这就像光速不变原理一样，只有在没有引力差异下，光速不变原理才真实有效。因此，服兵役的原则只有在国家之间不存在极大利益差异时，才是真实有效的。

在美国，持反兵役观点的人，如伯特兰·罗素和阿契博得·麦克列许，从当前局势中得到相同的结果，许多具有形而上学思想的作者具有"前后矛盾，不合逻辑"的特点。他们也想知道，像罗素这样的逻辑家又是怎样不合逻辑。其实，爱因斯坦就是一个例子。爱因斯坦已经向他们展示了形而上学意义的一致性（坚持原则这个词语）不是科学意义上的一致性（坚持原则带来的理想结果）。所以，爱因斯坦直率和坦诚的思考再一次让他成为被攻击的对象，他甚至还没有来得及离开欧洲，而这次的攻击对象来自"进步"和"激进"分子。

这段时间，成千上万的、老老少少的学者和科学家都密切关注爱因斯坦。这些人都是因清洗运动而被驱逐出德国的。英国科学家想给他们提供一些机会，让他们能在有利的环境下继续研究。不久，大名鼎鼎的英国物理学家卢瑟福就开始行动了，他在伦敦建立了学术组织援助委员会。爱因斯坦作为受害者的代表，公开出席了第一次会议，并在会上向世界呼吁。爱因斯坦参与这样的会议其实并不开心。因为他不喜欢公开露面，更不喜欢亲自参与。但是因事态的严重性和救济措施的重要性，爱因斯坦去了伦敦，并就"科学和自由"发表了演讲。这次会议由卢瑟福主持，爱因斯坦就坐在卢瑟福身边。卢瑟福做了开场发言，之后精神饱满，并且无限自豪地说道："女士们、先生们，下面有请我的老朋友和同事，爱因斯坦教授。"

爱因斯坦开始了慎重的演讲。他强调了提供救济措施的必要性，同时还要避免大范围的政治攻击。他讲的都是自己的亲身经历，因此强烈的谴责措辞就显得很多余。爱因斯坦说："以一个法官的身份来评判一个国家不是我的研究任务，而且这个国家还是我多年热爱的祖国。"

这次会议在 1933 年 10 月举行，会议闭幕不久，爱因斯坦在南安普敦等待一艘来自安特卫普的中型客轮，他要乘坐这艘客轮前往纽约。

在我讲述爱因斯坦在美国的新生活之前，我再抽片刻时间讲讲欧洲的政治和宗教团体，他们如何以一种独特的方式运用爱因斯坦的抽象理论，来实现他们的目的。

● 第十一章 ●

作为政治武器与靶子的爱因斯坦理论

科学理论与政治意识形态

对理解或相信爱因斯坦理论的物理学家和数学家来说，听到那些对爱因斯坦理论一知半解的人问的一些问题时，他们觉得很奇怪很无聊。这些问题类似于：爱因斯坦的理论是否是欧洲布尔什维克的一种产物，抑或是欧洲从自由主义到法西斯主义过渡时期的一个台阶？爱因斯坦的理论是否给予了反对唯物主义的宗教某种支持？又或许爱因斯坦的理论直接颠覆了传统宗教的宇宙观等。专业的物理学家是不会从爱因斯坦的理论中去寻找答案的。因为他们相信，爱因斯坦理论的有效源自正确的数据和精密的实验。在他们看来，对爱因斯坦理论的各种争论只会得到愚不可及的结果。

但是，无论谁在调查其他新兴宇宙理论的结局时，比如哥白尼学说，牛顿学说，能量守恒定律等，都会发现这些理论引发过很多激烈的争论，而这些争论在物理学家和数学家看来，都是肤浅愚昧、荒谬可笑的。

从科学理论到政治意识形态的转变过程中，哲学起到了桥梁的作用。用哲学语言来归纳科学理论，这期间便产生了诸如"唯心主义""唯物主义""力""能量"等系列术语，以及其他有用的表述词汇。这些字眼同时也出现在哲学学说中，这些哲学学说引导人们在日常生活和政治生活中行为处事。通过这样的方式，科学理论逐渐转化成道德和政治哲学的原则。

在这一点上，塞缪尔子爵有看法，他精通科学、哲学以及政治，与爱因斯坦在很多方面有过交流。他说：

> 某种哲学促进了国家意识形态的形成。我们的每一寸土地都回响着军队的脚步声，军队的背后是独裁者和议会，支持他们的政治信条是——纳粹主义、法西斯主义和民族主义。而政治信条的背后却是哲学家——黑格尔、尼采、索雷尔、米尔等人。

哲学体系一直喜欢吸收最新兴、最前沿的科学理论，并利用这些理论来加固其基础。然而，这种方式并没有解决哲学的含糊问题。这是因为同一个科学理论，可以用来支持不同的政治信条。伯特兰·罗素对这种含糊的特征做了详细的阐释：

> 作为一种新兴的科学理论，爱因斯坦理论的使用存在一种常见的倾向，即每一位哲学家按照他们自己的形而上学体系来阐释爱因斯坦的理论；之后将阐释得到的结果强加到他们自己的理论体系中，进而巩固其理论基础。

造成这种含糊性的原因是：哲学诠释不是依据爱因斯坦理论的物理内容，而是依据建构其理论的语言。

爱因斯坦和他的团队阐释相对论时所用的语言有两个特征。第一，他的表述摒弃了机械论的类比方法。他的理论没有提及机械学——这个常出现在日常生活中的词汇。比如说，理论中并没有解释"动尺缩短"的机理，相反，常使用逻辑实证的表述方式，也就是说，理论中给出了公式，通过公式可以推导出可测量的结果。第二，他采用"相对某种物体"的表达方式。这种表达方式容易让人想起与"相对论"相关的语言表述。比如伦理相对论。该理论强调，人类任何行为的好与坏只是"相对于某个民族群体和某个历史时期"而言。

摒弃了传统的机械学类比，爱因斯坦相对论的观点与世界各种反对机械观念以及反对与之相关的唯物主义哲学观点在一定程度上趋于一致。第二种语言表达方式令其理论与伦理怀疑论或者与之相关的唯物主义哲学的表达方式更接近。

这样，爱因斯坦的相对论，既可以作为支持，也可以作为对抗唯物主义论的武器。其理论中频繁出现的"唯物主义""唯心主义""相对主义"等词汇正是政治意识形态领域最流行的词汇。因此，爱因斯坦的相对论常常被用作参与政治斗争的武器。

前法西斯阐释

法西斯集团经常发表言论，说共产主义哲学是唯物主义，而他们则是非唯物主义，或是唯心主义。如果爱因斯坦的相对论被解释成反对唯物主义，提倡唯心主义，那么，爱因斯坦的理论就可为法西斯主义所用。

早在 1927 年，也就是纳粹执政以前，德国政治家、演说家约瑟夫·戈培尔就展示了如何用德国唯心主义语言来为其党派服务。首先，他介绍了康德"本体论"的解释，"本体论"是德国唯心主义哲学的核心观点。戈培尔说："国家是人类的组成成分，人类不是本体，个人也不是本体，国家才是本体……"

"唯物主义者只是将国家视为一种工具，"他继续说，"但又不想承认国家是一个独立的客观真实。对他们而言，国家横亘于人与人类之间，人类才是终极目标……因此，唯物主义者必然是民主主义者，而唯心主义者将'人类'这个词视为一个概念。人类仅是一种想象的东西，不是实体……"

通过强调其反机械论的特点，将相对论用作抨击"唯物主义"民主的武器就很有可能了。据此，德国物理学家认为，传播爱因斯坦的相对论是可取的，即便德国纳粹主义只是偶尔使用。比如，帕斯库尔·约当在其著作《二十世纪物理》中，就向纳粹主义推荐爱因斯坦的相对论。他指出，该理论可以作为对抗唯物主义哲学的有力的武器，并指出，根除唯物主义哲学是翻开二十世纪崭新世界必不可少的条件，而这样的行为已经开始，尤其是在意大利以及德国。这里所谓的新世界，就是指法西斯主义和纳粹主义。

在抨击爱因斯坦的过程中，反对派想利用纳粹主义政党的政治权利实现自己的目的。包括帕斯库尔·约当在内的所有人的行径都令人气愤。对此，胡果·丁格勒发表了看法。早在纳粹主义兴起前，胡果·丁格勒就反对爱因斯坦的理论，但一直未见成效。针对帕斯库尔·约当书中的内容，胡果·丁格勒表达了自己的愤慨："把如此具有破坏性的理论——爱因斯坦相对论应用在德国和意大利的国家运动上，真是无稽之谈。"

说到"破坏性"——这个形容爱因斯坦相对论的词汇，就不得不提及相对论第二个语言特征，即"相关性"的表达。胡果·丁格勒将爱因斯坦的相对论与英格兰的哲学家、经济学家和历史学家大卫·休谟的苏格兰启蒙运动联系到了一起。这场启蒙运动的核心是有关各种唯物主义的主题，这恰恰是纳粹政党所强烈反对的。

如果相对论不是由爱因斯坦提出，而是另有其人，相对论则完全有可能不会遭遇到纳粹政党的一致谴责，它很有可能像其他哲学思想一样在其领域成为永恒争辩的对象。但是，因为爱因斯坦犹太人的血统，以及他作为反战人士的政治态度，这两个因素让他的理论不可避免地遭受了种种谴责和非议。

外界抨击：爱因斯坦理论中的犹太思想

通常，纳粹主义都把上述两个语言表述特点视为犹太人思想的典型特征。据说，相比于观察总结，犹太人更喜欢研精覃思。也有人说犹太人并不认可纯粹意识上的观念，只相信实践出真知。显而易见，任何一个物理学家身上都有这些特点。

在讨伐声中，不乏有人认为爱因斯坦的理论仅仅是一种对事实的猜测。德国著名的实验物理学家菲利普·莱纳德就是这样一个抨击者。他从反犹太人的种族主义立场出发，于 1920 年起，多次在公开场合批判犹太科学家爱因斯坦，并鼓吹所谓的"德意志物理学"。在其《德国物理》一书中，他这样说道：

> 犹太人的物理学是出类拔萃的，特别是拥有正统犹太血统的阿尔伯特·爱因斯坦。他的相对论改变和统治了整个物理学界。然而面对客观真实，相对论在某些方面就越发显得捉襟见肘。这就是事实的真相。与同样热切渴望寻求真理的雅利安人的科学家相比，犹太人对渴求真理的程度相对不高。

1937 年，地方师生团体齐聚在德国慕尼黑，举行了一场学术会议。会

议议题是，探索自然界的"犹太"方式的起源和发展，这种"犹太"方式
与第一次世界大战战后的政治局势有着某种关系。在此次学术会议中，提
出了以下内容：

> 自然科学的整个体系发展，离不开雅利安的科学家的共同努力，
> 其中以德国科学家人数最多。海因里希·鲁道夫·赫兹时期也正是犹
> 太人自然科学循序渐进的发展时期。那时，犹太人的自然科学更新了
> 以太物理学中模糊的概念，并从雅利安物理发展的过程中分离出来，
> 形成一个分支。通过有组织地占据学术职位，以及越来越强硬的态
> 度，犹太人想用其自然科学撼动雅利安物理学的基础地位，从而压制
> 自然科学的所有新思想。最终，犹太人的自然科学以一种迷惑性的、
> 想象性的理论，即著名的相对论取代了雅利安人的物理学。在相对论
> 的表述中，同时语言表达中典型地彰显了犹太人的禁忌——"不可言
> 说"。这种发展与犹太人在战后其他领域所取得的成绩形成了一种暂
> 时的巧合。

1938 年，《普通科学》杂志创刊，该杂志创刊的目的是更具体地传播
科学的纳粹主义概念。杂志里的一篇文章写道：关于数学和物理中的种族
依存关系，我们读到了：

> 犹太人对自然科学发展的影响，首先是因为他们对经验和理论基
> 本关系的不同态度，尤其是对理论的偏爱。理论的建立没有考虑人类
> 思维和观念的形式，也没有考虑缜密的推理方法……爱因斯坦的相对
> 论为我们提供了一种典型的犹太理论模式。他理论的首条教义便是光
> 速不变原理，即无论在何种惯性系（惯性参照系）中观察，光在真空

中的传播速度都是一个常数，不随光源和观察者所在参考系的相对运动而改变。而有人错误地断定这是一个事实的经验。

事实上，爱因斯坦的光速不变原理和其他物理理论的基本假设一样，该理论更多的是一种经验事实，而不是纯粹的教条。正是对爱因斯坦相对论的阐述不够完美，存在瑕疵，所以很多人认为，相对论中理论和经验的关系与从前的物理理论不一致。

犹太人对理论思考的偏好与雅利安德国人追求具体行动的偏好形成了鲜明对比。这种差异也体现在他们的政治主张上。犹太人崇尚探索不止、优柔寡断的行事风格，而纳粹主义德国则主张斩钉截铁、当机立断的行事作风。

因为纳粹哲学代言人的言论，爱因斯坦的理论被贴上了唯物主义的标签，并因此与马克思主义联系在了一起。1936 年，在自然科学专业学生协会的组织营地上，进行了一场别开生面的演讲：

> 爱因斯坦的理论深受一代人喜欢，这代人都接受唯物主义思想模式训练和教育。因为这个原因，除了在马克思主义土壤中，爱因斯坦的理论在任何地方都不可能蓬勃发展。马克思主义土壤是一种科学的表达方式，这就好比是造型艺术中的立体主义①一样，又如音乐界近

---

① 立体主义（Cubism）是西方现代艺术史上的一个运动和流派，又译为立方主义，1908 年始于法国。立体主义的艺术家追求碎裂、解析、重新组合的形式，形成分离的画面——以许多组合的碎片形态为艺术家们所要展现的目标。艺术家以许多的角度来描写对象物，将其置于同一个画面之中，以此来表达对象物最为完整的形象。物体的各个角度交错叠放造成了许多的垂直与平行的线条角度，散乱的阴影使立体主义的画面没有传统西方绘画的透视法造成的三维空间错觉。背景与画面的主题交互穿插，让立体主义的画面创造出一个二维空间的绘画特色。

年作不出好的旋律和节奏一样。

一位发言人做了总结："作为一种自然原则，广义相对论绝对是一种彻底的唯物主义思想和精神风貌的表述。"

以同一时期、不同领域对其理论的表达做比较，爱因斯坦的理论是在马克思主义基础上发展起来的。

1937 年，这位发言人再次说：

> 在哲学启蒙运动的影响下，十九世纪时期的理论研究过分依附于表面的东西以及重视物质的东西。因此，绝大多数的科学家都无法理解并发展以太的概念，因为它本质上遵循了物质之外的规律。只有少数的物理学家，例如菲利普·莱纳德做到了。而犹太人科学家占了上风，他们本能地抓住并利用了这个机会。

为了能够评判这些论点，我们必须记住，以太引入到物理学只是为了以机械论的类比方式来解释某些现象。爱因斯坦是第一个认识到，不可能利用机械光学对这些现象进行解释，因此他放弃了以太。对那些发现自然机械观终将不可行的人而言，这是应当采取的行为。而纳粹主义党派的科学支持者们并不想接受这个事实。他们不想放弃机械观的物理概念，因为这一概念在某种程度上已经是他们根深蒂固的简单哲学方法。但是，他们同时又反对唯物主义，他们的哲学立场就变得模棱两可，进退两难。比如，他们引入没有物质属性的以太，而自然的物质属性正是以太被引入的原因。

后来，莱纳德也提出了一个折中的解决方法。因纳粹执政，他从一个新角度攻击爱因斯坦的理论。从前，他反对过爱因斯坦，因为爱因斯坦摒弃了物理学中的机械学解释；如今，他指责爱因斯坦的唯物主义理念，指责爱因斯坦没有认识到没有物质属性的以太。但是，从机械观的意义看，爱因斯坦对光学现象的解释没有任何机械学基础，相比莱纳德，他的理论基础离唯物主义更遥远。

反对爱因斯坦的另一个原因来自"力"这个词汇的使用。作为一个术语，纳粹党人尤其偏好使用这个词。他们认为，这个词从物理学中消失是极大的灾难。"力"这个词的斗争现象，非常清楚地揭示了物理和政治两个层面上存在着很紧密的联系。

奥地利的恩斯特·马赫和德国的古斯塔夫·基尔霍夫在物理学上率先构建了一个"力"不出现于运动定律中的机械体系。"力"这个词只作为辅助概念引入来简化表达方式。由于纳粹党人把他们不喜欢的一切东西都描述成"犹太的"，所以他们认为，让"力"这个词消失也是犹太人所为，其实最初是由德国物理学家所为。电磁波的发现者海因里希·鲁道夫·赫兹在马赫、基尔霍夫之后，也一直在寻求一种新方式，在运动的基本规律之中去除"力"的概念。纳粹主义者将这种努力归因于海因里希·鲁道夫·赫兹的犹太血统。其中一位纳粹主义者这样说道："如果我们记得，犹太物理学家爱因斯坦也想在物理学中剔除'力'的概念，那就有问题要问了：内在的种族的因素是否起了作用？"在爱因斯坦的引力理论的概念中，"力"并没有作为一个基本的概念出现。物体运动的路径可能是"最短"的曲线。

消除"力"这个基本概念被视为犹太人思维方式的显著特征。在文章中我们读到：

> 为解释速度变化的因果关系，雅利安人科学家提出了"力"这个概念。显然，这个概念起源于人类劳动和创造活动的个人经验，这些

早已是雅利安人生活的重要内容。由"力"这个概念产生的相关思想，让人类对世界的认识更清晰了。但当犹太人在一定程度上掌握了自然科学后，一切发生了根本变化。

作者将"犹太物理学"与特别喜欢的纳粹目标联系起来，即《塔木德》，书中写道：

> 在爱因斯坦理论里，其表达的思维模式以"塔木德式思考"而闻名。这种塔木德的任务是为了实现神谕的训词。要完成这个任务，需要在规则中对观念进行恰当的定义，并借助纯粹的形式主义模式来阐释和应用它们。犹太人十分正式地遵守犹太教法典的规定。例如犹太人在安息日当天，只能在自己住处一英里范围内活动。这种规定的形式对犹太人极其重要。
>
> 形式主义的塔木德思维方式也体现在犹太人的物理学上。在相对论中，光速不变原理和自然现象的广义相对论的原则都表征了犹太教法典的思维方式。所以在犹太相对论的概念中，空间和时间被剥夺了所有的精神，其只能以权宜之计来定义，变成了一种纯粹的知识。

爱因斯坦理论中"长度""持续时间"等概念的定义与传统物理学的定义相比，似乎"毫无生气"，其中的缘由如下：在科学发展的每个阶段，都有其特定阶段定义的相应概念。也就是说，这些概念的定义要尽可能用所有已有的知识来表达。当这种阶段持续了很长一段时间后，科学的词语逐渐变成了日常生活中经常用到的词语；这些表达渐渐获得更加具有情感的寓意，并且充满了生活，随处可见。所以，我们每一次介绍新的定义时，似乎都在创建"毫无生气"的概念。

　　我曾经在火车上遇到了一位日本的外交官，他刚从拜罗伊特的瓦格纳音乐节回来。我问他有多喜欢瓦格纳式的音乐。他答复我："瓦格纳式的音乐演奏技巧非常高超，极其巧妙。但与日本的音乐相比，瓦格纳式的音乐缺少了一种灵魂。"对于一个听着日本音乐长大的人而言，瓦格纳式音乐听起来似乎"毫无生气"并更加具有"理智主义"的特点，就像一个已经熟悉了牛顿力学的人刚接触到爱因斯坦理论的感觉那样。

爱因斯坦的苏联哲学态度

　　苏联政府从苏联学说的立场出发，出版了《苏联大百科全书》。书中关于"爱因斯坦"的部分，开头是这样写的："爱因斯坦是我们这个时代最伟大的物理学家。"苏联哲学家认为，爱因斯坦不仅是一位伟大的物理学家，也是一位哲学家。关于爱因斯坦的哲学观点，《苏联大百科全书》这样描述："爱因斯坦的哲学立场并非始终如一。马赫主义者断言，唯物主义和辩证元素相互交织，二者几乎支配了爱因斯坦的全部言论。"为了理解这些评论，我们必须记住，辩证唯物主义已是苏联的官方哲学，马赫主义和恩斯特·马赫的教义也都是其主要的攻击目标。

　　在《苏联大百科全书》讨论"以太"的文章中，我们可以发现这样的内容：

　　　　在物理学中，将以太和物质对立是完全错误的。这是因为物理学家认为，只有重力和惯性才是判断是否为物质的标准，所以物理学家认为以太不是物质。这里我们对物质的物理和哲学概念同样有着困惑。书中分析了在 20 世纪初列宁提到的自然科学危机……以太是一种物质，和其他物质一样是客观存在的真实……将以太和物质对立起来是毫无意义的。这将会引发一系列不可知论者和唯心主义的观点……相对论是基于数学的描述而提出的，它没有回答关于物理现象客观本质的问题。换种说法，在以太到底是不是物质这个问题上，它与马赫的立场是一致的。

通过研究俄国在列宁执政期间发生的重要事件，我们发现，没有人尝试过用政治事件来影响物理理论性质。如果个人试图这样做，当局也不认可。而在另一方面，理论的哲学解释终究也是一个政治问题。那么，物理理论及其哲学干涉之间的边界不明显，也就不足为奇了。

1934 年，在苏联共产党哲学研究所的纪念会议上，苏联的著名物理学家约费正式提出，物理、哲学、政治之间的关系是非常清楚的。这次会议是为了纪念列宁的主要哲学著作，即《唯物主义和经验批判主义》一书出版 25 周年而召开的，书中包含列宁对现代物理学的看法和对马赫主义的批判。约费在此次纪念会议的演讲中说道：

> 当玻尔、薛定谔和海森堡这些物理学家表达他们对物理学的哲学意见时，他们的哲学观有时是他们所生活的社会环境的产物，有时是有意识或无意识的社会任务的执行产物。因此，海森堡的物理理论属于一种唯物主义理论。也就是说，海森堡的物理理论是目前最接近现实可能性的理论。列宁也是如此，列宁没有批判马赫的科学研究，只批判了他的哲学。罗马教会的哲学家已经明确区分了哥白尼的天体运行理论和伽利略对其理论的哲学诠释。

1938 年，苏联著名作家莫夫在《物理学哲学》的一篇文章里提到列宁

《唯物主义和经验批判主义》一书的重要意义：

> 没有比爱因斯坦的相对论更具有理想主义的物理理论了。在神秘主义者、神职人员，以及唯心主义者中，有许多严谨的科学家趁机指出了相对论的哲学影响。唯心主义者指出，他们所有的努力都是对唯物主义的驳斥。某种程度上，这也证明哲学层面上的时间和空间的相对性，以及曲率理论和有限性空间理论。

在这里，"唯物主义的驳斥"意味着有必要背离牛顿力学理论和以太理论。后来，莫夫明确提到了唯物主义倾向的政治根源，他这样说道：

> 在我们这个时代，许多国家的资产阶级已经抛弃资本主义的形式，进行独裁专制，挥起了斧头和棍棒。由于受到科学世界观的迫害，许多资本主义国家的科学家与这种转变联合加入阵营，并采取实际行动。而这种忠诚的转变表明科学家自身出现了唯心主义和形而上学的变化。在过去的十至十五年中，资本主义国家自然科学的各个领域有倒退的趋势。越来越多的人反对达尔文主义、物理学中的康德—拉普拉斯星云说，质疑能量守恒和转换定律。的确如此，相对论的唯心主义"解释"经常被用来支持法西斯主义哲学。

不久，广义相对论的提出震惊世界。1928 年，莫夫指出，战后，广义相对论在某种倾向性的土壤里生根发芽了。莫夫描述了战后的德国，说道：

> 唯心主义气氛包围了相对论，并且一直持续到当今。很自然，爱

因斯坦广义相对论被知识分子欣然接受。学者在资产阶级社会边界的无能导致了相对论只为宗教和形而上学的观点所利用。我们应该怎样认识相对论呢？我们应该接受所有的实证材料、所有的结论和归纳逻辑……但是，要替代资产阶级偏好从唯心主义来诠释相对论，我们必须发展一个辩证理论，以此来诠释相对论。我们需要用无产阶级意识形态武装起自己年轻有为的科学家。

著名纳粹德国物理学家莱纳德对爱因斯坦的理论持反对态度。1922 年他的书出版后，由莫夫引介，译成俄语出版。莫夫写了一篇书评发表在苏联的权威哲学杂志《在马克思主义的旗帜下》上，文中说道：

> 爱因斯坦把绝对价值归咎于心灵的创作，并将物质世界与经验世界放在同样的位置时，莱纳德对此有着截然相反的观点。从常识的角度来看，即相对于哲学需要，人们更需要物质世界的经验，勒纳更喜欢保持机械论的世界图景。从唯物主义观点看，勒纳显然认识到相对论所引发的矛盾。

另一方面，我们或许已经了解，纳粹哲学常宣称，爱因斯坦的理论之花只能盛开在马克思主义与唯物主义并存的土壤之中。而现在我们看到，当时苏联也有人显然是不认同这个观点的。我们将物理理论视为"唯物主义"还是"唯心主义"，重点只取决于它的哲学解释到底是怎样的。

早些时期，苏联哲学家对马赫和爱因斯坦理论的批判，在很多方面恰好与纳粹主义作家一致。我们只需要聆听批判的声音，即爱因斯坦理论仅"描述"自然而不"解释"自然，就能知道他们拒绝一切不能被感官直接体验的物理描述对象，从而怀疑一切、毁灭所有自然的客观知识等。

后来，苏联哲学研究所谴责，将机械物理学混淆唯物主义的做法是与现代科学不兼容的反动学说，唯物主义不意味着所有自然现象可以还原为遵循牛顿定律的运动。事实上，马克思和恩格斯已经谴责了这种机械唯物主义。然而，"机械唯物主义"却卷土重来，一些物理学家利用"机械唯物主义"作为武器来反对爱因斯坦理论，就像纳粹物理学家莱纳德在德国做的一样。在强调马克思、恩格斯和列宁的辩证唯物论时，"唯物主义"意味着，科学关注独立于人类意识存在的客观事实，但是这些客观事实并不仅仅是物质粒子的运动而已。

第二阶段的苏联哲学抛弃了"机械唯物主义"观点。俄罗斯首席物理学家瓦维洛夫证明，如果从马克思、恩格斯和列宁的角度来阐释相对论，相对论就非常符合唯物主义。在 1939 年的一篇文章中，瓦维洛夫清楚地写道：

> 没有物质属性的客观真实空间，没有物质的运动，是形而上学幻影，迟早要被驱逐出物理世界以外……爱因斯坦提出的历史性理论是对旧的形而上学的空间和时间概念的否定……在爱因斯坦的理论中，时空是物质本身不可分割的存在。这就是爱因斯坦的广义相对论的基本思想。时空的唯心主义的概念由此不复存在……在我们面前只是一个模糊的轮廓，尽管还远称不上完美，这就是时间和空间的辩证唯物主义的理解。辩证唯物主义再一次胜利了。

在苏联，"纯哲学"脱离科学的危险已越来越为人们所认识到。作为进步思想的唯一基础，科学家和哲学家的精诚合作越来越被需要。物理学家和哲学家之间的讨论消除了最不利的误解。1942 年，俄罗斯科学院举办了一次名为"苏联哲学 25 年"的会议。会上，苏联著名哲学家米京做了发言。他指出并祝贺了苏联 25 年来在哲学领域取得的重要成就之一，即停止抨击爱因斯坦的理论，并建立了爱因斯坦理论与唯物主义的一致性。

米京说：

> 因此我们的哲学家和物理学家有着更多的工作要做，许多热情洋溢的话题要讨论……也许现在可以说，爱因斯坦理论的哲学结论已经牢固地确立了。相对论并不否认时间和空间、物质和运动是独立于人类意识之外的客观存在……通过观察者的相对移动，相对论只是建立了测量时间和空间的相对性结果，也就是测量被观察者相对移动的时间和空间。

那时，米京首次抵达纽约港，面对记者，他用与爱因斯坦本人几乎同样的话，总结了爱因斯坦的理论要点。

米京说：

> 时间和空间与运动的物体是不可分割的，且必须被看作相对于运动的时空。在这个层面来说，时间和空间就是相对的……在旧的形而上学概念中，单纯的时间和空间只有几何上的特征，而我们得到了一个关于时间和空间的新的理论，这个理论与物体、运动密不可分。

爱因斯坦理论中的宗教观点

我们已经看到了，爱因斯坦的理论如何通过一种相当含糊的表达方式与"唯物主义"和"唯心主义"联系在一起，并通过这种模糊的表达方式成为支持政治的信条。因此，以相同的方式，爱因斯坦理论卷入了宗教思想斗争中，这也不足为奇。

第八章第六节提到，英国的大主教坎特伯雷在学习相对论的时候遇上了很大的困难，但由于爱因斯坦的理论与宗教无关，他感到十分释然。但是天文学家亚瑟·爱丁顿一直对爱因斯坦的言论持批判态度。亚瑟·爱丁顿是一位杰出的天文学家，在科学哲学领域享有盛名，并熟知爱因斯坦的相对论。他在 1939 年出版的《物理科学的哲学》一书中提到：爱因斯坦答复大主教的观点并不是结论性的。

因此，下面我将描述将爱因斯坦理论和宗教进行联系的屡次尝试。首先，在这个问题上又一次在哲学层面提出了以下疑问：爱因斯坦的理论究竟是唯心主义的还是唯物主义的？

数年前，波士顿的大主教奥康奈尔在对天主教学生的演讲中说：

> 还记得在我的少年时代轰动一时的达尔文进化论和提出不到十年的相对论。我告诉你们，这些理论终将会过时，因为这些理论都是唯物主义的，经不起时间的考验。

但是，就爱因斯坦的理论是否真的是唯物主义的，天主教的哲学家们自己也有争议。精通理论物理的爱尔兰哲学家拉伊利不赞同爱因斯坦的相对论，他觉得爱因斯坦的相对论是建立在"主观唯心主义"上的。

天主教神学的科学基础——托马斯哲学反对唯心主义的同时，也反对唯物主义。因此，对于主张以经院哲学为理论基础的天主教而言，爱因斯坦理论的任何一种哲学解释都是一种武器，都有可能伤害到天主教自身。然而，如果宗教没有学术基础，并且每个人只是根据自身的感受来行为，那么，有宗教信仰的人可以将任何唯心主义理论用来支持自己的信仰。爱因斯坦访问伦敦的时候，《泰晤士报》的一篇社论上得意扬扬地写道："事实上，观测科学回归了最纯粹的主观唯心主义。"

这则为公众所知的简明扼要的报道在不久之后由英国哲学家维尔东·卡尔做出了更专业的阐释，他在自己为哲学家和神学家们所著的书中写道：

> 接受相对论的原理意味着无法从知识本身分离的主观因素必须正大光明地进入物理科学领域……迄今为止，科学问题在客观的自然体系中为思想争得一席之地，而哲学问题则证实了自然固有的客观性……当前，以具体的形式来看待现实，正如相对论的一般原则要求我们所做的一样，我们不应该把观察者和被观察的事物分开来，也不应该把物质和思想分开来。然后争论哪个更重要，哪个更次要。

据此，对宗教来说，相对论的成就仅仅是在自然的客观体系中找到了思想的位置。而这一点，在机械物理理论时期完全被视为"物质而非思想的"。

读者如果回顾爱因斯坦理论，将很容易发现，这种阐释与语言表达相关，而不是与理论的内容相关。如果作者将相对论的四维阐释看作是对传统宗教的挑战的话，那么就能更清晰地得到上述结论。举一个典型的例子，来自1939年发表在《希伯特》杂志上的一篇文章，文章这样写道：

> 如果作为第四维的时间是有效的，那么人类和其他生命之间的差异就不是时间上的差异，也不是生命质量上的差异，而是我们看待时间的差异——我们纵观整体能力的差异。然而我们早已受限于对三维的理解，这就是人类的惯性思维。当我们的视野开阔到四维空间时，

我们就能拥有一个永恒的生命。

上述这段话显然是在相对论中所使用的语言上做文章，与其理论中实质的物理内容几乎没有关系。然而，爱因斯坦对于宗教的态度从来都不是由特定的物理理论决定的，而是由他所相信的科学和信仰在人类生活中的作用来决定。爱因斯坦从来不鼓励和支持相对论成为进入神学的跳板。

● 第十二章 ●

爱因斯坦在美国

高级研究院

德国各个大学发起的种族和政治清洗运动，迫使大批有才华的知名学者去海外寻求发展。这使得海外机构有可能廉价地雇佣到许多杰出的学者。1933年夏天，我拜访过德国一位最伟大的科学家。在他的实验室里，他给我看了一长串名单，上面都是要找工作的人，他半开玩笑地说："现在我们在德国要做的，就是组织建立一个优质商品廉价出售的市场。精明的人肯定会把握这个机会，从我们这里买走优秀的人才。"

已被解雇的德国学者以这种廉价的方式被迫"出售"，就像贩卖次品一样，即使哪个科学家的妻子出身有问题，这个科学家也将因为这点瑕疵而"降价处理"。显而易见，爱因斯坦便是这个销售市场上盛极一时的"货物"。这就好像新董事不喜欢大博物馆里某种风格的图画，突然以非常低的价格标价出售伦勃朗最有价值的绘画一样。

当然，爱因斯坦要找到一个新职位还是有把握的。许多大学向爱因斯坦伸出了橄榄枝。马德里和耶路撒冷的大学就向他发了邀请。家喻户晓的巴黎索邦神学院也想聘请他为教授，但是爱因斯坦未接受邀请，他打算离开欧洲这片土地，因为他并不奢望短期内德国会变得更好。朋友也提醒他此后不要在德国定居，否则会陷入水深火热之中。

爱因斯坦很快就做出了前往美国的决定，在那儿他可以得到一个理想的职位。1932 年的夏天，爱因斯坦获得了一个可以在海外就职的机会。对他来说，这可谓是一个上天赐予的惊喜。爱因斯坦准备从欧洲移民到美国。

1930 年，路易班贝克先生和太太菲利克斯·富尔德听取了美国教育改革者亚伯拉罕·佛雷克斯纳的建议，捐赠了一笔五百万美元的款项，用于建立一个全新的研究教育机构。有人问佛雷克斯纳博士，如何能最有效地将这些钱款合理分配好。佛雷克斯纳回答说，美国有很多培养学生以便他们能够取得哲学博士学位的大学。尽管如此，他还是觉得美国缺少另一种类型的机构。他认识到，年轻有为的学者对这种机构也有强烈的需求。他们希望继续自己的研究，并与领域界的知名学者有日常交流的机会和平台。佛雷克斯纳觉得，为青年才俊提供非正式接触，曾经是德国大学黄金时代的伟大举措。在他看来，美国在这方面还未成气候，某些课程的设置仅是为了获得学位。过重的负担导致教授很难有时间与已经完成学业的学生们保持频繁交流。

新成立的研究所叫高级研究院，学科带头人是佛雷克斯纳博士，研究院的中坚力量由小部分教授担任。成员的选择和学生的录取完全按照能力高低进行，不考虑其社会地位或者政治倾向。当时，大多数高校或者机构录取人员的重要考量指标是社会地位或者政治倾向。对此，该研究所的创始人在给受托人的一封信中明确说道：

我们希望，高级研究院成员由一些在其专业领域有建树的男女学者构成。高级研究院对这些人的吸引力在于其认真追求真理的学风和不为外界纷繁复杂所干扰的目标。

我们的基本目的和希冀是：在选择学院的研究员、教职人员、学生、工作人员时，不能间接或直接地将种族、宗教或性别等因素纳入考虑范围。我们非常认同，美国高贵的精神特质，尤其在追求更高层次的学习时，任何人都有学习、提升自己的权利，不分种族、信仰或性别。

这样做的目的也是尽可能让研究所的教师从所有行政和教学工作中解放出来，以便专心致志地进行学术研究。创始人在信中还说：

我们殷切希望，在本机构工作的人能够得到最好的机会，有最大的自由在各自特定的领域尽情开展研究。

佛雷克斯纳在高级研究院的组织会议上特别强调，研究所提供的生活条件一定要比大多数的大学更好。他这样说道：

美国的教授及其家人需要做出的牺牲只有一个，那就是要忍受高强度的压力。目前的状况不利于学术思想的产出，因为较低的薪资让学者丧失了研究兴趣，这让大学老师希望通过编写不必要的教科书或从事其他形式的粗劣文学作品来弥补自身收入的不足……为了解决这个问题，我们应该重新设定新标准。

于是，高级研究院就推行了一系列政策，通过提供更高的薪水，吸纳更多优秀教师前来。

起初，高级研究院并没有决定扶持哪些领域的研究项目，但是创始人佛雷克斯纳博士还是意识到，有必要制定一些原则集中支持某些特殊领域的研究活动。聆听了大量的外界声音后，佛雷克斯纳博士与各方面进行了协商，做出了重点关注数学科学领域的决策。这样做有三个原因：首先，数学是基础学科。其次，研究数学需要较少的设备和书籍的投资。最后，相比于其他学科来说，佛雷克斯纳博士有更多的机会和数学领域的杰出学者签订更多的合作协议。

高级研究院落成之前，普林斯顿大学的校长希本从学校的数学大楼（Fine hall）里腾出了一部分给他们使用。风景秀丽的校园、错落有致的树木和英国大学哥特式风格的建筑给数学研究工作提供了一个良好的环境。除此之外，高级研究院也开展了大学数学家合作的一系列活动。他们期待，随着时间的推移，来自全世界数学领域的博士都愿意聚集到数学大楼进行自己领域的研究。

创始人一开始的想法是将高级研究院建造成远离尘世纷争的学术研究净土。正如佛雷克斯纳博士提到的："这个高级研究院应该作为学者和科学家的避风港，学者和科学家在他们的实验室内，不会直接卷入外部世界的旋涡中。"

在1940年，高级研究院的数学研究所撤离了位于普林斯顿大学校园里的数学大楼，搬到坐落在与普林斯顿大学相隔几英里外的一个小镇上。

入职高级研究院

佛雷克斯纳博士着手寻找组建高级研究院的大师们。他的脚步踏遍了美国和欧洲，只为寻找符合条件的人。1932年的冬天，佛雷克斯纳博士来到帕萨迪纳市，将自己的筹建计划与美国著名的物理学家密立根进行探讨，密立根对他说："爱因斯坦目前是美国的一位客人。你为什么不找爱因斯坦说说你的计划、听听他的意见呢?"想到要与这样一位传奇式的人物去讨论教学和管理问题,佛雷克斯纳博士起初还相当犹豫,忐忑不安。密立根告诉他,爱因斯坦对一切提高和培养青年学者的项目,以及一切大胆创新的东西都感兴趣。"我马上把你的情况告知他。你去加州理工学院的教授俱乐部拜访他,那是国外学者逗留之地,坐落在一个美丽的棕榈花园之中。"

佛雷克斯纳博士将这次拜访做了如下描述:

> 我驱车到加州理工学院的教授俱乐部,第一次见到了爱因斯坦及其夫人。爱因斯坦高贵的气质、浅显风趣的举止和真诚谦虚的态度深深地吸引了我。在俱乐部的走廊里来来回回走了将近一个小时,在这一小时中我讲着我的计划,他听着我的计划,并提了些理论问题。过了中午十二点,爱因斯坦夫人提醒他还要去参加一个午宴。"很好,"他亲切地说,"我们还有机会再详谈,以后谈久点。"

那时,佛雷克斯纳博士还没想到要邀请爱因斯坦本人去高级研究院任职。他当时只是想听爱因斯坦对这个计划的看法。佛雷克斯纳博士和爱因斯坦约定初夏时在牛津大学见面再谈,届时爱因斯坦在那里有个讲座。

按预期计划,爱因斯坦在牛津的住处再次与佛雷克斯纳博士会面。这是位于牛津大学里基督教堂学院的一处方形院落,四周是美丽的草坪。佛雷克斯纳博士这样描述了二人见面的场景:

> 这是非常美好的一天,我们走来走去讨论这个问题,在关键问题上我们的看法越来越一致。交谈中,我觉察到他可能有兴趣加入高级研究院。离开前,我对他说:"爱因斯坦教授,虽然在这样一个新成

立的研究院，我不能给您一个多么好的岗位，但是，希望您深思熟虑
后，能接受我的邀请。"

他们约定夏天到柏林继续商议此事。那时是夏帕彭的临时政府执
政，德意志共和国已经名存实亡，仅像幽灵一样存在。爱因斯坦非常
清楚德国已经日暮穷途，他下定决心动身去往美国。

佛雷克斯纳博士到柏林时，爱因斯坦住在波茨坦市附近的卡普斯。就
在那个夏天，佛雷克斯纳博士于周六下午三点来到了爱因斯坦的乡间别
墅。对于此次拜访，佛雷克斯纳博士是这样描述的：

这天十分寒冷，我穿着冬天的衣服和御寒的厚大衣，走进爱因斯
坦美丽宽敞的乡间别墅。只见他套了一个夏季的薄外套，坐在阳台
上。"喔！你好！"爱因斯坦向我打招呼。我上下打量着爱因斯坦，问
道："你难道不冷吗？""不冷，"他回答说，"我的穿衣原则是根据季
节，而不是根据天气来选择穿衣。你知道现在是夏天。"就这样，我
们坐在阳台上一直聊到晚上，爱因斯坦邀请我留下来吃晚饭。晚饭后
我们继续交谈，将近晚上十一点钟才结束谈话。直到那天，我才完全
明白，爱因斯坦和他的妻子准备来美国。我答应了爱因斯坦的条件，
他也答应几天内给我写信。爱因斯坦像往常一样套了一件毛衣，没戴
帽子，冒雨送我到了公共汽车站。告别的时候，他跟我说的最后一句
话是："我满怀期待。"

很快地，爱因斯坦写信给佛雷克斯纳博士，信中对去高级研究院任职
一事进行了沟通，他说，会做好入职的准备。佛雷克斯纳博士发现，研究
院就缺乏像爱因斯坦这样谦逊有礼的人。爱因斯坦还提到关于自己和夫人

的具体事宜，还需慢慢磋商。双方的契约就此达成。此外，爱因斯坦说，1932 年的冬天他必须在帕萨迪纳市度过，要到 1933 年的秋天才能去普林斯顿。同时，他还希望每年可以在柏林待上一段时间，因为他不喜欢自己被物理界的朋友误解成对德国不忠。但是，爱因斯坦对未来要发生什么非常清楚。1933 年年初也就是纳粹革命爆发时，爱因斯坦准备移民去美国。1933 年冬天，爱因斯坦正式任职于佛雷克斯纳博士创办的，位于普林斯顿大学校园内的高级研究院。至此，我们还没说到爱因斯坦每年在柏林度过的时光。爱因斯坦移居普林斯顿，想成为美国的永久居民。然而，为了实现这一目标，他经历了许多不为人知的困难。爱因斯坦当时以游客的身份来到美国，到那时他还没有合法权利永久留在美国，更不用说成为公民了。

高级研究院的活动

高级研究院与爱因斯坦曾经就职的恺撒威廉研究所在某些方面相似。爱因斯坦再次得到这样一份有时让人生厌的工作。如前所述，对任何一个仅因研究工作领取薪水的人来说，研究院的氛围让人有些不自在。因为研究人员并不是总能够提出有价值的想法，所以发表一些没有特殊价值的论文也成为一种诱惑。科学家经受着这种痛苦的学术压力。但是，如果他只是一名教授，压力适中，那他会因为每天做着对社会有益的工作而感到宽慰。根据自己的兴趣，利用闲暇时光，没有压力地做些研究，这样的氛围还是令他们满意的。

但是，头脑随时迸发创新火花的爱因斯坦对日常教学模式很反感，但教书育人是高尚的，所以他接受了这份工作，在此他还可以全身心投入自己的研究。在这个新的岗位上，他可以指导那些已经获得博士学位的，有才华的学生继续他们的研究。可惜的是，他只能接触到极少部分学生。为此，爱因斯坦常常徘徊在满足感和孤独感之间：对日常教学工作的满足，又因为接触不到大批学生而感觉孤独。

这种分裂的态度很大程度上也体现在他跟同事交往的过程中，这一点我们在前文多次提到。这种分裂态度伴随了他一生。他对普林斯顿大学的态度也有这种倾向。对爱因斯坦来说，做个讲座或组织一场研讨会相当简单，许多学生可能会参加。但他觉得，一个已经拥有国际声誉的教授去和大学教授进行竞争，而且有些大学教授还很年轻，这实在不公平。他们可以有理由认为这是"不公平的竞争"。无论如何，爱因斯坦还是尽量避免发生此类竞争。然而，不公平的竞争确实是存在的。爱因斯坦认为，自己作为一名杰出的科学家还是有着自己的存在价值，普林斯顿大学的很多人都可以从自己身上或多或少地学到一些东西。但事实上，爱因斯坦并没有他自己想的那么重要，很少有人向他请教，因为自己的价值并没有得到体现。没有人，甚至爱因斯坦本人也无法解释，这种情况在多大程度上与这二者有关联，即自己对他人的体谅之心，以及自己对与人密切交往的厌恶之情。

总的来说，爱因斯坦离开柏林来到普林斯顿做研究，其真正的原因是，他有自己的研究课题，也有自己解决这些课题的研究方法。爱因斯坦总给人以独立于环境之外的印象。就像 25 年前在柏林的会谈，那次我们讲到了一些他认为无足轻重的事情，即他的研究是在书房进行，还是在波茨坦的一座桥上进行。现在看来，对他而言，办公室不管在柏林西部的偏远郊区，还是在远隔重洋的美国普林斯顿大学城都可以。

在普林斯顿大学的这段时间，他要解决三大问题。首先，他想将 1905 年、1912 年和 1916 年间研究的狭义相对论和广义相对论发展成一个更具有逻辑性和连贯性的理论构架。可喜的是，他取得了重大进展。爱因斯坦将引力场看作是空间的一种几何性质，即"曲率"。空间曲率取决于空间中物质的存在，并能通过物质分布计算出来。如果已知空间的曲率，换句话说，知道引力场，那么就可以根据"运动定律"计算物体在空间中的运动。"运动定律"的内容如下：物体将以沿着四维连续时空中的测地线（最短的线）的方式运动。如果人们假设物质和力场是两个截然不同的实体，那么上述定理完全可以成立。进一步深入思考后，可以得出这样的观念：粒子的质量实际上只是存在于该点的一个特别强的力场，因此"质量的运动"其实只是力场的变化。而场的变化用"场方程"来描述，它决定了力场。如果物体的运动已经被场方程所决定，那么就没有必要存在运动的定律。我们不能除了场方程之外再做"物质沿着测地线运动"的补充假设。因为，这些运动的方程早已包含在场方程里。

爱因斯坦柏林的同事兰索斯运用数学定理推导出了反映运动定律的场方程。不过兰索斯的推导过程并没有令爱因斯坦满意。在普林斯顿大学，爱因斯坦成功地用一种十分令人信服的方式说明，推导运动定律时只需要场方程。因此，物质只不过是场在特定点的集中，这一观念得以证实。

如前所述，爱因斯坦喜欢得到年轻的物理学家和数学家的帮助，特别是处理涉及数学计算的问题时。爱因斯坦从柏林来时，也带着维也纳的数学家沃尔特·梅耶一起。不久沃尔特·梅耶在高级研究院也得到了一份独立的职位。因此他不再和爱因斯坦一起进行科研工作。爱因斯坦来到美国的头几年，一位才华横溢的波兰物理学家英菲尔德来到普林斯顿大学，在高级研究院工作了数年，与爱因斯坦一起证明了上述"场和物质的统一"的理论。

爱因斯坦喜欢与英菲尔德讨论各种各样的问题，涵盖了物理学的基本问题及其发展等。他们的讨论后来由爱因斯坦和英菲尔德合作写进了《物理学的进化》一书，该书描述了人类如何寻找观念世界和现象世界的联系，并试图说明什么样的动力迫使科学建立起符合客观实在的观念。显而易见，这是一个向公众展示物理学基本思想的最好方式之一，物理学因此得到了广泛的传播。

英菲尔德也写了一本自传名为《探索》，本书以一个敏锐的观察者和有才能的合作者的角度，叙述了爱因斯坦在普林斯顿的生活。

第二要解决的问题是关于量子理论发展的批评。爱因斯坦觉得有必要用具体的例证来说明，尼尔斯·玻尔创立的"哥本哈根"学派里没有描述"物理现实"，比如场，而仅是描写了测量仪器与场的相互作用。就这一点，爱因斯坦与两位青年物理学家罗森和波多尔斯基合作发表的一篇论文里进行了至关重要的讨论。这篇论文通过列一个简单的例子，证明量子理论在描述空间某一区域内的物理条件时，并不能被称为对这个区域的物理现实进行了完整的描述。

爱因斯坦的这项研究刺激了尼尔斯·玻尔，他更加清晰地阐释他在描述物理现实问题时的立足点。如今玻尔明确表示，拒绝接受那些对他的"神秘"理论的臆测，包括诸如观察会"破坏"空间区域里的"真实状态"等观念。他毫不含糊地说明，他的量子理论不能描述场的任何性质，只能描述场和测量仪器之间的相互作用。显然，人们没法通过一般性的逻辑考量来判断爱因斯坦和玻尔之间谁对谁错，因为他俩并不是做出来相反的结论，而只是提出了相反的建议。爱因斯坦建议，对空间区域中物理状态的描述应当尽量接近描述日常生活的语言，这意味着他认为在描述物理状态时，没有必要说明这些物理状态是用什么仪器测量得到的。爱因斯坦清楚地意识到，用"场"的方式来建立的物理规律，换成玻尔的描述方式也不会显得荒谬可笑；但是，只有在万不得已的时候，他才会抛弃用"场"的描述方式。

第三个，也是最令人兴奋的问题，爱因斯坦试图找到真正的物理场，以统一万有引力场和电磁场的方程，并允许建立亚原子现象的物理定律。为此，爱因斯坦与两个年轻人合作，一个叫伯格曼，而另一个叫巴格曼。二人名字十分相似，为此还引发了许多笑话。

每天上午，爱因斯坦照例来到高级研究院自己的办公室，在那，他经常遇见彼得·伯格曼或瓦伦汀·巴格曼，有时还能同时碰到他们俩。爱因斯坦建议二人用多种方法，比如四维，甚至五维来构建空间的结构。这个几何学结构的所有参量也同样可以应用于描述统一的物理力场①。如果有人能够找到描述空间的这些量之间的关系，并且从中可以观察、总结包括原子和核物理在内的所有物理定律，那么真正的力场将为人们所发现。

这项任务的难度甚至比之前设想的更高。目前看，用以前的研究方法都不能完成这个任务。为此，爱因斯坦已经开始探索新的场方程。他决不放弃，希望能证明电子和质子也只是特殊的场而已。尽管玻尔的"实证主义"理论仍然需要大量的实验来验证其正确性，但是爱因斯坦还有一个悬而未决的问题，有没有可能从场论中得到相同的结果，或者有没有可能保留这个历史观念，即物理真实不依赖于观测和测量手段。

爱因斯坦除了进行研究院的常规工作外，还不得不占用一部分时间担任顾问，解答对科学有着兴趣且雄心壮志的年轻人的问题。就爱因斯坦的命运，不仅要在个体层面上进行判定，还要将其归类——爱因斯坦已经是某个群体的象征。对爱因斯坦来说，命运的苦楚并没有什么，只是他不喜欢归类于某个政党或团体中。犹太人和犹太人的敌人都期望他能成为一位犹太人的领导者，至少是犹太人的代表。纵观爱因斯坦，他的一生象征着一个民族的命运，虽然他才华横溢，但是经常受攻击并遭遇隔离。所以，

---

① 统一场理论就是物理学中的强核力，弱核力，万有引力，电磁力四力的统一。

在那些寻求建议的人中，有很多年轻的犹太人，他们写信给爱因斯坦，希望得到他的帮助。在某种程度上，爱因斯坦代表了犹太人，这就像托尔斯泰代表了俄罗斯的年轻人。由于爱因斯坦在世界范围内声名远扬，有着至高无上的学术权威和财富，所以穷困的年轻犹太人把爱因斯坦看作是他们的救济人。我敢说，这是一个巨大的误解。爱因斯坦的财富和影响力都没有与其名扬四海的声誉相对应。

任何背景的年轻人都向爱因斯坦寻求开始学术生涯的建议，他们觉得在办公室或店铺里应该用学术武装自己，而不是重复机械的工作。爱因斯坦总是乐于根据每个人的不同情况，给出适当的建议。爱因斯坦认为，把自己的业余时间用在学习上，也是一件谋生的好事，可以戏称为"补鞋匠的其他生意"。

爱因斯坦从不喜欢谈及自己帮助过陷入困境的人，不管是物质方面还是精神层面上的帮助。而我想起了几件事。爱因斯坦一直关注那些得益于他而进入大学学习的人，也继续留意他们学业的进展情况。爱因斯坦建议他们向教师学习，用书籍不断充实自己，有时候还会送他们自己的著作。有这样一件事情让我记忆犹新：

这件事是与一名来自巴尔干国家的学生有关。在爱因斯坦的建议下，这名学生申请到了布拉格某大学的入学资格。爱因斯坦离开前托我多关注这名学生，有什么困难时，叫他找我。这名学生的生活费由巴尔干一家大制造商提供。这笔钱勉强够他用，他却用来支付自己和兄弟姐妹的学费。应该说，我们这个时代最伟大的人（爱因斯坦）一直关注他的学习，这是他一生中最有意义的事，在其平凡的经历中洒上了一抹光辉。这位学生第一次求助于爱因斯坦时，爱因斯坦当时还在柏林。当这位学生到布拉格时，爱因斯坦又抵达了美国。这名学生将自己每个阶段的学习事无巨细地写信告诉爱因斯坦。他也经常收到爱因斯坦从美国寄来的信，信中非常详细地给了建议。这名学生在处理与老师和同学的关系遇到困难的时候，他请教爱因斯坦自己该如何做。通常爱因斯坦建议他心态要平和一些，这个建议对其一生都受用，尤其是在陌生环境中卷入各种冲突时。正因为这名学生与这个时代最伟大的物理学家爱因斯坦经常书信往来，得到爱因斯坦的关心和帮助，为此他特别骄傲，觉得自己与其他学生不同。

在这种情况下，这名学生偶尔会想象自己在某种程度上代表了爱因斯坦。他认为，所有对爱因斯坦的侮辱就是对自己的侮辱。他甚至觉得自己是一名殉道者，乐意为爱因斯坦承受不幸。但是直至最后他才意识到：因为与爱因斯坦有过交集，自己还是做出了牺牲，也陷入麻烦之中。

难民学者

在德国及其卫星国，遭受迫害的犹太人数量不断增加，到美国去寻求避难所的犹太人也越来越多，这些人有科学家、作家、艺术家、教师和其他职业的人。就像大量优质商品在市场上以低价卖出会导致通货膨胀一样，这些难民学者也遇到了巨大的困难。

新一轮移民潮开始时，美国仍处于经济危机之中。当然，如果不是全球的经济大萧条，德国的纳粹革命就不会出现，这当然不是一种巧合。随着移民数量的不断增加，不切实际的谣言也开始蔓延起来。据说，难民不是先锋的代表；这批移民并没有像早期移民那样做任何建设性工作，他们想的只是，怎样才可以不工作就成为富翁，怎样靠政府救济来生活。很多人因此惊恐不安，视他们为工作的竞争对手；一些人仅视他们为替罪羊，来承担各种责难和非议。很多煽动者的话语让人们相信，大量移民的拥入很快将改变美国民族和种族构成的比例结构。

英国数学家和哲学家伯特兰·罗素不能被任命为纽约大学的哲学教授，因为他对婚姻和宗教传统持批评态度。爱因斯坦支持他。爱因斯坦认为，当个人和政治对手的反对可以阻止杰出教授出任某种职位的时候，这就阻碍了科学的发展。罗素的敌人利用爱因斯坦支持罗素这一事实做文章，以达到他们自己的目标。这些人写信给报社，"罗素这么个'裸体主义者'和爱因斯坦这个'难民'怎么敢干涉美国内政"！这些人使用"裸体主义者"和"难民"等蔑视词汇，这种做法是值得关注的。

每一个研究机构如果想要任命一个"难民"学者，就会变得进退两难。一方面，美国大学非常愿意帮助遭遇政治迫害的受害者，也很高兴有机会能够受益于这些人的能力。但是另一方面，他们有责任对国内正在寻找学术职位的毕业生负责。出乎意料的是，有些职位全部由来自欧洲和拥有更高声誉的学者来担任，毕业生们对此非常失望。

这种状况将已有职位的"难民"学者置于一种尴尬窘困的境地。在道义上他们有义务帮助一直运气不佳的同胞。同时他们又觉得应该以照顾学生利益为主。有些人甚至说，对已经有职位的难民来说这就是他们的职责，即同一个机构不能再录用其他难民。

爱因斯坦的状况更糟糕。他再次被视为整个难民学者群体的象征和领导人。难民朋友支持爱因斯坦作为杰出难民的榜样来到美国，而对手为了反对难民群体，又必须贬低爱因斯坦。对难民来说，他们把爱因斯坦看作是天生的领袖。这些难民认为，爱因斯坦依靠自己的名声可以帮到自己，所以向他求助。

爱因斯坦收到数以百计欧洲学者的来信，他们想移民到美国，希望爱因斯坦帮他们找份工作，或帮他们获得美国移民法出具的一份"经济担保证明"。爱因斯坦竭尽所能地帮助这些学者，为很多人担保开具了"经济担保证明"。有些学者一抵达美国，就找爱因斯坦帮助，爱因斯坦都尽其所能。但是，对如此庞大的求助团体，爱因斯坦只帮到了极少数人。

在给外国学者推荐工作时，爱因斯坦只考虑两点：第一，同情每一个蒙受苦楚的人；第二，不管在哪，追求科学的信念应该得到帮助。爱因斯坦总是乐此不疲地为他们写推荐信。他认为，如果空缺的职位需要外国的科学家，那么他的推荐会有所帮助。如果不需要，他的推荐信也不会给他所举荐的人造成伤害，对研究机构也不会造成负面影响。

假如爱因斯坦对各个大学的状况进行研究，并利用个人、经济和政治等相关因素，他能为难民做得更多。但对他而言，这些行为似乎不可能。因为对于聪明绝顶且心地善良的人来说，这样做并不很切合实际。这就解释了爱因斯坦的矛盾态度。有些人觉得，他宽厚仁慈、乐于奉献；有些人又觉得他缺少忧国忧民的情怀。

在慈善、社会、政治组织活动上，爱因斯坦会突然跟你说："平心而论，我只对事感兴趣，对人从来没有兴趣。"如果你问，他所说的"事"指什么，他会说"物理现象和处理这些现象的方法"。

这些新难民的心理状况也存在着问题。许多难民来自德国，这块被他们视为祖国的地方、让他们拥有共同精神和文化生活的地方，而今却把他们赶出来了。但这并不意味着，他们因此而与德国切断了所有联系。来到这个友好的异国他乡，他们重新开启了新生活，这种生活甚至比之前更好。因此，如果他们太过强调德国文化，这很容易在新国家激起一种敌对情绪。

另一方面，因德国大环境原因而移民的他们，从政治和文化两方面强烈反对德国统治阶层。结果是，他们一方面被指控宣传了所钟爱的德国文化，另一方面又被指控做了反面宣传，这可能让美国和德国产生敌意，甚至因此挑起战争。不可思议的是，这些矛盾的指控经常是在同一时间提出来的。

爱因斯坦本人往往惊讶，从德国来的新移民仍旧如此依恋德国。这让他特别疑惑：犹太难民在德国遭受了太多不幸，为什么对德国还有如此强烈的归属感。我们来看艾丽卡和克劳斯·曼的一次报道，报道中爱因斯坦讲述了这样一个故事：

"我碰到过一个年轻的德国律师，所谓的雅利安人，目前生活在纽约。我问他是否想家。"

"想家？"他回答，"我！为什么？我不是犹太人。"

"做犹太人不好吗？"爱因斯坦又问。

"犹太人不是有着这样典型的特点吗？他们饱含强烈的民族主义情感和忧国忧民的爱国主义情怀。只有不自信的犹太人才没有国家的认同感和归属感。"

"我也是个犹太人，"爱因斯坦继续说道，"但是，我在美国一切都好。因此，我不想念任何国家，更不用说由阿道夫·希特勒统治的德国了。"

我们知道，爱因斯坦厌恶德皇统治阶层呆板残暴的行为，而对希特勒为首的统治阶级就更加痛恨。与其厌恶之情一样强烈的情感，还有他对德国巴赫和莫扎特的音乐的钟爱之情。面对艺术，爱因斯坦在某些方面甚至拥有着与德国民族主义者相同的品位。他不喜欢"现代"音乐，觉得很反感。一般说来，他倾心于一切源于德国的、前普鲁士和前威廉大帝时期的精神。见到周身洋溢着德国古典音乐气息和文学精神的来访者，他会很开心。他甚至很同情康德哲学，部分也许是因为康德哲学中的情感与当时的德国精神有着紧密的关联。虽然，爱因斯坦对康德哲学惺惺相惜的情感只是出于纯粹的科学视角，但是他还是在各个方面拒绝康德哲学。

令人困惑的是，尽管爱因斯坦一直反对普鲁士军国主义统治下的德国精神，他却一直喜欢和那些拥有这种德国精神的人士交往，比如德裔的美国部长，这位部长身上有着那种陈旧的德国精神。

在美国，爱因斯坦常常被官方视为犹太人的领袖。1939—1940年，世界博览会在纽约拉开帷幕，巴勒斯坦参加了这次博览会。世博会有个惯例，即展馆开放那天，各国（或地区）的大使要发表演讲。这时问题出现了，巴勒斯坦的展馆开放日由谁来发表演讲？人选没有定在犹太复国主义者的政治领袖上，也没有定在犹太人学者拉比上，橄榄枝最后抛给了爱因斯坦。正因为如此，爱因斯坦被官方视为犹太人的精神领袖。

爱因斯坦的宗教态度

要了解爱因斯坦对犹太人的态度，必须先了解他对传统圣经宗教的态度。没有人像爱因斯坦一样毫不留情地从物理概念上批判半神学主义，这种主义在中世纪末期几乎消失殆尽。爱因斯坦的宗教态度就是纯粹批判圣经，反对神学的态度吗？自从他踏上美国这片土地，这方面的个性就被曝光在了聚光灯下。美国人对科学和宗教的关系比欧洲人更感兴趣，他们觉得此二者之间急需相互了解。

爱因斯坦对传统宗教的态度与他对社会关系的态度有关。我第一次认识爱因斯坦大约在1910年，当时我对他的印象是：他对任何一种传统宗教都没有感情。爱因斯坦在布拉格大学做物理教授时，他再次加入了犹太人的宗教团体，但是他将此举看作是一种礼节行为。当时，他的孩子要读小学，在那可以接受宗教教育。这是一个相当棘手的问题，因为爱因斯坦信奉犹太宗教，而他的妻子信奉希腊东正教。"不管怎样，"爱因斯坦说，"我非常不希望我的孩子得到的教育与所有的科学思维背道而驰。"他无奈地回忆道："学校给孩子讲了上帝，但到后来，孩子居然认为上帝是某种脊椎动物。"

当时，只做表面文章的观察者会轻而易举地认为，爱因斯坦对宗教持怀疑态度。但下面要提到的这件事更加具体地体现了爱因斯坦的宗教态度。爱因斯坦曾经在布拉格的一个警察局遇到一位正统的犹太人。那天，我跟他一起去警察局拿签证。这名犹太人问爱因斯坦知道不知道布拉格饭店中的食物是否严格地符合犹太教教规——也就是说，这些食物是否是按照犹太教规的惯例戒律来准备的。爱因斯坦说了一家饭店。这是一家公认的、符合犹太教教规的饭店。这名犹太人又问："这家饭店真的是严格符合犹太教规的吗？"这有点惹恼了爱因斯坦，于是爱因斯坦一脸严肃地说道："实际上，只有牛才吃严格符合犹太教义的食品。"这位虔诚的犹太人受到了伤害，他愤怒地看着爱因斯坦。爱因斯坦解释道，自己刚刚的话语不是对犹太教义的攻击，而是很客观的事实和真实的想法。"牛只吃草，因为草没经过人的任何处理，所以是唯一严格符合犹太教规的食物。"

爱因斯坦的看法往往直接彰显一个天才的反应，就像一个聪明的孩童。世界不能以一种传统的方式来识别，而应该根据理性建议来判断。如果这种断言没有采取任何传统上的委婉话语来表述，那么这种言辞通常就被称为"愤世嫉俗"，其实这才是"真诚的幽默"。

有一次，有人告诉爱因斯坦，一位知识能力相当平庸的物理学家因车祸丧生。爱因斯坦同情地说："我对他的尸体感到十分惋惜。"

还有一次，爱因斯坦应知名荣誉学者纪念委员会的邀请，要去参加一位著名学者七十岁诞辰的纪念活动。委员会希望他能发表演讲。爱因斯坦这样回答："我很敬重，也很喜欢这位学者。正因为这个原因，在他诞辰之日，我将在我家里独自为他安排一个晚宴。因为没有受邀者，我会做一个给自己听的演讲。如果你也能跟我一样在家里为这位学者祝福，这对你和那位学者来说不是更方便吗？"

爱因斯坦演讲的方式往往表达了他深藏在心底的强烈愿望，那就是世界上严肃的事情可以通过幽默戏谑的方式表达出来，而且最后还能变得更加有艺术性。爱因斯坦使用这样刻薄的话语，以这样一种艺术性的方式面对这个世界，这就好比莫扎特的奏鸣曲一样，用一种幽默的方式来表达世界邪恶的一面。在某种意义上，莫扎特的音乐可以视为一种"愤世嫉俗"的音乐。但是，他的音乐没有悲惨世界的暗无天日，相反却洋溢着青春快乐的节奏气氛。

爱因斯坦对宗教的态度可从其对自然科学和一般科学的观念中获取。我反复强调过，根据他的观点，科学的一般规律不是归纳或概括的产物，而是自由想象力的产物，这种产物是经过缜密的物理观察得来的。爱因斯坦在牛津大学的演讲中这样说：

> 如果物理学的公理基础不能从经验中推断出来，而是单凭天马行空的想象，我们有权奢望找到正确的研究方法吗？此外——这种正确的研究方法是否存在于我们的想象之中？

对爱因斯坦而言，物理理论是人类创造力的产物，其正确与否只能由两点判断：一是其逻辑的简洁性，二是可观测结果与经验的一致性。这正是逻辑实证主义者所倡导的一种理论和这种理论有效性的标准。对逻辑实证主义者来说，相信"存在一个正确的理论"是指"希望能创造一个确切的事物"。"理论的正确形式"与"一架飞机的正确形式"一样，显然是毫无意义的表达。

但是，事实上爱因斯坦还是偏离了逻辑实证主义的概念。在牛津大学的讲座中，爱因斯坦就是否有"正确的方法"这个问题做出以下的回答：

> 就这个问题，我十分有把握认为存在着正确的方法。我们有能力

找到研究方法。到目前为止，我们的经验充分证明，本质上是要实现数学简洁性的理念。

我相信，纯粹的数学结构可以发现概念和连接概念的规律，这也是我们理解自然现象的关键所在。当然，经验可以引导我们选择有用的数学概念；但经验不是数学概念产生的源泉。

因此，在某种意义上，我相信纯粹的思想能够让人了解自然，这想法是真实的，这也是我们祖先的梦想。

在上述言辞中，爱因斯坦竟然使用唯心哲学语言，使用先验知识倡导者的语言——也就是，知识独立于经验——尽管爱因斯坦决定反对这种经验主义哲学。然而，当年在"实证主义"的名义下，存在着一些过于简单化的现象。为了反对这种现象，爱因斯坦使用了这种表达方式。这种表达方式很容易被人误解，让人觉得爱因斯坦的观点包含肤浅的知识。

爱因斯坦的看法与祖先的梦想之区别在于：根据古代哲学家的观点，直觉的力量足以推动命题向前发展，而不需要经验来验证。但是，这并不是爱因斯坦想表达的。他认为，创造性的能力给我们带来数学理论建构的各种可能性，而这只有经验才可以解决。

很自然，爱因斯坦内心的这个信念并不能给出令人信服的理由。在这些理论之中，迟早会有一种理论，在其逻辑简洁性和简单观察的表现上将大大优于所有与其竞争的理论，该理论在各方面都是最好的。这种信念只是科学乐观主义的一种表现而已。这是在一定章程下观察自然的一种信念的表达，人称"相信自然的合理性"。

不证自明，这种对自然的逻辑设想具有典型性。但是，如果我们更倾向于采用传统哲学的术语，那么拥有相关经验以后，我们就可以称之为"自然理性"。"自然理性"这个术语的使用是出于人们想表达一种同情之心，大家习惯用一种美丽的哲学语言来表述。这样，人们对自然理性认识就慢慢变成了崇拜。在爱因斯坦看来，这种崇拜是宗教意识最强大的根源之一。

当我们提到存在一个对应于自然过程的逻辑系统的时候，"存在"这个词就意味着，在日常语言之中，存在与人类相似的，能够想象这样一个系统的有思想的动物。如果我们提及"存在"这样的一个系统，却没有涉及这种有思想的动物，这就是一种模糊的表达方式。如果我们将其与有思想的动物联系起来，那么我们或多或少地会觉得这些动物和人类一样，都具有较高的智力水平。因此，提及"理性"世界，总是意味着要模糊地认为精神优于人类，但是二者有着相似点。通过以上的这种方式，爱因斯坦对于自然的概念就与通常所谓"宗教"的概念相关联起来。

爱因斯坦非常清楚，这个概念并不是以任何方式来对自然科学进行定义，而是体现出一种对自然的思考。就这一点爱因斯坦曾经说过：

> 我们可以体验到的最美好的情感，就是神秘。神秘是一切真艺术和真科学的源泉。一个人若对这份情感陌生，不再驻足思考或心怀敬畏，那他就和死去的人没有什么区别。为了弄清楚那些令我们费解的事物确实存在，展现其最智慧、灿烂美好的一面，又因我们有限的能力，只能通过最原始的形式进行理解——这种知识和这种情感才是真正的虔诚敬畏。仅在这个意义上来说，我就属于对宗教特别虔诚的人。

根据爱因斯坦的观念，自然科学领域，特别是数学物理领域的科学家，几乎都有过这样的神秘经历。这就是爱因斯坦所说的"宇宙宗教"的根源。爱因斯坦曾经说过：

　　源自科学研究的宇宙宗教经验是最强大的，最崇高的。每个人都欣赏具有不懈努力精神的人，如果没有科学思想的先驱在之前进行创造，无畏的奉献精神就不能应用于实际的工作生活当中。"是谁改变了世界结构合理性的深刻信仰？又是谁揭开了世界上最基本的科学谜团？一定是开普勒和牛顿！"

　　近年提出了这样的观点，20世纪的物理理论，特别是爱因斯坦的相对论和能量的量子结构在减少宗教与科学之间的冲突过程中具有重大意义。因为爱因斯坦在科学基础上提出的"宇宙宗教"被作为一种支持观点而一直被引用。其实这是对他理论的一个巨大的误解。爱因斯坦对科学理论的逻辑结构有着清晰的洞察力，他从来没有倡导将近期的物理学理论进行宗教层面的解释，但一些科学家，比如琼斯和爱丁顿就在他们的畅销书中进行了类似的阐释。

　　就爱因斯坦而言，宗教于宇宙法则具有神秘感，又让教徒具有道义感。他思想中严谨的逻辑经验主义特征阻止他去假设这两种感觉中有某种科学性的联系。音乐不是靠词语来谱写的，这可以给我们一丝启发。

　　然而，爱因斯坦从不强调宗教的重要性，为此他遭到一些人的误解。令人吃惊的是，甚至在物理学科中，爱因斯坦都只把"上帝"这个词当作一种比喻表达来使用。这让人回想起，爱因斯坦多次拒绝物理学的统计概念时说的话："我不能相信上帝可以与世界掷骰子。"很肯定，"上帝"这个词用在这里不具有神学的意义，只是一种修辞表达而已。但其他物理学家不这么用。爱因斯坦有一句名言记录在普林斯顿高级研究所的一面墙上，这句名言运用了相同的修辞表达来说明他对自然科学本质的看法。他想表达：从数学角度来看，物理规律的系统是相当复杂的。要想理解它，必须有着极高的数学能力。不过，他希望，自然法则应该遵循数学规律系统，依据科学判断，人类心智能找到这些规律。这句话也可以这么表达：

> 上帝是久经世故的，但是他并没有任何的恶意。

1940 年秋天，纽约召开了一次会议，讨论了科学、哲学和宗教对美国民主进程的贡献。爱因斯坦是其中的一个发言人。刚开始他不想写任何东西，因为他不喜欢引起公众关注，尤其是在政治问题上。但是，这次会议的主题很吸引他，所以尽管他不愿意在众人面前发表演讲，他还是写下了一篇题为《科学与宗教》的报告，报告中说道：

> 现今，宗教和科学两个领域之间的冲突主要来源于人格化上帝的概念。科学的目的是确立一般性的规则，确定时空里相互连接的物体概念……一个人如果对所有事情的规律性知道得越多，他的信念就越坚定，有序规律背后的不同原因就越难发现。对他来说，不论是人的支配还是上帝的支配，都不能作为自然界事件存在的一个独立原因。当然，人格化上帝的教义干扰了自然事件，却无法从科学角度得到反驳，因为这种教义总是在科学知识还没有建立起来的领域里找到了庇护……
>
> 宗教属于信仰的范畴，它们相信世界是理性的存在，其缘由可以理解。很难想象，一个真正的科学家内心却没有虔诚的信仰。这种状况可以这样形象地表述：没有信仰的科学是瘸子，没有科学的信仰是瞎子。

这句话显然不那么耸人听闻，或者令人震惊。那些承认宗教在人类生活中很重要的科学家们已经发现，他们自己所想的已经被爱因斯坦建构出来了。此外，确实有许多科学家错误地认为，爱因斯坦甚至将宗教和灵性与科学相提并论。

突然间，许多人这样哭诉："爱因斯坦想要剥夺我们对上帝的信仰。"这些人说，"上帝是我们每个人的一部分"。爱因斯坦收到无数封信件，许多信强烈谴责他剥夺了人们对上帝信仰的权利。报纸上也出现了抗议，作者们抗议"难民爱因斯坦"干涉了他们对上帝的信仰。还有很多基督教的神职人员宣称，与犹太人的上帝比，"人格化的上帝"是基督教上帝的特征，爱因斯坦批判的是基督教中上帝的概念。其实，爱因斯坦对基督教和犹太教神学的微妙之处一无所知。相反，他是想强调，自由派犹太教和自由派基督教在上帝概念上有共性。在很多情况下，爱因斯坦不能预见自己原本的善意却引发出了恶意的争论。

在其他很多场合，爱因斯坦提倡实证主义观点。一般说来，实证主义关注精密科学和一般科学与人类行为的联系。关于人类生活的目标是否来自科学这个问题，爱因斯坦与实证主义者一样，都坚决地回答"不"。就像逻辑实证主义提出的那样，爱因斯坦认为，不管数学多么简洁、自然规律有多么美，无论它们如何反映了观察的各种现象，也无法告诉我们人类生活的目标是什么。从自然规律中，我们需要了解大自然的运行规律，以及如何利用这些规律来实现人类的目标，而不仅是了解这些目标是什么。这些目标人类可以通过例证和教化习得。爱因斯坦认为教堂的主要任务是教化，而不是对自然概念的说教。

由于爱因斯坦相当相信，即使高度发达的科学也不能给予人一个具体的目标，所以他没有去争论教会组织的有效性。他对宗教仪式漠不关心，却意识到教会和宗教仪式作为一种教育引导手段的价值；也认识到宗教仪式在教化方面的作用，爱因斯坦已经学会去重视宗教仪式。

就宗教于道德教育的责任，爱因斯坦的观点也许可以从他的一次演讲中体会到。1939 年的夏天，普林斯顿大学召开神学研讨会。面对牧师和神学学生，爱因斯坦做了题为"我们的目标"的发言，他阐释了这样一件事：

确实如此，法则不能牢固地建立在经验和清晰思维意识之上。就这一点而言，我们必须完全赞同极端理性主义者。但是，这个观念的不足点是，对我们行动和价值判断起着必要的和决定作用的法则却不能仅以科学方式来获取。科学的方法只能告诉我们事实之间的相互关系。只要一个人心怀远大抱负，且为之不断努力，就有机会获得这种客观的知识。当然，我们每个人都不会怀疑与低估人类思维在这些领域中所做出的努力和取得的成就。另一方面，不存在直接通往客观知识的捷径。无论我们所拥有的知识有多么清晰和完善，也不能因此推断出人类追求的目标……无论知识的海洋有多么波澜壮阔，它也不能确定我们不断追求真理的价值……

目标和价值是相互依存的。仅有独立思想不是终极目标，也不能实现基本目标，这只为完成基本目标提供前进的方向。宗教在人类社会生活中最重要的作用是：在个人的生活中，设立了最基本目标，同时也确定了这些目标的价值。如果有人问，应该怎样获得这些目标的权威性，我们只能这样回答：不是争论和论证，而是通过启示教育和强大的人格魅力来实现。人们不应该试图去证明这些目标的权威性，而应该尽可能清晰而纯粹地识别其本质。

我们志向和价值最重要的法则源于犹太—基督教的传统。这也是我们的崇高目标……当人们放弃这些目标的宗教形式，认为只有这样才能将纯粹人性的一面显现出来，就会发生这样的情况：如果人们拥有自由和自我责任感，就会更乐于将自己的全部能量去服务全人类。如果我们关注的是内容而不是形式，那么这就是基本民主原则的一种表达。真正的民主党人崇拜自己的国家就像信奉宗教的人在脑海中崇拜上帝一样。

爱因斯坦对宗教和科学的观点与美国盛行的自由主义新教教会的思想十分类似，比如美国杰出科学家代表罗伯特·安德鲁·密立根的思想。根据这一理念，科学永远不能批判宗教，但宗教也不能引导科学，因为它已经渗入人类生活的各个方面，所以密立根这样说：

> 让我告诉你们，为什么事情的本质不可能包含冲突。一旦试图界定宗教在人类生活中的地位，该问题就出现了。科学的目的是全面总结客观事实以及自然规律。另一方面，宗教更重要的任务是开发人类的良知，为人类的理想和志向引领方向。

这种宗教观念完全摒弃了任何特定的科学或历史事实，只把宗教看成一种社会制度，其目的是在我们日常生活中，促进养成某种生活态度和某种行为方式。爱因斯坦的宗教观与这种观点是吻合的。所以，我们可以理解，为什么英国和美国的牧师对爱因斯坦如此感兴趣。

原子时代的开端

第二次世界大战因原子弹而结束，这种戏剧性的高潮再次让爱因斯坦的名字走进公众视野。1905 年，爱因斯坦从其狭义相对论中推导了能量守恒定律。

如第三章第七节中提到的，在核聚变的过程中，原子核的一部分质量转化为能量。许多科学家也曾发现过这样的反应过程。但是他们发现，在整个反应过程中产生出的能量远远小于反应过程需要的能量。因此在实际情况下，使用核能作为一种能源似乎是不可行的。

然而，在奥托·哈恩与丽斯·迈特纳发现裂变的铀后，事情出现了转机。这些在柏林威廉皇帝研究所的科学家们发现，当用中子轰击铀原子核的时候，原子核会裂变成两个或多个相同的部分，同时会释放出巨大的能量。当这个消息传到其他的实验室，这些实验室也得到相同的实验结果。对此，恩里科·费米——一位从法西斯政权逃离到美国的意大利物理学家——也指出有这种可能性。很快他用实验证实了铀原子核裂变的过程伴随着数个中子的产生这一事实。恩里科·费米研究发现的重要意义在于，这个核裂变的过程是链式反应。一旦裂变过程开始，一个铀原子核的裂变产生的中子会导致其他原子核的裂变。这样，这些裂变后产生的中子又会反反复复地导致核裂变的产生。在这样一个可以实现自我"链式反应"的核裂变反应中，大量的原子核依次进行了裂变，释放巨大的能量。相关计算表明，一磅的铀进行裂变所产生的能量相当于上万吨的煤燃烧所产生的能量。不久，科学家发现，核裂变的能量可以在瞬间释放出来。因此，用铀制作而成的核弹，其破坏力是普通炸药的数百万倍。

显而易见，如果这些核武器落入法西斯的手中，这些国家就会利用核武器的威力进行侵略战争，到那时人类的灿烂文明将注定成为一片废墟。所以，在那些逃离本国迫害的科学家们心里，这样的忧虑感尤为强烈。哥伦比亚大学的两位物理学家，一位是从柏林大学逃离的匈牙利人利奥·西拉德，另一位是上文提到的费米，他们相信，美国军事当局应该已经知道科学家们对此的担忧。此外，西拉德也意识到，除非政府官员本身高度重视核武器问题，否则他们不会在意科学家们的忧虑。西拉德在柏林跟爱因斯坦就很熟悉，他觉得以爱因斯坦享誉全球的物理学家身份和声誉可以说服当局认识到这一问题的严重性。因此，西拉德开始与尤金·维格纳联系。尤金·维格纳是一名来自匈牙利的物理学家，也是普林斯顿大学的教授。他们在 1939 年的 7 月，与爱因斯坦进行了一次商议。

当时，普通的工程师、老百姓和军人都认为，相对论只是一种学术性很强的不切实际的理论而已，不会应用到工业上。至于说核物理，更是没听说过。因此要说服政府对原子能的实际应用及其发展投入资金，是极其困难的。在这些科学家们看来，如果有人愿意支持核工业发展，那么，罗斯福总统有可能是其中一位。罗斯福总统从一开始就清楚纳粹的侵略政策，也充分认识到这对美国未来安全的巨大威胁。与大多数政客不一样的是，罗斯福信任大学教授。

针对这种情况，西拉德和费米向爱因斯坦建议，由他直接向罗斯福总统反映这个问题。我们知道，爱因斯坦不喜欢参与公共事务，他非常不愿意卷入军事事务，也不愿意鼓励发展这种最具破坏性的武器。另一方面，他相信纳粹不久后也能掌握这种技术，并用它来征服世界。作为最知名的科学家之一，爱因斯坦很清楚自己的职责是什么。

1939 年 8 月 2 日，爱因斯坦给罗斯福总统写信，信中是这样开始的：

> 费米和西拉德二位物理学家将他们最近的研究结果告诉了我，他们期望元素铀在不久的将来可以用作一种新型的、重要的能源……这么一个小小的核炸弹，如果在某个港口爆炸……很可能将整个港口连同其周围很大范围内的地方都化为废墟……

爱因斯坦同时还提醒罗斯福总统，美国的核武器研究速度要超过德国才行，如果落后于德国，美国将处于水深火热之中。爱因斯坦建议成立一个机构，组织有核研究背景的科学家组成对铀元素的实际应用问题进行研究。这就是著名的"曼哈顿计划"，计划十分成功，民众也开始关心核武器研究的进展。

不久，美国向日本广岛和长崎投下了两枚原子弹。数天之后，日本宣布无条件投降。至此，第二次世界大战宣告结束。这一系列事件证明了美国当时在科学领域处于领先地位。

致力于原子弹领域研究的科学家们意识到，自己研究的物理领域还有某种政治层面的意味。虽然战争结束了，民主主义取得了辉煌的胜利，但建立世界范围内的和平陷入了僵局。同盟国互不信任，这就很容易埋下另一场战争的种子。因为，侵略国可以使用原子弹发起突然袭击，顷刻就可以大败对手。

科学家们因此感到自己身上沉重的责任，他们开始针对国会议员和公众进行相关的安全教育。科学家们想让整个国家意识到局势的严重性。原子弹的"秘密"在于，可在短暂的时间里造成巨大的伤害，而且目前还没有合适的防御措施。

于爱因斯坦而言，他为原子弹研究提供了相关的基本理论，也给罗斯福总统提了建议，所以他倍感压力与责任。于是，像奥本海默和夏普利二人一样，他全力以赴向政客们和军事当局解释这种新式武器可能存在的全部潜在影响。然而，爱因斯坦一直就不喜欢卷入政治的旋涡，他从来不愿意因为将来的麻烦而妥协自己的观点。爱因斯坦完全赞同埃莫瑞·夫斯在其著作《化解内心的冲突》中的观点。书中这样说道："我们必须认清现今的事实，有必要建立一个'世界政府'来限制国家的主权，制定国际法律法规来调节、约束各个国家之间的关系，就像美国调节国内各州之间的关系那样。"据此，爱因斯坦不愿意将原子弹的相关机密透露给联合国的主要成员国，甚至联合国组织本身。

　　然而由于目前并不存在这样一个"世界政府"，爱因斯坦认为，对于目前掌握核技术的国家如美国、英国和加拿大等国家来说，必须守住制造原子弹的相关机密。这样，他被一些人指责为太过于理想主义和不切实际，还有一些人指控他太保守，偏袒"高级军官"。

　　最近我与爱因斯坦讨论原子弹研究的国际地位时，他强烈抗议外界对他观点的解读。爱因斯坦坚信，"对原子能控制"的重点不在于技术问题，而是政治层面的问题，即大国之间能不能签署和平协议。针对原子能的"控制"需要各国签署一份国际协议，委托其代理人监督所有国家的军事研究和军工业。这样的协议建立在高度的互信原则之上，如果各个国家之间存在这样的信任，那么就不会发生战争，也就没有了原子弹爆炸的忧患。

　　爱因斯坦意识到，只有各个国家签订一个全面的关于领土和经济方面的协议，才能打破这种恶性循环，才能更好地"控制"原子能。他希望，各国政府和人民要做好关于核安全的各种准备，不然将面对牺牲国家主权等更大程度上的威胁。

普林斯顿的生活

　　爱因斯坦的妻子艾尔莎于1936年去世。艾尔莎生前一直依恋德国。妻子离世后，爱因斯坦对美国这片新国土有了更多的眷恋。爱因斯坦的第一任妻子一生从未离开过瑞士，但是他们的长子作为一名工程师活跃在美国，他在伯尔尼出生，当时爱因斯坦第一个重大发现问世。爱因斯坦的两个继女——其中一位离开德国后去世；另一位叫作玛格特，是一位才华横溢的女雕刻家。玛格特与丈夫离婚后，与爱因斯坦一起在普林斯顿大学生活。

1939 年，爱因斯坦唯一的妹妹玛雅从意大利佛罗伦萨移居到美国的普林斯顿。玛雅嫁给了一位老师的儿子，这位老师叫作温特勒，在阿劳市区的学校教书。爱因斯坦对温特勒的儿子一直很好。由于纳粹在意大利的势力范围不断扩张，玛雅心中常感不安。玛雅的丈夫暂时回到瑞士，她来美国投奔哥哥爱因斯坦。玛雅说话的方式、声音，连说话时显露的童真味和怀疑的神情都与哥哥爱因斯坦异常相似。听她说话很有趣，人们心中总有一种不安感，因为大家似乎看到了一个天才的复制品，同时又有一种安心感，因为有一种"原来最伟大的天才跟普通人一样"的感觉。

1928 年后，海伦·杜卡斯小姐成了爱因斯坦的秘书，后来还兼做了管家。杜卡斯身材苗条，聪慧敏锐，朝气蓬勃。她是一个土生土长的斯瓦比亚人。她和爱因斯坦的妻子艾尔莎来自同一个小地方。爱因斯坦一生与三位女性关系密切：妻子艾尔莎，妹妹玛雅以及秘书兼管家杜卡斯。

爱因斯坦于 1933 年来到美国，那时他只是访问签证。根据美国的移民法，美国境内任何一个地方都无权发放永久居民许可证，这种权利只有美国领事馆拥有。由于领事馆都设在国外，为了向美国领事馆提出申请，爱因斯坦去了英国殖民地百慕大，百慕大之旅成了一次快乐之旅。领事非常敬重爱因斯坦，在招待他的晚宴上，为他颁发了永久居民许可证。爱因斯坦因此获许进入美国，成为永久居民。

直到那时，爱因斯坦才公布，自己要做美国的公民，他拿到了自己的第一张公民身份证件。不过要成为美国正式的永久居民，他还要等上 5 年。在此期间，爱因斯坦不得不为一系列的审查做准备：要遵守美国的宪法，行使美国公民的权利和义务。爱因斯坦在此事上倾注了自己的一腔热忱。终于，在 1941 年爱因斯坦和继女玛格特，以及秘书杜卡斯都成功拿到美国国籍。那一刻，爱因斯坦特别想对这个世界表达自己激动的心情和无尽的想法，内心的欢喜溢于言表。这棵参天大树就这样连根一起移植到了美国这块新土地上。这片新国土会给爱因斯坦带来怎样的生活呢？

爱因斯坦把各种各样从柏林公寓带来的东西搬进了他的新别墅。别墅位于郊区街道，有个大花园，别墅装饰很罕见，在柏林，只有富裕家庭才有这样豪华的装饰。别墅中挂着一幅来自俄罗斯的拜占庭圣像，圣像周围镶嵌着金黄色的背景，周围焚着香，烟雾缭绕，弥漫着神秘的氛围。其实爱因斯坦在普林斯顿犹如一位陌生的访客，这感觉与他从前在柏林的生活一样，即享受着上层中产阶级的生活。1939 年，爱因斯坦在普林斯顿大学庆祝自己六十岁生日，但是即使是在爱因斯坦六十岁的时候，他那不受约束的个性还依然没有改变。

爱因斯坦并没有传统意义上的社交生活。他从不参与大学社区里教职员工筹划的一系列宴会和招待会。或许不应该对爱因斯坦下这样的结论，不过他的确不喜欢人多的场合。与之相反，爱因斯坦喜欢从他人口中得到建议或帮助，这样就可以与他们讨论一些有趣的话题，或愉快地聊天。他最喜欢与一群拥有音乐热情的人在一起协奏，小提琴可以和古提琴、大提琴或者是钢琴协奏。爱因斯坦的拜访者并不仅限于普林斯顿大学或者高级研究院这样的学术领域，也包括其他领域的来访者。有时候爱因斯坦会花上近一个下午的时间与拜访者交谈。

拜访者有物理学家、哲学家，甚至神学家。他们来到普林斯顿大学，想借此机会向爱因斯坦学习，聆听他在某些特定领域中的新想法。也有大量来自欧洲的难民向爱因斯坦寻求建议和帮助。有时候，来自欧洲的拜访者因为过于贫穷，还会在他家别墅暂住几天。此外，来访者还有犹太复国主义者，他们想要听听爱因斯坦在某些政治问题上的立场。甚至耶路撒冷大学的教职员工也前来拜访，想得到爱因斯坦的支持。作家、记者、艺术家等都来拜访，希望得到爱因斯坦的关注，并希望借此拓宽自己的受众面。前来拜访爱因斯坦的人不计其数，杜卡斯小姐竭尽所能进行安排，尽量维持别墅中的正常秩序，给爱因斯坦营造一个安宁的环境。

爱因斯坦对待来访者的态度与其对待社交生活的态度是一样的。他觉得自己与人交往若即若离，总是有一种特定的、局外人的感觉，甚至渴望被其他人孤立。另一方面，爱因斯坦拥有对人类一切事物的好奇心和幽默感，即使在陌生的，甚至是令人不快的事物中，他也能体会到艺术的乐趣。此外，他和善温厚，平易近人。他经常自言自语，处在一个无人可谈的境地是最为痛苦的折磨。

因此，总是那些怀才不遇的发明家和遭人误解的天才来拜访爱因斯坦。从受聘于伯尔尼的专利局开始，他就一直热衷于一些毫无意义的发明，由于这些发明都倾注了人类的创造力，即使有时候是一种曲解，他也关注。因为看着这些混乱的创造思路，帮发明者理清思路、找出错误，也未尝不是一种乐趣。

拜访者中偶尔也有这样的物理学家：他们所进行的研究与当今权威公认的结果并不一致。但是，这种脱离常规的科学家同样可以是重要的创新先驱，当然也可能只是个稀里糊涂的家伙。但是，爱因斯坦比其他人更愿意听他们的想法，因为这种创新可能是未来的新思路。他不仅认真听，之后还思考。无论如何，这些想法对爱因斯坦来说是愉快的精神体验，尽管这些想法可能并未遵守逻辑，也不确定是否能够得出任何合理或有用的结论。

有时候，爱因斯坦觉得一些结论是错误的，而拒绝接受他们的观点。这时，科学家们会觉得受到了侮辱，因为爱因斯坦可能是唯一一个愿意听取他们想法的著名物理学家。没有得到爱因斯坦的认可，他们将所有的仇恨倾泻在爱因斯坦身上。这种情况也就出现了矛盾的结果：有时候爱因斯坦遭到一些人相当严厉的批判与谴责，而这些人正是爱因斯坦平时所密切关注的。

移民到美国后，爱因斯坦很少在公众会议上发表演讲。各种组织力邀爱因斯坦去演讲，但他只接受一些非常感兴趣的邀请。此外，他也不经常参加科学会议，参加过那么寥寥几次。就这么几次，对他来说，也不容易。因为他常常觉得自己的研究与大多数物理学家做的研究不一样。爱因斯坦花了好几年来研究"统一场论"。他总认为自己做的研究不会让所有人感兴趣，得到所有人认同。因为这些人坚持，研究不能偏离当前物理学领域的主流方向，即用玻尔理论或他的理论来进行原子现象的解释。某些时候，爱因斯坦会在科学大会上发表自己对物理科学的现在和未来的看法。有一个难得的例子：爱因斯坦在费城做了题为"关于物质现实"的演讲，这次的演讲内容也成了本书的格言。

自从爱因斯坦公布第一个发现后，他周围的世界发生了巨大变化。在德国德皇时期和瑞士小资产阶级环境里他开始了自己探索科学研究之路。二战期间，他生活在美利坚合众国。爱因斯坦希望战争早日结束，并为此做了实质性的贡献。现在他殷切希望战后的和平能持续更久。他对周围世界的态度从未有过改变，他仍旧保持着波希米亚人那种不受约束的个性特征，依旧幽默风趣，依旧以一种怀疑的态度看待人类生活的现实，同时又具有《圣经》中先知般的悲天悯人。爱因斯坦仍旧是一个特立独行者，不愿意受社会关系所约束，但同时又是捍卫社会平等和崇尚人类博爱的战士。爱因斯坦一直相信，用简洁甚至巧妙的数学公式来表达宇宙法则是有可能的。但现成的公式声称可以正确解决个人和政治生活中的难题，对此他表示质疑。

有位拜访者，还在德国时，爱因斯坦就对他颇为熟悉。当他来普林斯顿大学拜访爱因斯坦，爱因斯坦常说："我有享誉世界的名声，报纸也大张旗鼓地宣传，而我却住在这座静谧的、与世隔离的房子中。你是不是很惊奇我的这种现状？其实，我一直都希望能过上这种与世隔离的生活，而现在我终于在普林斯顿实现了这个梦想。"

大学城住着很多赫赫有名的学者，但是没有居民会把爱因斯坦看成是这些普通著名学者中的一员。对全世界，特别是普林斯顿大学的人来说，爱因斯坦不仅是一位伟大的学者，更是二十世纪传奇人物之一。爱因斯坦的行为和话语不是简单地对事实的记录与判断，他的每一个行为，每句话语都有其象征意义，象征了他的时代、他的人民以及他的专业。

普林斯顿的人们讲述了许多爱因斯坦的奇闻逸事。其中一个是关于爱因斯坦的一个邻居女儿的故事。一个十岁女孩的母亲注意到女儿经常去爱因斯坦家。这位母亲很好奇，便问为什么。女孩子说："我做算术作业的时候遇到一些难题。大家都说，莫色尔大街 112 号住着一位平易近人的大数学家，我去找他帮助我学数学。他挺乐意，讲得很好，比我们学校的老师讲得通俗易懂。他说我有问题随时可以去问他。"这位母亲很惊讶自己孩子的胆量。她去爱因斯坦家，对自己女儿的行为表示道歉。爱因斯坦却说："这没什么，不要为此感到抱歉。事实上，在交谈过程中，我在孩子那儿学到了更多。"

这个故事的真实性无从考证。除此之外，还有另一个关于爱因斯坦的小故事。人们在夏天经常可以见到爱因斯坦手拿一个甜筒，套着一件毛衣，不穿袜子，拖着凉鞋，这情形经常使得学生乐不可支，让教授瞠目结舌。

本书不仅阐述了爱因斯坦的个性特点，而且对他所处的时代和环境也进行了描写，所以这些故事都是千真万确的。即使这些人不向我们讲述爱因斯坦的真实事例，他们的存在也是一种详细的描述，描述的是爱因斯坦所生活过的，一个真实状态下的世界。

1945 年，爱因斯坦从高级研究所退休，卸下了教授的职务。但是，这只是爱因斯坦官职的改变，并不意味着他的研究工作终结。爱因斯坦继续住在普林斯顿大学，孜孜不倦地进行自己所钟爱的研究。